职业教育·道路运输类专业教材

U0649368

公路概论

（第3版）

高红宾　舒国明　主　编

人民交通出版社

北　京

内 容 提 要

本书为职业教育·道路运输类专业教材。本书全面系统地介绍了公路工程的基本知识和各组成部分的一般常识以及设计施工的要点。全书共分十章,包括路线、路基、路面、桥梁、涵洞、隧道、公路养护、公路与环境等方面的内容。

本书可作为职业院校非道路桥梁工程技术专业教材,主要供各级职业教育公路工程监理与检测、公路养护与管理、建筑工程技术以及汽车、工程机械、运输管理、交通管理等非道桥专业的师生学习使用,也可以作为有关工程技术人员了解工程的参考书。

本书有配套课件,教师可通过加入职教路桥教学研讨群(QQ:561416324)获取。

图书在版编目(CIP)数据

公路概论 / 高红宾,舒国明主编. — 3 版. — 北京 : 人民交通出版社股份有限公司, 2018.8(2025.7 重印)

ISBN 978-7-114-14733-3

Ⅰ. ①公… Ⅱ. ①高… Ⅲ. ①道路工程—高等职业教育—教材 Ⅳ. ①U41

中国版本图书馆 CIP 数据核字(2018)第 185364 号

职业教育·道路运输类专业教材

书　　名:	公路概论(第 3 版)
著 作 者:	高红宾　舒国明
责任编辑:	任雪莲
责任校对:	刘　芹
责任印制:	张　凯
出版发行:	人民交通出版社
地　　址:	(100011)北京市朝阳区安定门外外馆斜街 3 号
网　　址:	http://www.ccpcl.com.cn
销售电话:	(010)85285911
总 经 销:	人民交通出版社发行部
经　　销:	各地新华书店
印　　刷:	北京武英文博科技有限公司
开　　本:	787×1092　1/16
印　　张:	15
字　　数:	351 千
版　　次:	2005 年 8 月　第 1 版
	2006 年 6 月　第 2 版
	2018 年 8 月　第 3 版
印　　次:	2025 年 7 月　第 3 版　第 10 次印刷　总第 45 次印刷
书　　号:	ISBN 978-7-114-14733-3
定　　价:	39.00 元

(有印刷、装订质量问题的图书,由本社负责调换)

《公路概论》首版于2005年出版。该教材的出版,解决了"公路概论"教材的有无问题,在全国职业院校中广泛使用,为助推职业教育教学发展做出了一定贡献。本书第二版于2006年出版。

我国经济建设经过十几年的快速发展,尤其我国交通运输事业蓬勃发展,公路建设取得了丰硕的成果。近年来,随着新技术、新材料的应用,以及交通运输行业新标准、规范的实施,第二版教材中的一些内容亟待更新和完善。同时,随着职业教育教学改革的进一步深入,对教材也提出了更高的要求。基于此,本书编者对第二版教材进行了再次修订。

本书是了解公路的入门教程,目的是使学生对路桥相关知识有概貌性认识。本书结构合理、难易适中、重点突出、语言精练、图文并茂。新版教材延续了第二版教材的结构体系,主要根据最新版标准规范对相关内容进行了修改,如《公路工程技术标准》(JTG B01—2014)、《公路路线设计规范》(JTG D20—2017)、《公路沥青路面设计规范》(JTG D50—2017)、《公路交通安全设施设计规范》(JTG D81—2017)等最新规范中的内容在本教材中均有所体现。本次修订过程中,根据职业教育教学特点,在第二版的基础上增加了不少照片图,使学生对相关知识点有更直观和清晰的认识。

本书由河北交通职业技术学院高红宾、舒国明担任主编。具体编写分工如下:第一章至第三章由河北交通职业技术学院马帅帅、高红宾编写,第四章至第七章由河北交通职业技术学院吕鹏磊、舒国明编写,第八章至第十章由河北交通职业技术学院马帅帅、高红宾编写。

本次教材的修订过程中,得到了兄弟院校老师们的大力支持和帮助,在此表示衷心感谢!

即使经过修订,但由于编者水平有限,书中难免有不足之处,恳请读者给予批评指正。

编　者
2018 年 6 月

《公路概论》(第一版)于 2004 年由人民交通出版社出版发行。本课程是为非路桥专业学生了解路桥知识的一门专业课程。该书内容全面,突出了对路桥知识的介绍,深入浅出,出版两年多以来,达到了预期效果。

随着国民经济的发展,科技水平提高,国家对公路建设的规划与技术规范也在不断地变化,在本教材第一版的基础上,根据教材使用者提出的建议与意见,特对第一版进行了修订。

第一版之前,正值新《公路工程技术标准》(JTG B01—2003)出版之际,书中内容已按新标准进行了编写。但近两年以来,由于相关其他新规范陆续出版,例如《公路桥涵设计通用规范》(JTG D60—2004)、《公路路基设计规范》(JTG D30—2004)、《公路水泥混凝土路面施工技术规范》(JTG F30—2003)等。另外国家的交通形势及交通现状发生了很大的变化,本教材第二版是根据上述变化,将原教材中的第一章内容进行了更新,对第二章、第三章、第五章内容根据新规范进行修订,在第七章中增加了隧道设计一节。

本次教材第二版第一章至第四章、第八章、第十章由河北交通职业技术学院高红宾编写,第五章、第六章、第九章由河北交通职业技术学院舒国明编写,第七章由陕西交通职业技术学院郗锋编写。本书由河北交通职业技术学院高红宾、舒国明担任主编。

交通土建高职高专统编教材编审委员会特邀重庆交通大学孙家驷教授担任本书的主审。孙家驷教授认真审核了本书,并提出了许多宝贵的意见和建议。在此向孙家驷教授表示感谢。

本次教材的修订过程中,得到了人民交通出版社卢仲贤先生的大力支持和帮助,再次表示衷心感谢!

本教材虽然进行了修订，但由于我们水平有限，其中难免有不足之处，恳请读者给予批评指正。

编　者
2006 年 6 月

第**1**版

前·言

Preface

　　我国对高等职业教育要求越来越高,高职学生不仅应该具有广泛的基础知识和系统的专业知识,还应对相关知识有一定的了解,这样才能适应社会的需要。为满足越来越多的非路桥专业学生学习了解公路知识的迫切需要,我们组织编写了本书。相信该书对于其了解公路基本知识能够起到非常大的帮助作用。

　　本书编写工作历时近一年的时间,编者广泛征求了各方面的意见和建议,力争使本书达到知识的概括性、准确性、系统性。2003 年11 月在山西交通职业技术学院召开了审稿会,人民交通出版社卢仲贤、陕西交通技术学院程兴新、山西交通职业技术学院钟建民、浙江交通职业技术学院郭发忠、南京交通职业技术学院罗云军、陕西交通职业技术学院薛安顺等对本书的编写提出了宝贵的意见。在本书的编写过程中,河北交通职业技术学院田平老师、张庆宇老师给予了大力支持。在此编者表示衷心感谢。

　　第一章至第四章、第八章、第十章由河北交通职业技术学院高红宾编写,第五章由河北交通职业技术学院王廷臣、舒国明编写,第六章、第九章由河北交通职业技术学院舒国明编写,第七章由陕西交通职业技术学院郗锋编写。本书由河北交通职业技术学院高红宾担任主编,河北交通职业技术学院舒国明担任副主编,吉林交通职业技术学院王连威担任主审。

　　由于编者水平有限,书中难免有疏漏之处,敬请读者给予批评指正。

编　者

2003 年 11 月

目·录
Contents

第一章
CHAPTER ONE
概　述

一、公路发展简史

"公路"一词的出现始于 20 世纪初叶,它伴随汽车的出现而产生。在古代,"道路"这一名称始于周朝,原意为导路,秦朝时称"驿道",元朝称"大道",清朝有"官道"。汽车出现后,则称为"公路"或"汽车路"。

上古时代,轩辕黄帝制造舟车,开创了中国道路交通新纪元。到周朝,道路更加发达。"周道如砥,其直如矢",表明当时道路的平直状况,而且周朝在交通管理和养护上也颇有成就。例如有规定"雨毕而除道,水涸而成梁",意思是说雨后整修道路,枯水季节修理桥梁。此外还有规定"少避长、轻避重、上避下",即行人走路要礼让,年少的人要让年老的人,轻车要让重车,上坡车辆要让下坡车辆。秦始皇统一六国后,为了巩固政权和便利商贾,开始大规模修建道路。唐代时期,国家强盛,疆土辽阔,道路的发展规模达到驿道五万里,每三十里设一驿站。到元代,驿制盛行。清代,交通运输工具更加完备,主要以畜力为主。

1902 年,在上海出现中国第一辆汽车。1904 年,清政府建立邮传部,全国主要城市均开设了电话、电报,一些驿道不再担负传递文书政令的任务,而是变为一般性交通的"官商路"或"官马大路"。1906 年,江苏南通修筑唐闸至天生港道路,长 6km。1909 年,兰州黄河大桥竣工,这是一座钢桁架桥,全长 243m,被称作"黄河第一桥"。1938 年,滇湎公路完成 100km 沥青表面处治工程,这是中国历史上最早修建的沥青路面。截至 1949 年,全国公路通车总里程仅为 8.07 万公里,且缺桥少涵,路况极差。全国有三分之一的县不通公路,整个西藏地区的公路交通还是一片空白。

中华人民共和国成立之初,公路交通经历一段时期的恢复后获得了较快发展,1952 年公路里程达到 12.7 万公里。20 世纪 50 年代中后期,为适应经济发展和开发边疆的需要,我国开始大规模建设通往边疆和山区的公路,相继修建了川藏公路、青藏公路,并在东南沿海、东北和西南地区修建国防公路,公路里程迅速增长,截至 1959 年达到 50 多万公里。

20 世纪 60 年代,我国在继续大力兴建公路的同时,加强了公路技术改造,有路面、高级路面及次高级路面的道路里程比重显著提高。70 年代中期,我国开始对青藏公路进行技术改造,80 年代全面完成,建成了世界上海拔最高的沥青路面公路。随着公路事业的发展,公路桥梁建设也得到发展,建成了一批具有中国特色的石拱桥、双曲拱桥、钢筋混凝土拱桥以及各式混凝土和预应力梁式桥。

在 1949 ~ 1978 年的 30 年间,尽管我国国民经济发展道路曲折,但公路建设仍基本持续增长。截至 1978 年底,全国公路通车里程达到 89 万公里,平均每年增加约 3 万公里,公路密度达到 9.3 公里/百平方公里,比中华人民共和国成立之初增长了 10 倍。但高等级公路数量很少,仅有的二级公路约 1 万公里。

由于我国当时国民经济基础十分薄弱,且长期处于计划经济的体制环境下,国家对公路交通的基础性和先导性作用认识不足,导致投资严重不足,公路交通长期滞后于国民经济与社会发展,以至于到了改革开放初期,公路交通成为国民经济发展中一个突出的薄弱环节。

1978 ~ 1987 年的 10 年间,我国公路基础设施建设步伐进一步加快。截至 1987 年底,全国公路通车里程达到 98 万公里,比 1978 年增加了 9.2 万公里;二级以上公路 2.9 万公里,比 1978 年增加近 2 倍,公路网的整体水平得到明显提高。

但是,在改革开放后的 10 年间,我国国民经济出现强劲的增长趋势,公路运输需求急剧增加。尽管同期我国公路交通保持着快速发展,但其发展速度与需求的增长相比仍然偏低。加之历史欠账巨大,导致公路交通的瓶颈制约状况进一步加剧。特别是交通干线和城市出入口公路严重阻塞、混合交通严重、交通事故频发、干线运输效率低下。"行路难"问题成为当时国民经济发展的突出问题。

20 世纪 80 年代末到 90 年代初,我国明确把加快交通运输发展作为事关国民经济全局的战略性和紧迫性任务,公路交通迎来了大发展的历史机遇。从"八五"开始,我国公路建设进入了发展速度快、建设规模大、科技含量不断提高的新时期。年均新增通车里程由初期的几百公里增长到后期的几千公里。截至 2022 年底,全国公路通车里程已达到 535.48 万公里。其中,国道 37.95 万公里,省道 39.36 万公里,农村公路里程 453.14 万公里,其中县道 69.96 万公里,乡道 124.32 万公里,村道 258.86 万公里;二级或二级以上高等级公路里程 74.36 万公里。

高速公路从无到有,发展迅速。1988 年,沪嘉高速公路的建成通车实现了我国大陆高速公路零的突破,到 2022 年底,高速公路通车里程达到 17.73 万公里,位居世界第一。在高速公路快速发展的同时,我国还修建了一批跨越海湾和长江、黄河的特大跨径桥梁以及长大隧道,使我国桥梁建设水平和山地隧道修筑技术跨入了世界先进行列。我国的高速公路建设实现了历史性跨越。

高等级公路的建设,大大改善了我国公路的技术等级结构,明显缓解了对国民经济发展的瓶颈制约。

我国公路发展里程情况见表 1-1。

我国公路基础设施增长情况　　　　　　　表 1-1

年份 (年)	公路总里程 (万公里)	二级以上公路里程 (万公里)	高速公路里程 (万公里)
1949	8	—	—
1978	89	1.0	—
1987	98	2.9	—
1990	103	4.7	0.05
2000	140	18.9	1.63
2002	176	25.0	2.51
2005	192	32.0	4.10
2016	469.6	60.0	13.10
2022	535.5	74.4	17.73

二、我国公路行政等级及建设规划

(一) 公路的行政等级

公路行政等级字母标识符、普通公路路线编号结构分别见表 1-2、表 1-3,公路主线编号区间,普通公路联络线编号区间,高速公路城市绕城环线、联络线和并行线编号区间见表 1-4 ~ 表 1-6。

国家质量技术监督检验检疫总局和标准化管理委员会联合发布的《公路路线标识规则和国道编号》(GB/T 917—2017)对高速公路和普通公路路线的命名规则进行了说明,并对 2009 版标准进行了大范围的完善和修改。

公路行政等级字母标识符　　　　　　　表 1-2

公路行政等级	字母标识符	公路行政等级	字母标识符
国道	G	乡道	Y
省道	S	村道	C
县道	X	专用公路	Z

普通公路路线编号结构　　　　　　　表 1-3

普通公路类型	路线编号结构	普通公路类型	路线编号结构
普通国道	G × × ×	乡道	Y × × ×
普通省道	S × × ×	村道	C × × ×
县道	X × × ×	专用公路	Z × × ×

公路主线的编号区间   表 1-4

路 线 类 型	编 号 区 间	说 明
普通国道首都放射线	G101 ~ G199	系列顺序号
普通国道北南纵线	G201 ~ G299	系列顺序号
普通国道东西横线	G301 ~ G399	系列顺序号
普通省道省会放射线	S101 ~ S199	系列顺序号
普通省道北南纵线	S201 ~ S299	系列顺序号
普通省道东西横线	S301 ~ S399	系列顺序号
县道	X001 ~ X999	顺序号或系列顺序号
乡道	Y001 ~ Y999	顺序号或系列顺序号
村道	C001 ~ C999	顺序号或系列顺序号
专用公路	Z001 ~ Z999	顺序号或系列顺序号
国家高速公路首都放射线	G1 ~ G9	顺序号
国家高速公路北南纵线	G11 ~ G89	奇数号
国家高速公路东西横线	G10 ~ G90	偶数号
国家高速公路地区环线	G91 ~ G99	顺序号
省级高速公路省会放射线	S1 ~ S9	顺序号
省级高速公路北南纵线	S10 ~ S99	顺序号或系列顺序号,宜采用奇数
省级高速公路东西横线	S10 ~ S99	顺序号或系列顺序号,宜采用偶数

普通公路联络线的编号区间   表 1-5

路 线 类 型	编 号 区 间	说 明
普通国家联络线	G501 ~ G599	系列顺序号
普通省道联络线	S501 ~ S599	系列顺序号

高速公路城市绕城环线、联络线和并行线编号区间   表 1-6

路 线 类 型	编 号 区 间
国家高速公路城市绕城环线	G × ×01 ~ G × ×09 G0 ×01 ~ G0 ×09
国家高速公路联络线	G × ×11 ~ G × ×19[①] G0 ×11 ~ G0 ×19[①]
国家高速公路并行线	G × ×21 ~ G × ×29[②] G0 ×21 ~ G0 ×29[②]
省级高速公路城市绕城环线联络线	S × ×（根据需要确定编号区间）

注:①超容后,识别号可用"3"扩容。
　②超容后,识别号可用"4"扩容。

普通国道的路线编号,由国道标识符"G"和三位数字编号组配表示。其数字编号的第一位用"1、2、3、5"分别表示首都放射线、北南纵线、东西横线和联络线,以全国为范围编制系列顺序号。首都放射线的编号区间为 G101 ~ G199,以北京为中心的放射线共计 12 条,编号从 G101 ~ G112;北南纵线编号区间为 G201～G248,共 48 条;东西横线共 61 条,编号从 G301～G361;联络线共 81 条,编号从 G501～G581,详见《公路路线标识规划和国道编号》(GB/T 917—2017)。

我国各省(自治区、直辖市)根据国道网的总体规划,对全省(自治区、直辖市)具有重要政治、经济意义的干线公路加以规划,连接省(自治区、直辖市)内中心城市和主要经济区的公路,以及不属于国道的省际重要公路称之为省道。其编号方式在各省(自治区、直辖市)辖区内,以省会(首府)放射线、南北纵线、东西横线分别按顺序编号,编号前加字母"S",编号区间为 S101～S199、S201～S299、S301～S399。

县道是指具有全县(旗、县级市)性政治、经济意义的,连接县城和县内主要乡(镇)、商品生产和集散地以及不属于国道、省道的县际间的公路,其编号前加字母"X",编号区间为 X001～X999。

乡道是指主要为乡(镇)内经济、文化、行政服务的公路以及不属于县道的乡与乡之间的公路,其编号前加字母"Y",编号区间为 Y001～Y999。

村道是指直接为农村生产、生活服务,不属于乡道及以上公路的建制村之间和建制村与乡镇联络的公路。村道的路线编号,由村道标识符"C"和三位数字编号组配表示,编号区间为 C001～C999。

专用公路是指专供或主要供厂矿、林区、油田、农场、旅游区、军事要地等对外联系的公路,其编号前加字母"Z",编号区间为 Z001～Z999。

(二)我国公路建设规划

1. 我国公路建设发展目标

"十二五"末,我国公路建设总里程达到 450 万公里,国家高速公路网基本建成,高速公路总里程达到 10.8 万公里,覆盖 90% 以上的 20 万以上城镇人口城市,二级及以上公路里程达到 65 万公里,国省道总体技术状况达到良等水平,农村公路总里程达到 390 万公里。

预计"十三五"末也就是到 2020 年底,实现公路通车里程达到 500 万公里,高速公路通车里程 16.9 万公里。

2. 国家公路规划

国务院通过的《国家高速公路网规划》中确定:到 2030 年,国家公路网规划总规模为 40.1 万公里,由普通国道和国家高速公路两个路网层次构成。普通国道网由 12 条首都放射线、47 条北南纵线、60 条东西横线和 81 条联络线组成,总规模约 26.5 万公里。按照"主体保留、局部优化、扩大覆盖、完善网络"的思路,调整拓展普通国道网;保留原国道网的主体,优化路线走向,恢复被高速公路占用的普通国道路段;补充连接地级行政中心和县级节点、重要的交通枢纽、物流节点城市和边境口岸;增加可有效提高路网运行效率和应急保障能力的部分路线;增设沿边沿海路线,维持普通国道网相对独立。国家高速公路网由 7 条首都放射线、11 条北南纵线、18 条东西横线,以及地区环线、并行线、联络线等组成,约 11.8 万公里,另规划远期展望线约 1.8 万公里。按照"实现有效连接、提升通道能力、强化区际联系、优化路网衔接"的思路,补充完善国家高速公路网:保持原国家高速公路网规划总体框架基本不变,补充连接新增 20 万以上城镇人口城市、地级行政中心、重要港口和重要国际运输通道;在运输繁忙的通道上布设平行路线;增设区际、省际通道和重要城际通道;适当增加有效提高路网运输效率的联络线。

第二节　交通量

一、车辆折算

在公路上行驶的车辆主要是汽车,但是汽车的型号、规格各有不同,如小汽车、载重汽车、铰接式汽车等。作为设计控制的汽车应该是有代表性的标准型号汽车,称为"设计车辆"。根据公路的使用任务与性质,我国公路设计把小客车作为"设计车辆"。在交通量折算中,车辆折算系数见表1-7。

汽车代表车型分类与车辆折算系数　　　　　　　　表1-7

代表车型	车辆折算系数	车 型 说 明
小客车	1	≤19 座的客车和载质量≤2t 的货车
中型车	1.5	座位 >19 座的客车和2t < 载质量≤7t 的货车
大型车	2.5	7t < 载质量≤20t 的货车
汽车列车	4	载质量 >20t 的货车

二、交通量的定义及分类

(一) 交通量的定义

交通量(又称交通流量或流量)是在指定时间内通过道路某地点或某断面的车辆、行人数量。不加说明时,交通量一般是指机动车交通量,且指来往两个方向的车辆数。交通量是公路与交通工程中的一个基本交通参数,是确定公路等级的主要依据。

交通量是一个随机数,不同时间、不同地点的交通量都是变化的。交通量随时间和空间的变化而变化的现象,称为交通量的时空分布特性。研究或观察交通量的变化规律,对于进行交通规划、交通管理、交通设施的规划、设计方案比较和经济分析以及交通控制与交通安全,均具有重要意义。

(二) 交通量的表示方法

1. 平均交通量

交通量时刻在变化,在表达方式上通常取某一时间段内的平均值作为该时间段的代表交通量。

平均交通量表达式为:

$$平均交通量 = \frac{1}{n}\sum_{i=1}^{n}Q_i \tag{1-1}$$

式中: Q_i——规定时间段内各单位时间的交通量;

　　n——规定时间段内的单位时间总数。

按平均值所取的时间段的长度计,常用的为年平均日交通量(AADT)。

高速公路、一级公路设计年平均日交通量下限值为 15 000 辆/日。二、三、四级公路的年平均日交通量应按式(1-2)计算:

$$\text{AADT} = \frac{C_D \times R_D}{K} \tag{1-2}$$

式中: AADT——年平均日交通量,pcu/d;

　　C_D——二、三、四级公路的设计通行能力;

　　R_D——二、三、四级公路的方向分布修正系数见表1-8;

　　K——设计小时交通量系数,根据当地交通量观测数据确定。

二、三、四级公路的年平均日交通量　　　　表 1-8

公路等级	设计速度(km/h)	设计通行能力(pcu/d)	方向分布修正系数	设计小时交通量系数 K	年平均日交通量(pcu/d)
二级公路	40~80	550~1 600	0.88~1.0	0.09~0.19	5 000~15 000
三级公路	30~40	400~700	0.88~1.0	0.1~0.17	2 000~6 000
四级公路	20	<400	0.88~1.0	0.13~0.18	<2 000

在规划公路等级时,采用推算远景设计年限的年平均昼夜交通量。按照《公路工程技术标准》(JTG B01—2014)(以下简称《标准》)规定,公路设计交通量预测年限:高速公路和一级公路为 20 年,二、三级公路为 15 年,四级公路交通量较小;设计年限可根据实际情况确定,不排除合理地延长或减少等适当调整。

推算远景年限平均日交通量按下式计算:

$$\text{AADT}_T = \text{AADT}_D \times (1 + \gamma)^{T-1} \tag{1-3}$$

式中: AADT_T——远景年限平均日交通量,辆/d;

　　AADT_D——各种车辆换算成标准车的目前日交通量,辆/d;

　　T——设计年限,年(常用英文字母"a"表示);

　　γ——年平均交通量增长率,%。

2. 小时交通量

(1)小时交通量,即一小时内通过观测站的车辆数。

(2)高峰小时交通量(PHT),是指一天内的车流高峰期间连续 60min 的最大交通量(辆/h)。

(3)第 30 位小时交通量,它是将一年内的 8 760h(以平年为代表,闰年为 8 784h)的交通量按照从大到小的次序排列,其中从大到小序号第 30 位的那个小时的交通量。交通量具有随时间变化和出现高峰小时的特点,在进行公路设施规划设计时,必须考虑这个特点。工程上,为了保证公路在规划期内满足绝大多数小时车流顺利通过,不造成严重阻塞,同时避免建成后车流量很低,投资效益不高,规定要选择适当的小时交通量作为设计小时交通量。目前,国内外多采用第30位小时交通量作为设计小时交通量,从图1-1中发现,在第30位小时交通量附近,左边曲线急剧变化,向右曲线变化明显变缓。如果以第30位小时交通量作为设计依据,在一年中只有29个小时超过设计值,将发生交通阻塞,只占全年小时数的0.33%,而顺利通过的保证率达99.67%。因此取第30位小时交通量作为设计小时交通量。也可根据公路功能采用当年第20~40小时之间最为经济合理时位的交通量。

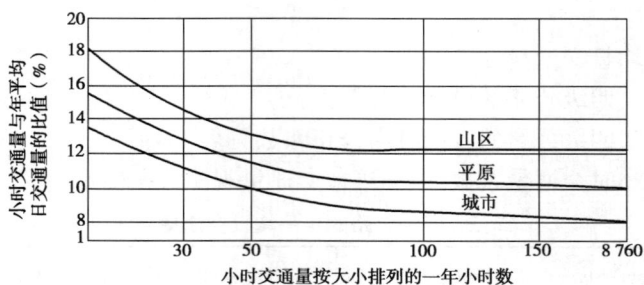

图1-1 全年高峰小时交通量曲线图

第30位小时交通量与年平均日交通量的比值称为交通量系数k。通过定点观测,交通量系数$K = 0.12 \sim 0.155$,故可用式(1-4)计算第30位小时交通量。

$$设计小时交通量 = (0.12 \sim 0.155) \times 年平均日交通量 \tag{1-4}$$

三、公路通行能力

1. 基准通行能力

基准通行能力是指在基准的道路、交通、控制和环境条件下,均匀路段的一条车道或特定横断面上特定时段内所能通过的最大小时流率,通常以 pcu/h/ln(辆标准小客车/小时/车道)或 pcu/h(辆标准小客车/小时)为单位。

2. 设计通行能力

设计通行能力是指在预计的道路、交通、控制和环境条件下,条件基本一致的一条车道或特定横断面上,在所选用的设计服务水平下,特定时段内所能通过的最大小时流率,通常以 pcu/h/ln 或 pcu/h 为单位。因此,设计通行能力与选取的服务水平级别有关。

3. 实际通行能力

实际通行能力是指在实际或预计的道路、交通、控制和环境条件下,已知公路设施的某车道或特定横断面上,特定时段内所能通过的最大小时流率,通常以 veh/h/ln(辆自然车/小时/车道)或 veh/h(辆自然车/小时)为单位。其含义是设计或评价某一具体路段时,根据该设施具体的公路几何构造、交通条件以及公路管理水平,对不同服务水平下的服务交通量(如基准通行能力或设计通行能力)按实际公路条件、交通条件等进行相应修正后的小时流率。

第三节　公路等级与技术标准

一、公路等级

公路等级是表示公路通过能力和技术水平的指标。一般来说,公路等级越高,公路的各项技术指标越高,汽车在公路上允许行车速度越高,其交通量和车辆荷载越大,服务水平就越高,反之则低。因此,如果知道了某一条公路的等级,就可知道其一般情况。

我国公路根据其使用任务、性质和适应的交通量,按《标准》规定,把公路分为高速公路、一级公路、二级公路、三级公路和四级公路共五个等级。

高速公路为专供汽车分方向、分车道行驶,全部控制出入的多车道公路。高速公路的年平均日设计交通量宜在15 000辆小客车以上。

一级公路为供汽车分方向、分车道行驶,可根据需要控制出入的多车道公路。一级公路的年平均日设计交通量宜在15 000辆小客车以上。

二级公路为供汽车行驶的双车道公路。二级公路的年平均日设计交通量宜为5 000~15 000辆小客车。

三级公路为供汽车、非汽车交通混合行驶的双车道公路。三级公路的年平均日设计交通量宜为2 000~6 000辆小客车。

四级公路为供汽车、非汽车交通混合行驶的双车道或单车道公路。双车道四级公路年平均日交通量宜在2 000辆小客车以下;单车道四级公路年平均日设计交通量宜在400辆小客车以下。

公路等级的选用应遵循以下原则:

(1)公路等级的选用应根据路网规划、公路功能,并结合交通量论证确定。

(2)主要干线公路应选用高速公路。

(3)次要干线公路应选用二级及二级以上公路。

(4)主要集散公路宜选用一级公路或二级公路。

(5)次要集散公路宜选用二级公路或三级公路。

(6)支线公路宜选用三级公路或四级公路。

二、技术标准

技术标准是根据公路设计交通量及计算行车速度对路线和各项工程结构设计的要求,把这些要求列成指标,用标准规定下来。它是根据理论计算和公路设计、修建的经验,并结合我国的国情而确定的。它反映了目前我国公路建设的技术方针,因此在公路设计施工时都应遵守。归纳起来,技术标准大体上可分为三类,即载重标准、净空标准和线形标准。

载重标准主要用于结构设计,目前我国的载重标准有公路—Ⅰ级和公路—Ⅱ级两个等级。

汽车荷载等级应符合表 1-9 规定。

汽车荷载等级 表 1-9

公路等级	高速公路	一级公路	二级公路	三级公路	四级公路
汽车荷载等级	公路—Ⅰ级	公路—Ⅰ级	公路—Ⅰ级	公路—Ⅱ级	公路—Ⅱ级

净空标准主要根据不同标准汽车确定的外廓尺寸和轴距来确定,见表 1-10。

设计车辆外廓尺寸（m） 表 1-10

车辆类型	总长	总宽	总高	前悬	轴距	后悬
小客车	6	1.8	2	0.8	3.8	1.4
大型客车	13.7	2.55	4	2.6	6.5+1.5	3.1
铰接客车	18	2.5	4	1.7	5.8+6.7	3.8
载重汽车	12	2.5	4	1.5	6.5	4
铰接列车	18.1	2.55	4	1.5	3.3+11	2.3

注:铰接列车的轴距为(3.3+11)m,其中3.3m为第一轴至铰接点的距离,11m为铰接点至最后轴的距离。

"线形标准"主要用于确定路线线形几何尺寸,在后续的讲述中将逐步涉及相关标准。

通常一条公路应采用相同的等级和技术标准,但路线较长且跨越不同的地形或连接不同运量的集散点时,允许采用不同的车道数和公路等级。

第四节　公路的基本组成

公路是设置在大地上供各种车辆行驶的一种线形带状结构物,主要承受车轮荷载的反复作用并经受各种自然因素的长期影响。因此,公路不仅要有平顺的线形、合适的纵坡,而且还要有坚实稳定的路基,平整、防滑、耐磨的路面,牢固耐用的桥涵和其他人工构造物以及不可缺少的附属工程设施,以满足交通的要求。因此,公路的基本组成包括线形和结构两个方面。

一、线形组成

公路由于受自然条件或地面上地物的限制,在平面上有转折、在纵面上有起伏。在转折点或起伏变化两侧相邻直线处,为了满足车辆行驶顺畅、安全和速度的要求,必须用曲线连接。可见,公路路线在平面和纵面上均是由直线和曲线构成。

二、结构组成

（一）路基

路基是公路线形结构的主体,是由土、石按照一定尺寸、结构要求建筑成的带状土工结构物。它与路面共同承受行车荷载的作用,同时抵御各种自然因素造成的危害。因此路基必须具有足够的力学强度和稳定性,而且要经济合理。为了保证路基的强度与稳定性,避免外界因素对路基的危害,在修筑路基的同时,根据需要还要修建路基排水及防护设施,例如边沟、挡土墙等,如图1-2所示。

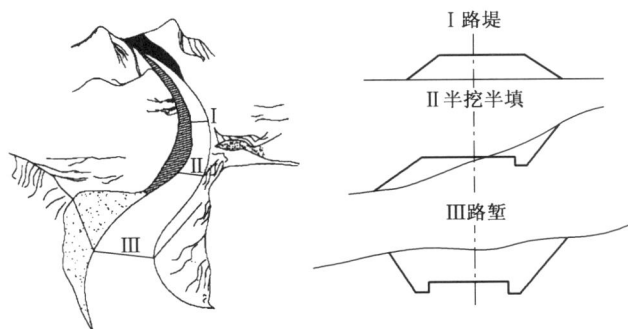

Ⅰ路堤

Ⅱ半挖半填

Ⅲ路堑

图1-2 公路路基示意图

(二)路面

路面是用各种路面材料按照一定的比例经混合拌制分层铺筑于路基顶面后形成的结构物,主要供车辆安全、迅速和舒适地行驶。因此,路面必须具有足够的强度、稳定性、平整度和抗滑性等,如图1-3所示。

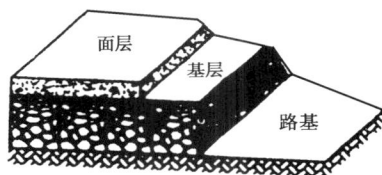

面层

基层

路基

图1-3 路面结构示意图

(三)桥梁、涵洞

公路跨越河流、沟谷及其他线路时,为了保证公路的连续性,则需要修建桥梁或涵洞等结构物来跨越。当结构物的单孔跨径小于5m时,称为涵洞;当大于上述值时则称为桥梁,如图1-4所示。而管涵、箱涵,不论管径或跨径大小、孔数多少,均称为涵洞。

a)

b)

图1-4 桥梁、涵洞示意图

a)桥梁;b)涵洞

（四）隧道

在山区修筑公路，经常有较高的山岭等障碍物，如果选择避绕的方式越过山岭，有可能造成里程大大增加，纵坡陡峻，线形迂回较多，技术标准偏低。在这种情况下，可以考虑在一个适当的高程和地形处，打通一条山洞连接山岭两侧的公路，这样可以避免上述路线的缺点而取得一条捷径。这类山洞就是公路隧道，如图1-5所示。还有一种情况，当公路需要穿越深水层或所跨越的江海湖泊不适宜修建桥梁时，也可以考虑隧道方案。

图1-5　公路隧道示意图

（五）沿线附属设施

在公路上，除了上述各种基本结构物以外，为了保证行车的安全、迅速、舒适，还需要设置交通工程及沿线设施，包括交通安全设施、服务设施和管理设施三种。

1. 交通安全设施

交通安全设施应根据公路功能、交通组成、公路环境、运营条件等设置，以满足交通安全管理与服务的需求。交通安全设施包括交通标志、标线、护栏、视线诱导设施、隔离栅、防落网、防眩设施、防风栅、防雪（沙）栅、积雪标杆等。

2. 服务设施

服务设施包括服务区、停车区和客运汽车停靠站。服务区、停车区的位置应根据区域路网、建设条件、景观和环保要求等规划布设。客运汽车停靠站的位置应根据地区公路交通规划、公路沿线城镇分布、出行需求进行布设。

3. 管理设施

管理设施包括监控、收费、通信、供配电、照明和管理养护等设施。高速公路应设置监控、收费、通信、供配电、照明和管理等设施。其他等级的公路可根据需求设置。

（六）特殊结构物

山区公路在翻山越岭时，往往要在横坡陡峻的山坡上修筑公路，为了保证路基稳定和减少工程数量，常需修筑挡土墙，如图1-6所示。在悬崖峭壁上修筑公路时，常需要修筑悬臂式路台。通过沙漠地带的公路可修筑防沙栅栏。

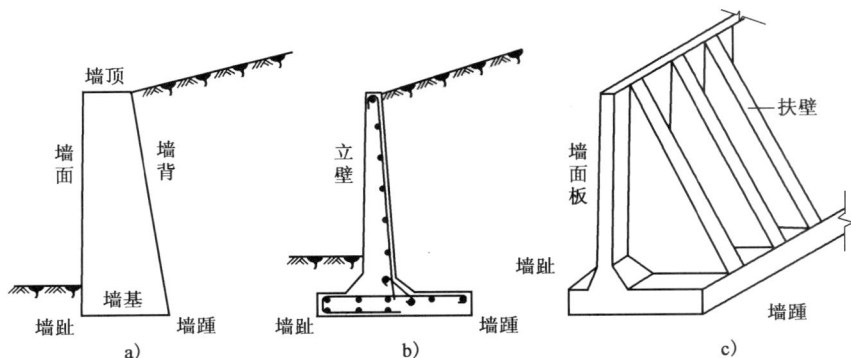

图1-6　挡土墙示意图
a)重力式挡土墙；b)悬臂式挡土墙；c)扶壁式挡墙

第五节　高速公路简介

一个国家的经济发展状况,很大程度上依赖于人与商品快速、便捷、安全地移动,而且国家或地区的生产力布局、经济繁荣和科技进步,各经济区域的横向经济联系,经济中心的形成,也都需要相应的交通条件。由于高速公路通行能力高、运行安全、舒适、燃油消耗低、运输成本低,经济效益好,已成为世界广泛采用的一种符合时代发展要求的公路交通手段。

一、高速公路的优点

1. 车速高

高速公路运用高标准的线形,至少有四条行车道,中间设隔离带,全部立交,控制出入,安全设施齐全,汽车可按规定快速行驶,不受干扰。

速度是交通运输的一个重要因素。高速公路由于速度提高,使得行驶时间缩短,从而带来巨大的社会效益与经济效益,对经济、军事、政治都有十分重要的意义。

我国高速公路的设计速度分为三个档次,根据自然条件的不同,分为120km/h、100km/h和80km/h,同时,高速公路也限制了最低行驶车速。《高速公路交通管理办法》规定:进入高速公路的车辆,最低时速不能低于50km。凡由于车速有限,可能形成危险和妨碍交通的车辆均不得驶入高速公路,如行人、非机动车、轻便摩托车、拖拉机及设计最大速度小于70km/h的机动车辆等。由于限制了低速车辆的驶入,缩小了行驶车辆的速度差异,减小了超车次数及不必要的减速、加速、停车等候等,即降低了行驶中的纵向干扰,道路通行能力得以提高。普通公路是混合交通,纵向干扰大,混合交通是影响公路功能发挥的主要障碍。由于普通公路上各类车辆混合行驶,车速往往只有20~30km/h,甚至更低。有时还会出现汽车尾随自行车、畜力车缓缓而行的情况,产生交通拥挤、堵塞。

2.通行能力大

通行能力反映了公路允许通过汽车数量的多少。由于限制低速车辆驶入高速公路,控制车辆出入口及车辆分道行驶,使得车辆速度差及速度转换减少,纵向和横向干扰减少。因此,高速公路的通行能力得以提高。据统计,一般双车道公路的通行能力为 5 000~6 000 辆/日;而一条四车道的高速公路通行能力可达 34 000~50 000 辆/日,六车道和八车道可达 70 000~100 000 辆/日。可见,高速公路的通行能力是一般公路的 5~10 倍。由于通行能力大,运输能力大大提高,能够保证车辆在高峰时间流畅通行,可解决交通堵塞问题,使得汽车的快速性得以充分发挥,单位里程的运行时间大幅缩短。

3.行车安全舒适

(1)高速公路采用了一系列现代科技成果作为安全运行的保护措施,例如:平坦宽敞的路面,全封闭立体交叉的出入控制,中央分隔和分道行驶的限制,路缘、标线和反光、发光装置的诱导,防护栏、防护柱的保护以及电子信息系统和报警系统等先进手段,都为安全行车提供了可靠、有效的物质基础。高速公路标准高,各种交通工程设施完善,没有横向干扰,因此交通事故数量大幅度减少。

(2)在高速公路实施一系列严密的规章制度和符合国情的交通法规,为安全行车提供了法律依据和行为准则。

(3)高速公路实施先进、科学、有效的管理模式,为安全行车奠定了运行保障基础。

4.运输成本低

高速公路完善的道路设施使主要行车消耗——燃油与轮胎消耗、车辆磨损、货损货差及事故赔偿损失降低,从而使运输成本大幅度降低。据世界各国的统计资料,高速公路的运输费用比普通公路少 30% 左右,修建高速公路的费用 10 年左右即可收回。同时,高速公路的高效率功能,进一步推动了公路运输组织方式的变革,汽车制造则不断朝大型化、高速化、专用化车型发展。

二、我国高速公路建设任务

1.贯通支撑"三大战略"国家高速公路主通道

以连通"一带一路"主要节点城市、服务京津冀协同发展和横贯长江经济带的国家高速公路为骨架,加快国家高速公路未贯通路段建设,构筑支撑"三大战略"国家高速公路主通道,促进形成陆海内外联动、东西双向开放的全面开放新格局。同时,加强国家高速公路主通道拥挤路段扩容改造,全面提升通道服务能力。

2.打通地方高速公路省际通道

支持纳入各省(自治区、直辖市)规划、能够形成省际对接通道、对区域发展具有重要意义、对国家高速公路网起到平行分流和衔接转换作用的地方高速公路建设,提高国家高速公路的辐射广度、联通强度和机动灵活性,促进相邻省份经贸往来和人员交流,更好地发挥地方高速公路对国家高速公路的补充作用。

3.畅通主要城市群内城际通道

依托国家高速公路主通道布局,在更高层次、更高水平上构筑京津冀、长三角、珠三角城市群高速公路网,加快建设长江中游、成渝、滇中、黔中,以及"一带一路"两大核心区高速公路网,推进核心城市、重要城镇间的直通互联。

4.疏通主要节点城市进出通道

立足更高水平发挥主要节点城市的辐射带动作用,围绕推进城镇化、地区一体化发展,培育壮大若干重点经济区和一批中心城市的发展要求,加快疏通进出城市的繁忙路段,合理构建城市高速环线,提升核心城市内外交通衔接水平。

5.推进连接沿边口岸高速公路建设

围绕新亚欧大陆桥、中蒙俄、中国—中亚—西亚、中国—中南半岛、中巴、孟中印缅等"一带一路"国际经济走廊,强化内蒙古、新疆、云南等省(自治区)的重要沿边陆路口岸与国内高速公路网络的连接,提高内外交通互联互通水平。重点支持连接新疆丝绸之路经济带核心区口岸的高速公路建设。

6.推进连接沿海港口高速公路建设

围绕区域纵深空间拓展和产业梯度转移,完善沿海港口高速公路集疏运网络,增强沿海港口与内陆腹地的快速连接。重点支持福建21世纪海上丝绸之路核心区港口连接内陆腹地的高速公路建设,推进宁波—舟山、青岛、厦门、营口等主要港口疏港高速公路建设。

7.推进连接沿江港口高速公路建设

按照构建长江经济带综合立体交通走廊总体部署,推进沿江疏港高速公路建设,扩大港口对内辐射范围,提升重庆长江上游和武汉长江中游航运中心、南京区域性航运物流中心以及沿江港口集疏运能力。推进三峡翻坝高速公路建设。

8.推进连接民用机场高速公路建设

进一步加强与国家高速公路主通道和区域节点城市的便捷连接,扩大机场服务范围,增强对外开放能力。重点推进连接北京新机场、成都新机场、厦门翔安机场等新建机场的高速公路建设,优化和完善广州白云机场、南宁吴圩机场、兰州中川机场等已建机场的高速公路集疏运网络。

三、高速公路的效益

高速公路作为一种新型的公路交通手段,与一般公路相比,具有显著的经济效益、社会效益、军事效益和环境效益。

(一)经济效益

高速公路是社会发展的产物,同时它也促进了社会经济发展,推动了生产力进步。主要表现在以下几个方面。

1.直接经济效益

(1)缩短运输时间,提高汽车的使用效率所带来的经济效益。

(2)节约行驶费用,包括油耗、车耗、轮耗等方面的节约所带来的经济效益。

(3)减少货物运输损坏,节省包装、装卸等费用所带来的经济效益。

(4)由于降低事故率所减少的经济损失。

除上述直接经济效益外,高速公路还减轻了驾驶员、乘客、乘务人员的疲劳,提高行车舒适度,这些都可产生直接经济效益。

2.间接经济效益

由于高速公路的修建,促进了沿线的经济发展,对于地区经济的发展起着重大的作用,带来了巨大的经济效益。据国外资料统计,意大利的那不勒斯—罗马—佛罗伦萨高速公路建成后,使17个省的经济收入平均增加了3%,一些山区的工业产值增长了81%,10年内土地价值提高3倍以上。日本的名神高速公路建成后,沿线建设了多个工厂,过去从名古屋到神户需要8h,现在仅用2h即可到达,大大促进了地方工农业的蓬勃发展。

(二)社会效益

1.促进公路沿线经济发展和资源开发

高速公路开通运营后,极大地改善了沿线城市交通运输环境,使地区之间、城市之间的经济、技术、市场信息等传递及时、交流加快,很快形成一批新兴产业,并使产业结构、工厂布局趋于合理,经济发展速度超过其他地区。

根据国外高速公路发展的经验,一条高速公路建成3~5年后,其两端的大城市沿高速公路走向延伸发展,在各出入口附近形成一系列的卫星城镇或经济开发区,并以高速公路为轴线,形成"经济走廊"或"通道经济",引发沿线产业带的形成和发展。同时,高速公路使沿线地区成为高新技术产业的理想发展地。另外,引发沿线土地的增值。高速公路对地价的影响,往往在项目实施之前即已产生,在通车前后,出入口附近的土地会大幅度增值,当产业带发展进入梯度扩散阶段,仍有很大影响。

2.加速物质生产和产品流通

现代化生产对原材料的需要和产品的流通要求直达、快速,以缩短货物运转,加快资金周转,从而达到扩大再生产的目的。而高速公路在加速物资生产,促进产品流通方面有着重要作用。高速公路快速、安全、舒适、经济、方便的多功能作用,使生产与流通、生产与消费的周期缩短、速度加快,城市消费圈与供应圈扩大,由于产地靠近市场,运输费用减少,市场价格降低。且城乡商品经济繁荣,有利于提高城乡消费总水平,缩小城乡差别。

3.有利于城市人口的分散和卫星城镇的开发

高速公路连接大城市与沿线小城镇,有利于发挥中心城市经济辐射作用,促进卫星城市与小城镇资源开发利用。修建高速公路后,沿线小城镇、小型工业的兴建使城市人口向郊外分散,不少城市主要居住区也转向周围卫星城,这既促进了地区发展,又缓和了城市人口的增长,并使大城市人口密集过于庞大、工厂集中、居住拥挤、交通阻塞、供应困难、环境污染等弊病逐步消除。

4.促进运输结构合理化及汽车工业的发展

高速公路是公路运输网络中的主骨架。它与普通公路联网,能使整个路网结构更加完善,形成干支相连、城乡相通、四通八达的公路网;它与铁路、水路开展联运,发挥站场、港口、码头、仓库大批量客货集中疏转作用,形成较完整的国家综合运输体系;高速公路通行能力大,有利于公路运输实行大吨位、大牵引、列车化、集装箱化运输,进一步带动"集装箱"直达联合运输的方式,使"集装箱"吨位提高到 30t 以上。这样快速灵活的汽车与运量大的火车以及价廉长距的水运有机结合后形成联运网,使产品运输更为直接、便利、快速、准时,从而最大限度地提高运输效率,降低运输成本,从而实现"户到户"的运输,使公路运输组织方式发生变革,使车辆使用效益更加提高,有力地促进了公路运输业自身发展和自我完善。

5. 促进第三产业的发展

随着交通运输业的快速发展,一批与交通运输业密切相关的第三产业,如旅游业、饮食业、文化娱乐业等迅速兴起,既扩大了就业门路,又增加了国家与人民收入。

(三) 国防与军事作用

高速公路快速机动,是实施战时运输、城市紧急疏散的有力手段。部分高等级公路还能为战斗机、运输机提供起降场所,对巩固国防有重大作用。

(四) 环境生态效益

修建高速公路创造了空间,形成空间流动,可减轻城市污染。它具有良好的空间线形、视野及净空。规划、设计、建设高速公路都有严格的环境保护和补偿措施,使车辆排废气量降低。但是,污染、噪声集中,施工期间开挖、填筑给环境会带来一定的负面影响。

第六节　公路项目基本建设程序

公路项目基本建设程序是根据国民经济长远规划及布局所确定的公路路网规划,通过调查,进行可行性研究,编制项目建议书和可行性研究报告;批准后进行初测和初步设计;经批准后,在列入国家年度计划之后进行定测,编制施工图;组织施工;完工后,进行竣工验收;最后交付使用。一般来讲,这些程序必须循序渐进,不完成上一阶段的工作就不能进入下一阶段的工作。

一、项目建议书阶段

项目建议书是要求建设某一具体建设项目的建议文件,是基本建设中的第一个阶段,是投资决策前对拟建项目的轮廓设想。项目建议书的主要作用是为推荐一个拟进行建设的项目的初步说明,论述拟建项目的必要性、条件的可行性和获利的可能性,供有关部门选择并确定是否进行下一步工作。项目建议书不是项目的最终决策。

项目建议书的内容一般包括:项目建设的必要性和依据;拟建设规模、建设地点和建设方案的初步设想;资源情况、建设条件和协作关系等的初步分析;投资估算和资金筹措的设想;建设进度设想;经济效果和社会效益的初步估计。

二、可行性研究报告阶段

项目建议书批准后,即可进行可行性研究,对项目在技术上是否可行和经济上是否合理进行科学的分析和论证,以减少建设项目决策的盲目性。可行性研究应作为公路工程基本建设程序的首要环节,所有新建和扩建的大、中型项目都必须有可行性研究报告。

公路建设项目可行性研究报告的主要内容包括以下几方面。

(1)建设项目依据、历史背景。

(2)建设地区总体运输现状及建设项目在交通运输网中的地位和作用,原有公路的技术状况和适应程度。

(3)论述建设项目所在地区的经济特征,研究建设项目与经济发展的内在联系,预测交通量、运输量的发展水平。

(4)建设项目的地理位置、地形、地质、地震、气候、水文等自然特征。

(5)筑路材料的来源及运输条件。

(6)论证不同建设方案的路线起讫点和主要控制点、建设规模、标准,提出推荐性意见。

(7)评价建设项目对环境的影响及可采取的环保措施和意见。

(8)测算主要工程数量、征地拆迁数量,估算投资,提出资金筹措方案,提出勘察、设计以及施工计划安排。

(9)确定运输成本及相关经济参数,进行国民经济评价、敏感性分析、财务分析。

(10)对收费公路、桥梁、隧道,还需进行财务分析,评价推荐方案,提出存在的问题及建议。

可行性研究报告是确定建设项目、编制设计文件的重要依据,要求必须有相当的深度和准确性。可行性研究报告批准后,一般不得随意修改和变更。

三、设计工作阶段

设计是对拟建工程的实施在技术上和经济上所进行的全面而详尽的安排,是基本建设计划的具体化,是组织施工的依据。

公路建设项目一般进行两阶段设计,即初步设计和施工图设计;对于技术复杂而又缺乏设计经验的项目或建设项目中的个别路段、特殊构造物等,必要时进行三阶段设计,即初步设计、技术设计和施工图设计。

初步设计应根据批准的可行性研究报告的要求和初测的资料,拟订修建原则,制订设计方案,计算主要工程数量,提出施工方案的意见,编制设计概算,提供文字说明和图表资料。经批准的初步设计和概算文件是招投标的必备条件之一,是国家控制建设项目投资及编制施工图设计文件或技术设计文件的依据。

技术设计应根据批准的初步设计和补充初测(或定测)资料,对重大、复杂的技术问题通过科学实验、专题研究、加深勘探调查及分析比较,解决初步设计中的遗留问题,落实技术方案,计算工程数量,提出修正的施工方案,编制修正概算。

施工图设计应根据批准的初步设计(或技术设计)和定测资料,进一步对审定的修建原则、设计方案、技术措施加以具体和深化,最终确定工程数量,提出文字说明和适应施工需要的图表资料以及施工组织计划,编制施工图预算。

设计工作必须由具有相应资质等级的勘察设计单位来完成。

四、编制年度基本建设投资计划阶段

建设项目的初步设计和概算文件完成并上报批准后,才能列入国家基本建设年度计划。建设项目要根据批准的总概算和工期,合理地安排分年度投资。年度计划投资的安排要与长远规划的要求相适应,保证按期建成。年度计划安排的建设内容,要和当年分配的投资、材料、设备相适应。配套项目同时安排,相互衔接。

五、建设前准备工作阶段

为保证施工顺利进行,在项目开工之前应切实做好各项建设准备工作。主要内容有:
(1)征地、拆迁和场地平整。
(2)完成施工用水、电、路等工程。
(3)组织设备、材料订货。
(4)准备必要的施工图纸。
(5)组织施工招标,择优选择施工单位。
(6)报批开工报告。

六、建设实施阶段

在具备开工条件并经批准后,项目即可开工建设,组织实施。施工是将设计图纸具体为实际工程的决定性环节,施工参与各方均应按合同的规定,严格履行各自承担的义务。在保证工程质量的前提下,缩短工期,节约投资。

七、竣工验收阶段

竣工验收是工程建设过程的最后一环,是全面考核建设成果、检验设计和工程质量的重要步骤,也是基本建设转入生产或使用的标志,是工程交付使用的一个法定手续。竣工验收包括对工程质量、数量、期限、生产能力、建设规模、使用条件等的审查,对建设单位和施工企业编报的固定资产移交清单、隐蔽工程说明和竣工决算等进行细致检查。

八、项目后评价阶段

建设项目后评价是工程项目竣工运营一段时间后,再对项目的立项决策、设计施工、竣工投产、生产运营等全过程进行系统评价的一种技术经济活动,是固定资产投资管理的重要内容,通过建设项目后评价可以达到肯定成绩、总结经验、研究问题、吸取教训、提出建议、改进工作、不断提高决策水平和投资效果的目的。

复习思考题

1. 我国的公路等级是如何划分的?
2. 公路的基本组成有哪些?
3. 简述我国高速公路的优缺点。
4. 简述公路建设的基本程序。

第二章
CHAPTER TWO

路　线

公路是具有一定宽度的带状构造物。如果沿路中心线的垂直方向做一个剖面,那么,这个剖面称为横截面。横截面上公路的形状就称为公路的横断面。它反映了路基的形状和尺寸。

一、横断面的组成与标准横断面图

公路路基横断面由若干部分组成,如行车道、路肩、分隔带、边沟、边坡及截水沟等。常用的横断面形式称为标准横断面图,如图 2-1 所示。高速公路、一级公路的路基横断面分为整体式和分离式两类。整体式断面包括车道、中间带(中央分隔带及左侧路缘带)、路肩(硬路肩及土路肩)以及紧急停车带、爬坡车道、加(减)速车道等组成部分;分离式断面包括行车道、路肩(硬路肩及土路肩)以及紧急停车带、爬坡车道、加(减)速车道等组成部分。

二级公路的路基横断面包括行车道、路肩、爬坡车道等组成部分。二级公路位于中小城市城乡接合部、混合交通量大的连接线路段,实行快、慢车道分开行驶时,可根据当地经验设置右侧硬路肩。

三、四级公路的路基横断面包括行车道、路肩及错车道等组成部分。

二、公路路幅

一般路幅布置包括行车道和路肩,除四级公路可设置为单车道外,公路按路幅布置形式主要分为单幅双车道和双幅多车道两种类型。我国公路中,二、三级公路和部分四级公路采用单幅双车道,在我国公路总里程中所占比重最大。高速公路和一级公路为适应车辆速度快、交通量大需要设置中间带,把对向行驶的车道分隔成两部分(即两幅),每幅包括两条或多条单向行车的车道,称为双幅多车道公路。

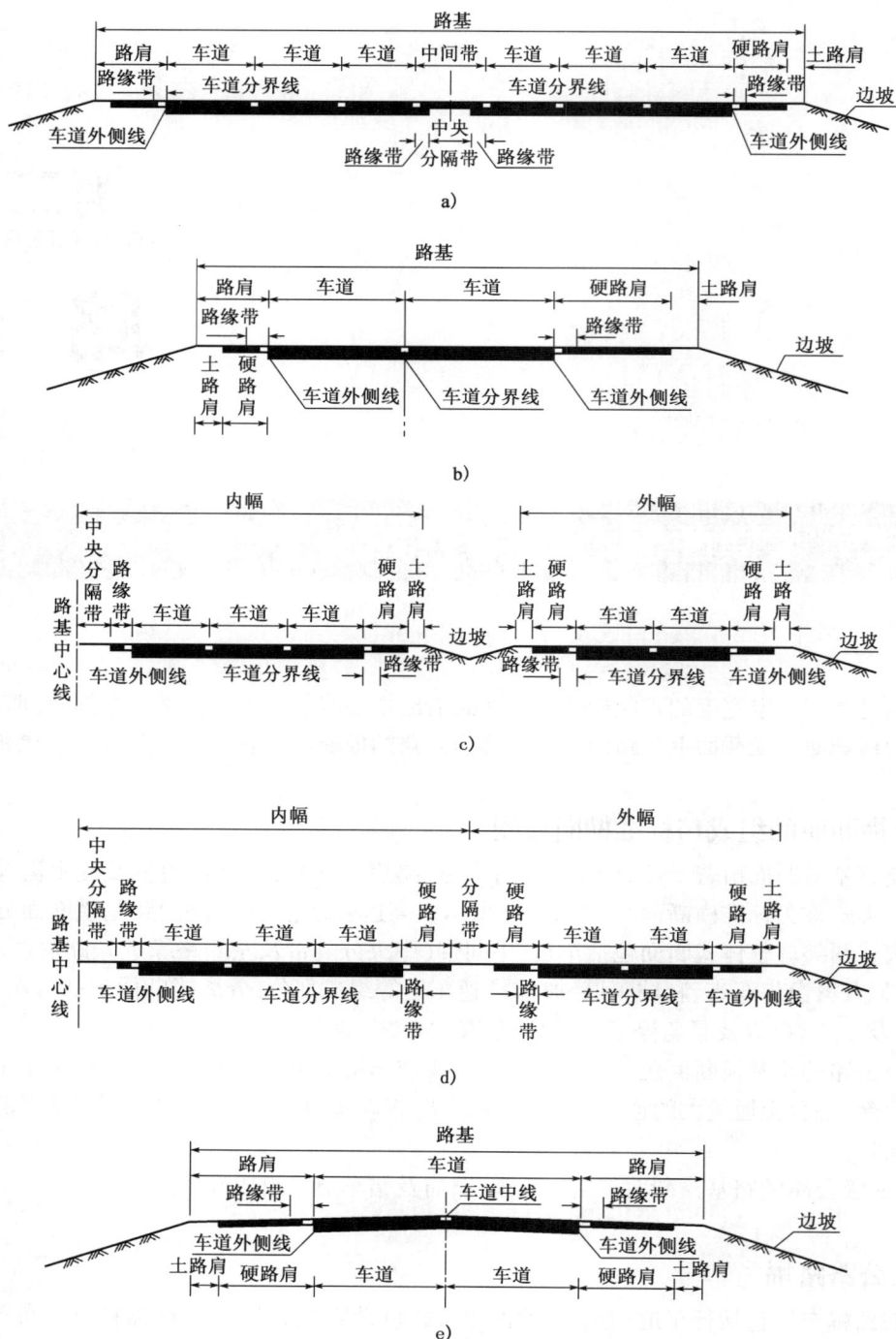

图 2-1　标准横断面图

a)高速公路、一级公路一般整体式断面形式；b)高速公路、一级公路一般分离式断面形式（右幅断面）；c)高速公路分离复合式断面形式（右幅断面）；d)高速公路整体复合式断面形式（右幅断面）；e)二级公路、三级公路、四级公路一般路基断面形式

（一）行车道

行车道是指专为纵向排列、安全顺畅地通行车辆为目的而设置的公路带状部分。为保证汽车高速、安全行驶，行车道必须保证足够的宽度。行车道宽度是为了交通上的安全和行车上的顺适，根据汽车大小、车速高低而供各种车辆以不同速度行驶时所需的宽度，包括车辆宽度和富余宽度。车道的数量应与公路等级相适应。高速公路为专供汽车分向、分车道行驶并全部控制出入的多车道公路；一级公路为供汽车分向、分车道行驶的多车道公路。高速公路、一级公路各路段的车道数应根据预测的交通量、设计速度、服务水平等确定。高速公路、一级公路的车道数最少为四条车道，当需要增加时，应按双数增加。二级公路为供汽车行驶的双车道公路，三级公路为主要供汽车行驶的双车道公路。二、三级公路的车道数应为双车道。四级公路为主要供汽车行驶的双车道或单车道公路，一般情况下应采用双车道，交通量小或困难路段可采用单车道。各级公路车道数见表2-1。

各级公路车道数 表2-1

公路等级	高速公路、一级公路	二级公路	三级公路	四级公路
车道数	≥4	2	2	2（1）

注：四级公路应采用双车道，交通量小或困难路段可采用单车道。

表2-2是《标准》中规定的各级公路的行车道宽度。高速公路和一级公路，当纵坡（见本章第四节）大于4%时，可设置爬坡车道，宽度一般为3.5m。在高速公路互通式立体交叉、服务区等处应设置变速车道，宽度一般为3.5m。

公路行车道宽度 表2-2

设计速度（km/h）	120	100	80	60	40	30	20
车道宽度（m）	3.75	3.75	3.75	3.50	3.50	3.25	3.00

注：四级公路采用单车道时，车道宽度应采用3.5m。

（二）路肩

路肩位于行车道两侧，是公路横断面不可缺少的组成部分。它的主要作用是：

（1）保护车道等主要结构的稳定。

（2）供发生故障的车辆临时停车。

（3）提供侧向余宽，有利于安全，增加舒适感。

（4）可供行人、自行车通行。

（5）为设置路上设施提供位置。

（6）作为养护操作的工作场地。

（7）在不损坏公路构造的前提下，也可作为埋设地下设施的位置。

（8）挖方路段，可增加弯道视距。

（9）精心养护的路肩可增加公路的美观。

（10）较宽的硬路肩，有的国家作为警察的临时专用道。

路肩的宽度是根据公路的等级，汽车、非机动车和行人的交通量大小而定。路肩宽度见表2-3。

公路路肩宽度 表2-3

公路等级(功能)		高速公路			一级公路(干线功能)	
设计速度(km/h)		120	100	80	100	80
右侧硬路肩宽度(m)	一般值	3.00 (2.50)	3.00 (2.50)	3.00 (2.50)	3.00 (2.50)	3.00 (2.50)
	最小值	1.50	1.50	1.50	1.50	1.50
土路肩宽度(m)	一般值	0.75	0.75	0.75	0.75	0.75
	最小值	0.75	0.75	0.75	0.75	0.75
公路等级(功能)		一级公路(集散功能)和二级公路		三级公路、四级公路		
设计速度(km/h)		80	60	40	30	20
右侧硬路肩宽度(m)	一般值	1.50	0.75	—	—	—
	最小值	0.75	0.25	—	—	—
土路肩宽度(m)	一般值	0.75	0.75	0.75	0.50	0.25(双车道)
	最小值	0.50	0.50			0.50(单车道)

注:1. 正常情况下,应采用"一般值";在设爬坡车道、变速车道及超车道路段,受地形、地物等条件限制路段及多车道公路特大桥,可论证采用"最小值"。

2. 高速公路和作为干线的一级公路以通行小客车为主时,右侧硬路肩宽度可采用括号内数值。

高速公路和一级公路应在右侧硬路肩宽度内设置右侧路缘带,其宽度为0.50m;高速公路和一级公路采用分离式断面时,应设置左侧硬路肩,其宽度不得小于规定值,见表2-4。左侧硬路肩宽度包含左侧路缘带宽度。

分离式断面高速公路和一级公路左侧路肩宽度 表2-4

设计速度(km/h)	120	100	80	60
左侧硬路肩宽度(m)	1.25	1.00	0.75	0.75
左侧土路肩宽度(m)	0.75	0.75	0.75	0.50

高速公路和作为干线的一级公路右侧硬路肩宽度小于2.50m时,应设置紧急停车带。紧急停车带宽度应为3.50m,有效长度不得小于40m,间距不宜大于500m,如图2-2所示。

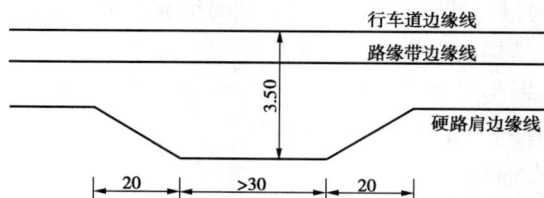

图2-2 紧急停车带(尺寸单位:m)

(三)中间带

中间带位于路幅中间,由两条左侧路缘带及中央分隔带组成如图2-3所示。其作用主要是为了保证对向车辆能够高速、安全行驶,减少事故,提高道路通行能力。在中央分隔带可以种植花草或适合的树木,不仅起到绿化和保护环境的作用,而且树木可为夜间行车时挡住对向车辆的灯光,避免眩目。路缘带的设置还有诱导视线的作用,在不妨碍公路建设限界的前提下,可作为设置公路标志牌及其他交通管理设施的场地,具有一定宽度的中间带可以埋设管线等设施。常见的中间带是与两边的行车道在同一个平面上,也可因地制宜地设在不同高程上,形成分离式行车道。这样,不仅可避免夜间行车对向汽车车灯眩目,而且从工程经济上来看,可以减少一部分土石方数量,自然条件地面越陡,所减少的工程量也就越多。从景观开发上,分离式行车道比整体式更有利于融入自然景观。

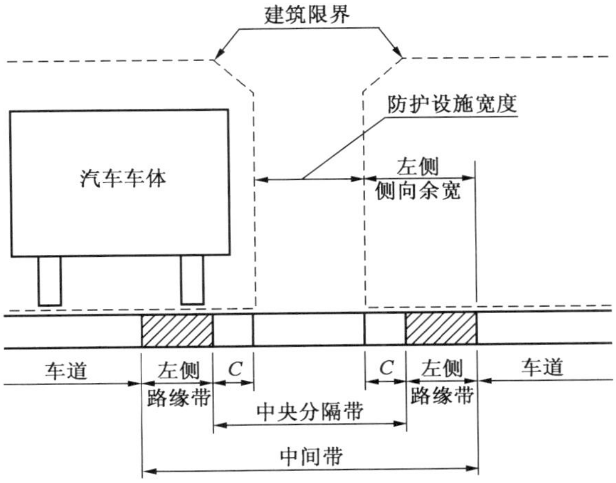

图 2-3　中间带示意图

　　多车道公路的中间带和中央分隔带,在构造上起到了分隔对向交通的作用,对提高高速公路行车安全性和发挥公路项目的功能具有关键性作用。《标准》规定,高速公路和一级公路整体式断面必须设置中间带。中间带由中央分隔带和两条左侧路缘带组成,中央分隔带的两侧设置左侧路缘带。中央分隔带由防护设施和两侧对应的余宽 C 组成。左侧路缘带和余宽 C 提供了安全行车所必需的侧向余宽,并指引驾驶员的视线。侧向余宽是公路通行车辆在高速行车时,行车道两侧需要预留的一定的富余宽度,即车道边线到障碍物之间的距离。具体如图 2-4 所示。

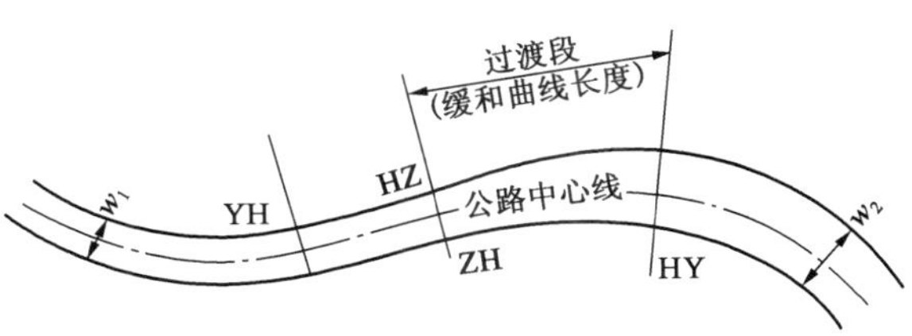

　　最新《标准》中不再指定中央分隔带宽度推荐值,但强调:中央分隔带宽度应从对向隔离、安全防护的主要功能出发,综合考虑中央分隔带护栏的防护形式和防护能力确定。选择高速公路、作为干线的一级公路整体式断面的中央分隔带护栏形式和确定宽度时,应着重考虑护栏的防护功能需要,选择可有效防止车辆失控冲过中央分

图 2-4　中间带过渡方法
w_1、w_2—中间带宽度

隔带的护栏形式及对应的中央分隔带宽度;对于承担集散功能的一级公路,中央分隔带宽度应根据中间物理隔离措施的宽度确定。这里的中间物理隔离措施是指可不具备安全防护功能,仅具有物理隔离功能的护栏等措施。

(四)路基宽度

公路路基宽度为车道宽度与路肩宽度之和。当设有中间带、加(减)速车道、爬坡车道、紧急停车带、超车道、错车道、慢车道、侧分隔带、非机动车道、人行道等时,应计入这些部分的宽度。

三、路拱

公路路面应设置成中间高并向两侧倾斜的拱形,使其具有一定的坡度,这种形式称为路拱,其坡度称为路拱横坡度,用 i_1 表示。

(一)路拱形式

路拱的基本形式有抛物线形、人字形和折线形三种。

1. 抛物线形

抛物线形路拱,如图 2-5 所示。其优点是路拱形式比较圆顺,行车道中间部分坡度较小,越往路的两边坡度越大,对于排除路面水十分有利,较为美观;缺点是行车道中间部分横坡度过于平缓,使行车容易集中在中央,这样使中央部分的路面损坏较快。另外,由于行车道横断面上各部分的坡度不同,增加了施工的难度。

2. 人字形

人字形路拱如图 2-6 所示。路拱两侧是向下倾斜的直线,在行车道中心线附近加设竖曲线或缓和曲线。其优点是汽车轮胎和路面接触较为平顺,路面磨耗也较小;缺点是路面排水不如抛物线形路拱。

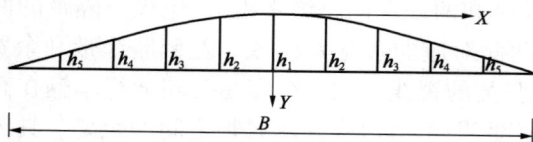

图 2-5　抛物线形路拱

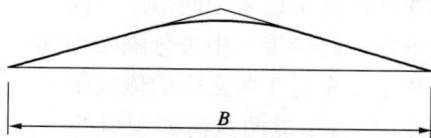

图 2-6　人字形路拱

3. 折线形

折线形路拱两侧是用多段直线连接起来,各段直线的坡度不同,由小到大向外递增倾斜形成折线路拱。其优点是折线形的直线段要比人字形的直线段短,施工容易,碾压平顺,也可以在行车最多的着力处作为转折点,即使行车后路面稍有变形,路面水仍可排除;缺点是有多处凸出的转折,但可在施工时用压路机碾压平顺。

(二)路拱坡度

(1)高速公路、一级公路整体式路基的路拱宜采用双向路拱坡度,由路中央向两侧倾斜。位于中等强度降雨地区时,路拱坡度应为 2% ;位于降雨强度较大地区时,路拱坡度可适当增大。

（2）高速公路、一级公路分离式路基的路拱，宜采用单向横坡，并向路基外侧倾斜，也可采用双向路拱坡度。积雪冰冻地区，应采用双向路拱坡度。

（3）双向六车道及以上车道数的公路，当超高过渡段的路拱坡度过于平缓时，可采用双向路拱坡度。路拱坡度过于平缓路段应进行路面排水分析。

（4）二、三、四级公路的路拱应采用双向路拱坡度，由路中央向两侧倾斜。路拱坡度应根据路面类型和当地自然条件确定，但不应小于 1.5% 。

（5）硬路肩、土路肩横坡的设计应符合以下规定：

①直线路段的硬路肩应设置向外倾斜的横坡，其坡度值应与车道横坡值相同。路线纵坡平缓，且设置拦水带时，其横坡值应采用 3% ~4% 。

②曲线路段内、外侧硬路肩横坡的横坡值及其方向：当曲线超高小于或等于 5% 时，其横坡值和方向应与相邻车道相同；当曲线超高大于 5% 时，其横坡值应不大于 5% ，且方向相同。

③硬路肩的横坡应根据邻近车道的横坡一同过渡，其过渡段的纵向渐变率应控制在 1/330 ~ 1/150 之间。

④土路肩的横坡：位于直线路段或曲线路段内侧，且车道或硬路肩的横坡值大于或等于 3% 时，土路肩的横坡应与车道或硬路肩横坡值相同；当其横坡值小于 3% 时，土路肩的横坡应比车道或硬路肩的横坡值大 1% 或 2% 。位于曲线路段外侧的土路肩横坡，应采用 3% 或 4% 的反向横坡值。

⑤中型以上桥梁及隧道区段的硬路肩横坡值，应与车道相同

第二节　平面线形

公路是一条带状的三维空间体，它的中心线（以下简称公路中线）是一条中间曲线，这条中心线在水平面上的投影称为公路路线的平面。

一、平面线形的组成及要素

当一条公路的起点、终点确定后，选择路线的方向应尽可能地使两点之间距离最短，以缩短里程。两点之间距离最短的应该是直线，但实际设置时，往往会受到地形、地质、水文条件以及现状地物的影响而需转折绕道通过；或因在起点、终点间必须通过的大桥桥位、城镇等而必须转折，所以公路从起点至终点在平面上不可能是一条直线，而是由许多直线段和曲线段组合而成，如图 2-7 所示。

路线由一个方向偏转至另一个方向时，偏转后的方向与原方向的夹角称为偏角，用 α 表示。相邻直线的转折点称为交点，用 JD 表示。直线与圆曲线的切点称为直圆点，用 ZY 表示。圆曲线与直线的切点称为圆直点，用 YZ 表示。圆曲线的中点称为曲中点，用 QZ 表示。当曲

线半径小于不设超高最小半径时,为行车舒适。在直线与圆曲线之间插入缓和曲线,直线与缓和曲线的切点称为直缓点,用 ZH 表示。缓和曲线与圆曲线的相切点称为缓圆点,用 HY 表示。圆曲线与缓和曲线相切点称为圆缓点,用 YH 表示。缓和曲线与直线的切点称为缓直点,用 HZ 表示。因此,直线、缓和曲线、圆曲线是构成平面线形的主要组成线形,如图 2-8 所示。

图 2-7　路线平面线形

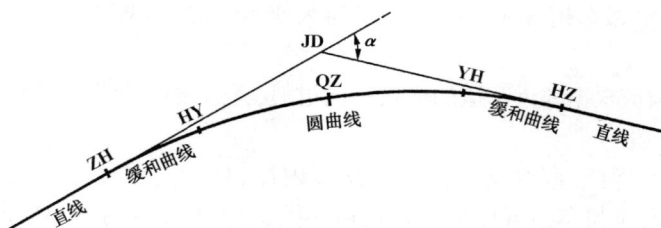

图 2-8　路线的基本组成

（一）直线

直线是两点间距离最短的路线。一般来讲,采用直线线形的里程最短,测设与施工方便,营运费用低。但是直线过长容易造成驾驶员思想麻痹、感觉单调、精神疲倦、反应迟缓和盲目高速行驶,容易造成交通事故;另外,由于直线线形缺乏变化,不易与地形、地物相适应,会造成经济上的不合理,所以应该避免过长直线。《标准》规定:直线的最大与最小长度应有所限制。《公路路线设计规范》(JTG D20—2017)规定:直线的长度不宜过长,受地形条件或其他特殊情况限制而采用长直线时,应结合沿线具体情况采取相应的技术措施;两圆曲线间以直线径相连接时,直线的长度不宜过短,并应符合下列规定:

（1）设计速度大于或等于 60km/h 时,同向圆曲线间最小直线长度(m)以不小于设计速度(km/h)的 6 倍为宜;反向圆曲线间的最小直线长度(m)以不小于设计速度(km/h)的 2 倍为宜。

（2）设计速度小于或等于 40km/h 时,可参照上述规定执行。

（二）圆曲线

各级公路平面不论转角大小,均应设置圆曲线。在选用圆曲线半径时,应与设计速度相适应。圆曲线的最小半径应根据设计速度确定,见表 2-5。圆曲线的最大半径值不宜超过 10 000m。

圆曲线最小半径　　　　　表 2-5

设计速度（km/h）		120	100	80	60	40	30	20
一般值（m）		1 000	700	400	200	100	65	30
不设超高最小半径（m）	路拱≤2% $\mu=0.035\sim0.040$	5 500	4 000	2 500	1 500	600	350	150
	路拱>2.0% $\mu=0.040\sim0.050$	7 500	5 250	3 350	1 900	800	450	200
圆曲线最小半径 极限值（m）	$I_{max}=4\%$	810	500	300	150	65	40	20
	$I_{max}=6\%$	710	440	270	135	60	35	15
	$I_{max}=8\%$	650	400	250	125	60	30	15
	$I_{max}=10\%$	570	360	220	115	—	—	—

注："一般值"为正常情况下的采用值；"极限值"为条件受限制时可采用的值；"I_{max}"为采用的最大超高值；"—"为不考虑采用对应最大超高值的情况。

1. 圆曲线半径

根据汽车在弯道上行驶时的受力状况及各种力的几何关系推导出下列公式：

$$R = \frac{v^2}{127(\mu + i)} \tag{2-1}$$

式中：R——曲线半径，m；

$\quad\quad v$——车辆速度，km/h；

$\quad\quad \mu$——横向力系数，极限值为路面与轮胎之间的横向摩阻系数；

$\quad\quad i$——路面的横向坡度。

汽车以一定的速度沿着半径为 R 的圆曲线行驶时，除受重力作用外，还受离心力 $C = mv^2/R$ 的作用。离心力的产生，可能会使汽车有向外滑移或倾覆的危险，为了保证汽车在曲线上的行车安全及舒适，必须对离心力加以限制，途径之一是降低车速，但是公路等级既定，计算行车速度为定值，不能改变；另一个途径则是限制半径，半径越大，离心力就越小，汽车在曲线上的行驶就越稳定。

我国《标准》给出了直接影响行车安全性的圆曲线最小半径的三种值，即极限最小半径、一般最小半径和不设超高的最小半径。

（1）极限最小半径

极限最小半径指各级公路在采用允许最大超高值和允许的横向摩阻系数情况下，能保证汽车安全行驶的最小半径。

（2）一般最小半径

一般最小半径指各级公路在采用允许的超高值和横向摩阻系数，能保证汽车以设计速度安全、舒适行驶的最小半径。

（3）不设超高的最小半径

不设超高的最小半径指平曲线半径较大、离心力较小时，汽车沿双向路拱（不设超高）外侧行驶的路面摩阻力足以保证汽车安全行驶所采用的最小半径。路面不设超高，i_h（i_h 为超高横坡度）值为负值。各级公路圆曲线最小半径见表 2-5。

2. 圆曲线要素

圆曲线是平面线形中使用最多的线形。其特点是比较容易适应地形的变化,有利于引起驾驶员的注意,从正面能够看到路侧的景观,从而起到视线诱导的作用。当不设缓和曲线时,其几何要素的计算及关系,如图2-9所示。

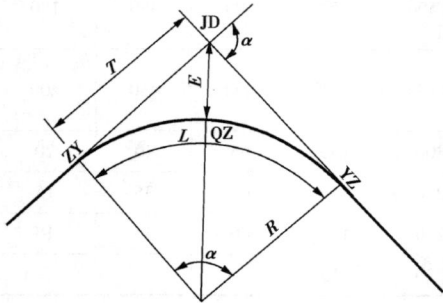

切线长　　　$T = R\tan\dfrac{\alpha}{2}$　　　　(2-2)

外距　　　　$E = R\left(\sec\dfrac{\alpha}{2} - 1\right)$　　(2-3)

曲线长　　　$L = \dfrac{\pi}{180}R\alpha$　　　　(2-4)

式中:R——圆曲线半径,m;

　　　α——偏角,°。

图2-9　圆曲线几何要素

(三) 缓和曲线

1. 缓和曲线线形

为了适应汽车行驶的轨迹需要,在直线与圆曲线之间或圆曲线与圆曲线之间设置半径连续变化的曲线,称为缓和曲线。缓和曲线在与直线相切处的半径为无穷大,在与圆曲线相切处与圆曲线的半径相等。其半径随着行车距离而逐渐发生变化,同时汽车行驶时的离心力也随之发生变化。其作用是使离心力从零逐渐变化到定值,或是从定值逐渐变化到零,不会致使乘车人因离心力突然产生或消失而产生摇摆的感觉,对于汽车运动状态的突变可起到缓和作用,所以称为缓和曲线。缓和曲线的插入,有利于行车稳定和易于驾驶转向操作,并使线形顺畅、美观和视觉协调。

根据以上对缓和曲线的要求,把回旋线作为缓和曲线。回旋线是一种半径随曲线长度的增大而反比例均匀减小的曲线,即在回旋线上任一点的半径 r 与曲线的长度 v 成反比,如图2-10所示。

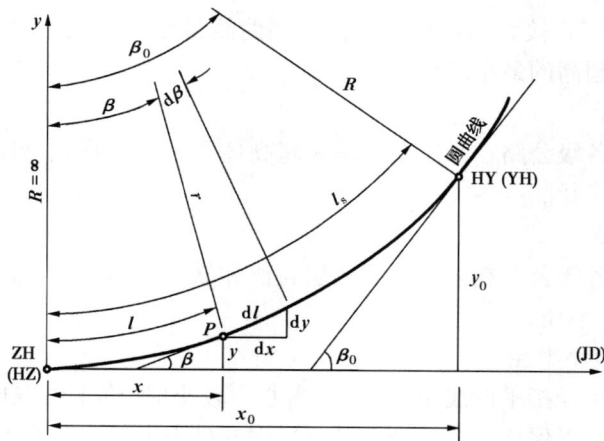

图2-10　缓和曲线基本图式

用公式表示为：

$$rl = A^2 \qquad (2\text{-}5)$$

式中：r——回旋线上某一点的曲线半径，m；

　　　l——回旋线上某一点到原点的曲线长，m；

　　　A——回旋线参数。

缓和曲线全长所对应的中心角称为缓和曲线角，用 β_0 表示。

$$\beta_0 = \frac{l_s}{2R} \cdot \frac{180°}{\pi} \qquad (2\text{-}6)$$

《标准》规定：当公路的平曲线半径小于表 2-5 中所列不设超高的最小半径时，应设缓和曲线。四级公路可不设缓和曲线，用直线径相连接。缓和曲线采用回旋线，缓和曲线的长度应根据相应公路等级的计算行车速度求算，并应大于表 2-6 所列数值。

缓和曲线最小长度　　　　　　　　　　　　　　　　　　　表 2-6

设计速度（km/h）	120	100	80	60	40	30	20
缓和曲线最小长度（m）	100	85	70	50	35	25	20

2. 带缓平曲线要素

如图 2-11 所示，在直线与圆曲线之间插入缓和曲线时，必须将原有的圆曲线向内移动距离 p，才能使缓和曲线的起点位于直线方向上，这时切线增长 q。公路上一般采用圆心不动的平行移动方法，即未设缓和曲线时的曲线半径为 $R+p$；插入缓和曲线后，圆曲线向内移 p，此时半径为 R，所对圆心角为 $\alpha - 2\beta_0$。

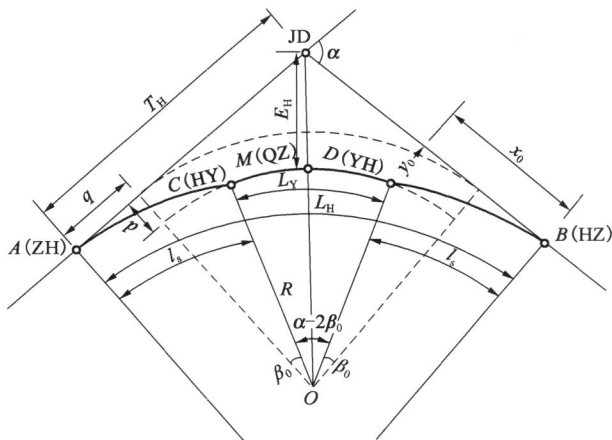

图 2-11　带缓平曲线几何要素

圆曲线内移值 p 与切线加长值 q 的计算方法如下：

$$p = \frac{l_s^2}{24R} \qquad (2\text{-}7)$$

$$q = \frac{l_s}{2} - \frac{l_s^3}{240R^2} \qquad (2\text{-}8)$$

则带缓平曲线要素计算如下：

切线长
$$T_H = (R + p) \tan \frac{\alpha}{2} + q \tag{2-9}$$

曲线长
$$L_P = R(\alpha - 2\beta_0) \frac{\pi}{180°} + 2l_s \tag{2-10}$$

其中圆曲线长
$$L_y = R(\alpha - 2\beta_0) \frac{\pi}{180°} \tag{2-11}$$

外距
$$E_H = (R + p) \sec \frac{\alpha}{2} - R \tag{2-12}$$

式中：R——内移以后圆曲线半径，m；

　　p——内移值，m；

　　q——切线加长值，m；

　　α——偏角，°；

　　β_0——缓和曲线角，°。

（四）平面线形常见的组合方式

1. 基本型

按直线—回旋线—圆曲线—回旋线—直线的顺序组合，其中回旋线—圆曲线—回旋线的长度比宜为1∶1∶1，如图2-12a)所示。

2. S形

两个反向圆曲线用回旋线连接的组合，如图2-12b)所示。S形相邻两个回旋线的参数 A_1 与 A_2 宜相等。当采用不同参数时，A_1 与 A_2 之比应小于2，有条件时以小于1.5为宜。两圆曲线半径之比不宜过大，以 $R_2/R_1 = 1 \sim 1/3$ 为宜。其中 R_1 为大圆曲线半径；R_2 为小圆曲线半径。

3. 卵形

用一个回旋线连接两个同向圆曲线的组合，如图2-12c)所示。卵形回旋线的参数宜在 $R_2/2 \leqslant A \leqslant R_2$ 范围内，其中 R_2 为小圆曲线半径。两圆曲线半径之比以 $R_2/R_1 = 0.2 \sim 0.8$ 为宜。

4. 凸形

在两个同向回旋线间不插入圆曲线而径相衔接的形式，如图2-12d)所示。凸形的回旋线的参数及其连接点的半径，应分别符合容许最小回旋参数和圆曲线一般最小半径的规定。只有在路线严格受地形、地物限制的地方方可采用。

5. 复合型

两个以上同向回旋线在曲率相等处相互连接的形式，如图2-12e)所示。复合型的两个回旋参数之比以小于1∶1.5为宜。仅在受地形或其他特殊原因限制时（互通立体交叉除外）使用。

6. C 形

同向曲线的两个回旋线在曲率为零处径相衔接的形式,如图 2-12f)所示。C 形只有在特殊地形条件下方可采用。

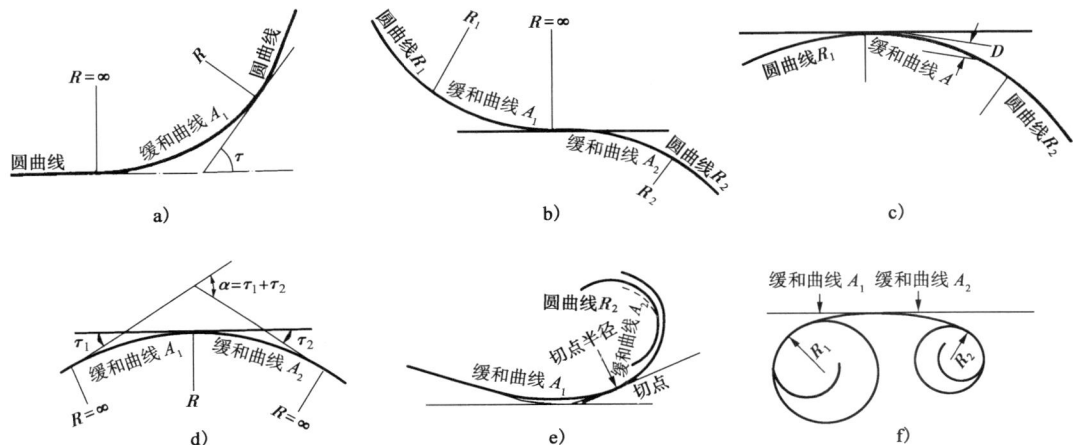

图 2-12　直线、圆曲线、回旋线组合
a)基本型;b)S 形;c)卵形;d)凸形;e)复合型;f)C 形

二、平曲线超高

(一)设置超高的原因

当圆曲线半径小于不设超高最小半径时,为了使汽车能安全、经济、舒适地通过圆曲线,必需将圆曲线部分的路面做成向内侧倾斜的单向坡,这个单向坡坡度称为超高横坡度,用 $i_{超}$ 表示。设置超高的目的是让汽车在圆曲线上行驶时能获得一个向圆曲线内侧的横向分力,以克服离心力作用,减小横向力作用,如图 2-13 所示。

(二)超高横坡度的确定

超高横坡度 $i_{超}$ 和圆曲线半径 R 有密切的关系:

$$i_{超} = \frac{V^2}{127R} - f \qquad (2-13)$$

公式(2-13)是理论计算公式,在确定超高横坡度时,还要考虑在圆曲线上行驶的车辆可能以低速行驶,甚至完全

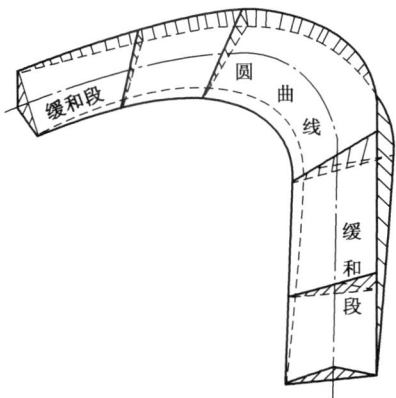

图 2-13　平曲线上的超高

停在圆曲线上的可能性。这时,如果超高横坡度太大,汽车有可能向内滑移,特别是在冬季结冰的时候。但超高横坡度太小,又不足以克服离心力作用。综合各种因素,一般情况下,高速公路和一级公路超高横坡度不大于10%;其他各级公路超高横坡度不大于8%;在积雪、寒冷

地区,超高横坡度不宜大于6%;城镇区域不宜大于4%。

根据以上内容,当圆曲线半径小于不设超高最小半径时,圆曲线部分必须做成向内侧倾斜的单向坡,而在直线段上,路面的形式则是中间高、两边低的双向路拱,所以,如果汽车直接由双向坡驶入单向坡,将是一个突变,不利于顺利行车,所以在直线与圆曲线之间必须设置缓和段,才能使汽车顺利地由直线驶入圆曲线,这种为了汽车平稳地从直线上的双向横坡逐渐过渡到圆曲线上的单向横坡的缓和段,称为超高缓和段(见图2-13)。

（三）超高设置方法

1. 单幅公路设置平曲线的超高

（1）以路面内边缘为轴旋转（简称绕内边轴旋转）

设置超高时,首先在超高缓和段之前,将两侧路肩横坡度分别绕内外侧未加宽时的路面边缘线旋转至路拱横坡,然后将路面中心至路肩外侧边缘部分,以路面中心线为轴旋转,同时向前推进,旋转至与内侧路面同一坡度为止。接下来,将路面未加宽前的内侧边缘线作为旋转轴保持在原有位置上不动,整个路面连同两侧路肩绕其旋转,同时向前推进,直至达到设计的横坡度,如图2-14a)所示。该方式一般在新建工程中采用。

（2）以路面中心线为轴旋转（简称绕中轴旋转）

设置超高时,首先在超高缓和段之前,将两侧路肩横坡度分别绕内外侧未加宽时的路面边缘线旋转至路拱横坡,然后将外侧路面连同路肩绕路面未加宽时的中心线旋转,同时向前推进,至与内侧路面同一坡度后,整个路面及两侧路肩继续绕原来的轴旋转,同时向前推进,直至达到设计超高横坡度,如图2-14b)所示。该方式一般在改建工程中采用。

（3）以路面外边缘为轴旋转（简称绕外边轴旋转）

设置超高时,首先在超高缓和段之前,将两侧路肩横坡度分别绕内外侧未加宽时的路面边缘线旋转至路拱横坡,然后将外侧路面与路肩绕未加宽时的路面外侧边缘旋转并向前推进,与此同时,内侧路面和路肩随中心线的降低而相应降坡,使外侧路面和路肩与内侧路面和路肩逐渐变成同一单向坡度,此时将内外侧路面和路肩整体绕原来的轴旋转,同时向前推进,直至达到设计超高横坡度,如图2-14c)所示。该方式可在特殊设计(如强调路容美观)时采用。

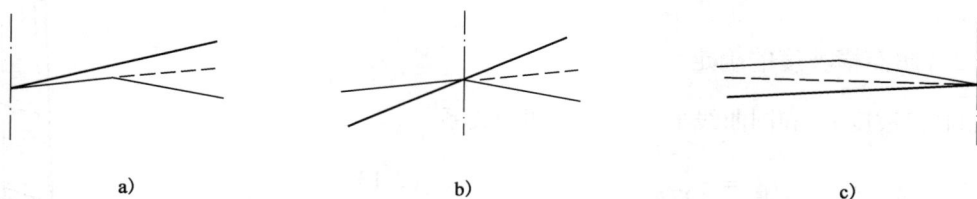

图2-14　单幅公路超高设置方式图
a)绕内侧边缘旋转;b)绕中线旋转;c)绕外侧边缘旋转

2. 双幅公路设置平曲线的超高

（1）绕分隔带的中心线旋转

将中间带中心线保持在原有位置上,内侧行车道先不动,将外侧行车道绕中间带中心线向上旋转,旋转至与内侧行车道同一坡度后,整个行车道以中心线为轴继续旋转,直至达到设计超高横坡度,此时中央分隔带呈倾斜状,如图 2-15a)所示。中间带宽度小于 4.5m 的公路可采用该方式。

（2）绕分隔带边缘旋转

将两侧行车道分别绕中央分隔带边缘旋转,使之各自成为独立的单向超高平面,此时中央分隔带维持原水平状态,如图 2-15b)所示。各种宽度中间带的公路均可采用该方式。

（3）绕分隔带两侧路面中心旋转

将两侧行车道分别绕各自中心线旋转,使之各自成为独立的单向超高平面,此时中央分隔带成为倾斜断面,中央分隔带两边缘分别随之升高与降低而成为倾斜断面,如图 2-15c)所示。车道数大于 4 条的公路可采用该方式。

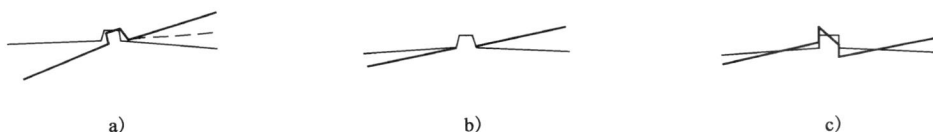

图 2-15　双幅公路超高设置方式图
a)绕分隔带的中心线旋转;b)绕分隔带边缘旋转;c)绕分隔带两侧各自行车道中线旋转

三、曲线加宽

（一）加宽的原因

汽车在圆曲线上,各个车轮的行驶轨迹是不同的。其中,前轴外侧车轮的轨迹半径最大,后轴内侧车轮的行驶轨迹最小,如图 2-16 所示。因此,在弯道行驶的汽车所占的行车道宽度比在直线上所占的宽度要大一些,才能满足行车要求。另外,汽车在曲线行驶时,前轴中心的轨迹并不完全符合理论轨迹,而是有较大的摆动偏移,因此也需要进行加宽。例如,一辆汽车在一条胡同里行驶,胡同的宽度和车辆的宽度正好相等。在理想情况下,汽车行驶时绝对走直线,这时,汽车能够向前行驶。假定前方胡同拐一个半径很小的弯,但宽度不变,试想汽车能通过吗？当然不能,解决的办法就是把拐弯部分的胡同宽度增大,这样汽车才能过得去。

（二）圆曲线加宽值的确定

汽车进入圆曲线后,圆曲线的半径为定值,汽车从圆曲线起点至圆曲线终点的车轮转向角是保持不变的,则从圆曲线起点至终点的加宽值即一个不变的定值,这个定值称为圆曲线上的全加宽。

圆曲线上的全加宽值是根据会车时两辆汽车之间及汽车与路面边缘之间所需的间距决定的,它与圆曲线的半径、车型、行驶速度等有关;由两部分原因所致,一部分是前后轮迹半径不同引起的。另一部分是由于汽车在曲线上行驶的摆动

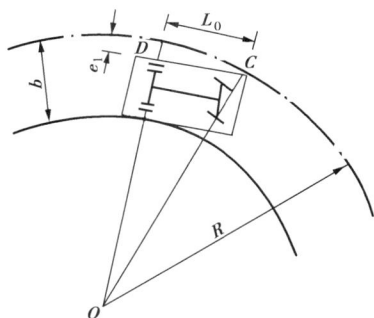

图 2-16　圆曲线上加宽图示

引起的。由图 2-16 计算得出全加宽值。

$$e_1 = \frac{L_0^2}{R} + \frac{0.1V}{\sqrt{R}} \tag{2-14}$$

式中：e_1——圆曲线上的全加宽值，m；

　　L_0——汽车后轴至前悬之间的距离，m；

　　R——圆曲线半径，m；

　　V——计算行车速度，km/h。

对于半挂车、挂车或牵引平板车，所需要的加宽值计算公式如下：

$$e = \frac{L_0^2}{R} + \frac{L_1}{R} + \frac{0.1V}{\sqrt{R}} \tag{2-15}$$

式中：e——圆曲线的全加宽值，m；

　　L_0——牵引车后轴至前悬之间的距离，m；

　　L_1——牵引车后轴至被拖的半挂车后轴之间的距离，m；

　　R——圆曲线半径，m；

　　V——计算行车速度，km/h。

车型一定的情况下，圆曲线的半径越大，曲线的加宽值越小。当曲线半径很大时，加宽值小到一定程度后可忽略不计。根据《标准》规定，当圆曲线半径小于或等于 250m 时，双车道路面设置的全加宽值按式(2-14)、式(2-15)计算后，经调整按规定的数值在圆曲线的内侧予以加宽，见表 2-7。作为干线的二级公路，应采用第 3 类加宽值；作为集散的二、三级公路，在考虑铰接列车通行时，应采用第 3 类加宽值，不考虑通行铰接列车时，可采用第 2 类加宽值；作为支线的三、四级公路可采用第 1 类加宽值；有特殊车辆通行的专用公路应根据特殊车辆验算确定其加宽值。

圆曲线加宽值　　　　　　表 2-7

加宽类别	设计车辆	圆曲线半径(m)								
		200~250	150~200	100~150	70~100	50~70	30~50	25~30	20~25	15~20
第1类	小客车	0.4	0.5	0.6	0.7	0.9	1.3	1.5	1.8	2.2
第2类	载重汽车	0.6	0.7	0.9	1.2	1.5	2.0	—	—	—
第3类	铰接列车	0.8	1.0	1.5	2.0	2.7	—	—	—	—

（三）加宽的设置

由于弯道上路面加宽后与弯道两端的直线段的路面宽窄不一，影响公路的美观，故需要设置从直线正常宽度逐渐增加到圆曲线上全加宽的缓和段。所以从直线到圆曲线之间应插入缓和段，称为加宽缓和段，如图 2-17 所示。加宽缓和的设置方式，一般情况下，可按比例逐渐加宽,即加宽缓和段上任意断面处的加宽值 b_x 等于该点到加宽缓和段起点的距离 x 和加宽缓和段长度 L_c 的比与全加宽值 B_j 的积。

公路加宽缓和段上加宽值计算公式如下:

$$b_x = \frac{x}{L_c} B_j \qquad (2\text{-}16)$$

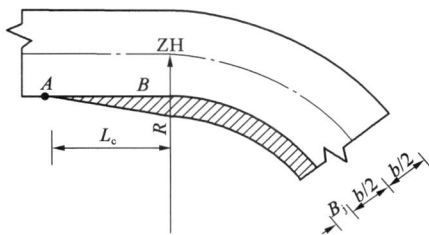

图 2-17 加宽缓和示意图

式中:b_x——加宽缓和段上任意断面处的加宽值,m;

$\quad x$——距加宽缓和段起点的距离,m;

$\quad L_c$——加宽缓和段全长,m;

$\quad B_j$——圆曲线部分全加宽,m。

四、回头曲线

在山区地形中,地面的自然坡度很陡,为了降低纵坡而延长路线长度,在同一个坡面上路线反复经过,称为回头曲线,如图 2-18 所示。回头曲线可能导致上下路线重叠和产生急弯陡坡,降低公路的使用质量,只有在地形条件限制非常严格的情况下方可采用。

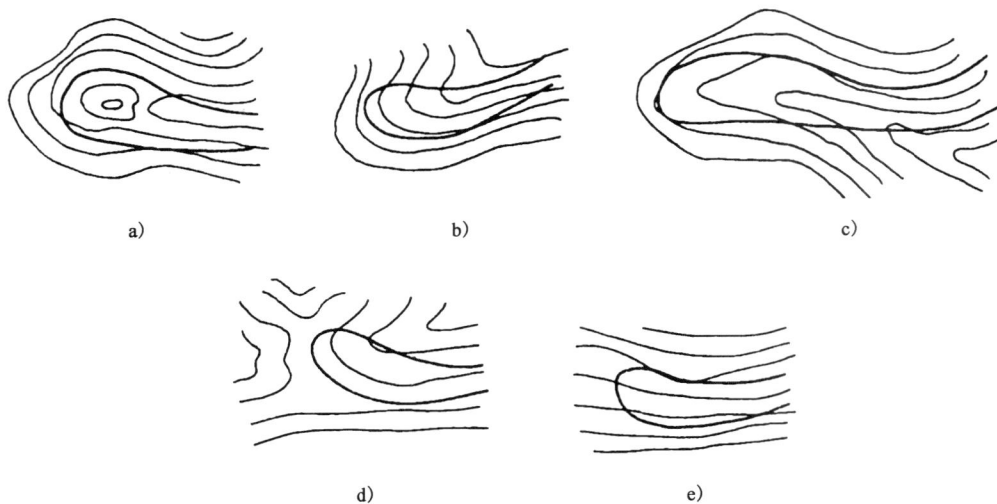

图 2-18 回头曲线

a)利用山包回头;b)利用山背回头;c)利用平缓山沟回头;d)利用垭口回头;e)利用平缓山坡回头

五、路线平面图

公路在水平面上的投影图称为路线平面图,简称平面图,如图 2-19 所示。它是公路设计的基本设计文件之一。路线平面图一般应表示出沿线一定范围内的地面起伏、山岭河谷、地物、路线位置、里程及平曲线要素等。平面图是在公路勘察测量时,按一定比例绘制而成。常用的比例尺有 1:1 000、1:2 000、1:5 000 和 1:10 000 等。

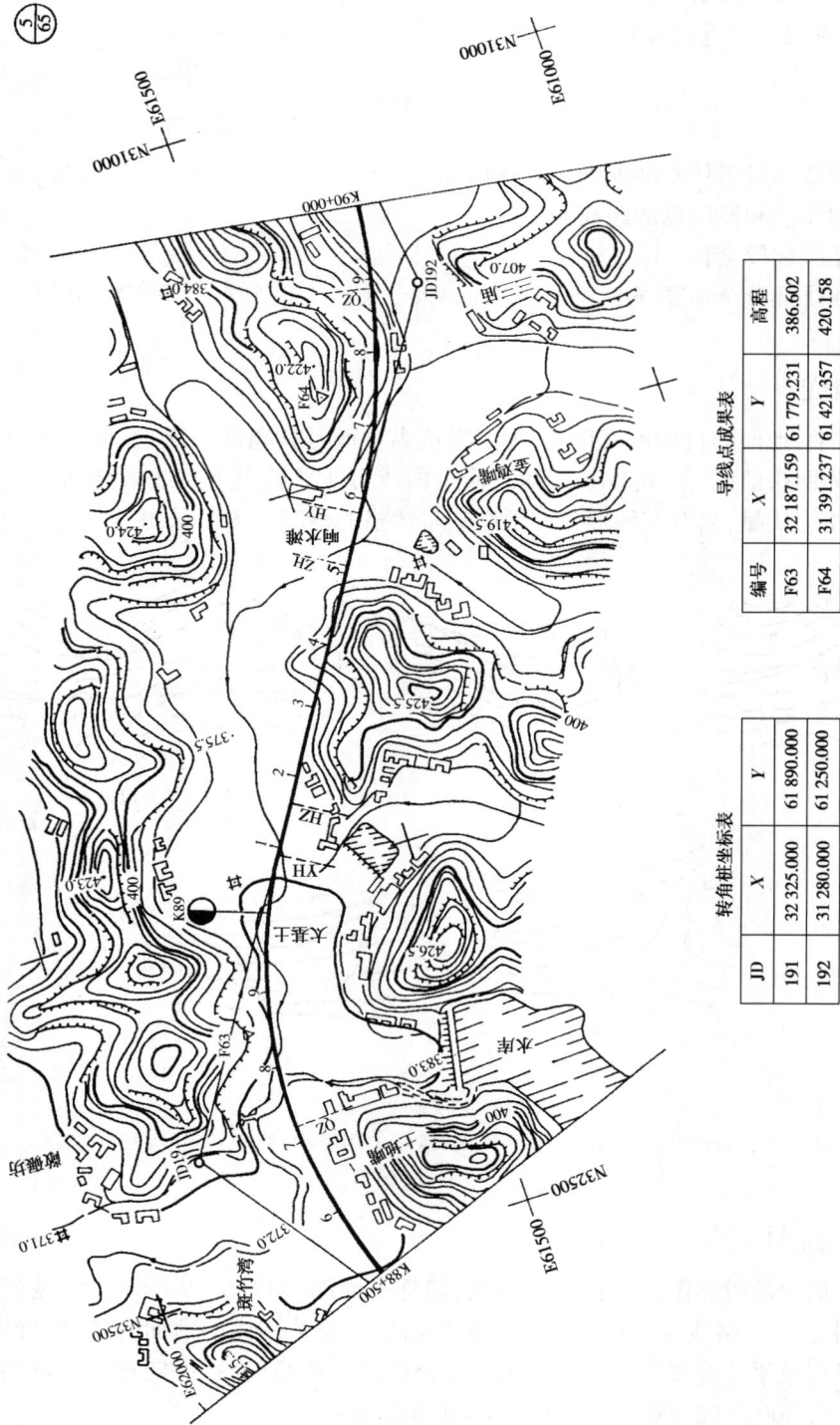

导线点成果表

编号	X	Y	高程
F63	32 187.159	61 779.231	386.602
F64	31 391.237	61 421.357	420.158

转角桩坐标表

JD	X	Y
191	32 325.000	61 890.000
192	31 280.000	61 250.000

图 2-19 公路平面图

平面图主要包括以下内容：

1. 线形情况

平面图的线形充分反映路线的平面特点，包括路线所在的位置及其走向，直线段、曲线段及其连接情况，各桩里程、平曲线要素、水准点及桥涵构造物等。

里程表示路线上某一点距离路线的起点沿路线的水平距离。在公路勘测时，先在该点的实地位置钉入木桩或铁桩，再用测量手段量出或算出该点距路线起点沿路线的水平距离，称里程桩号，简称桩号，用 K×××+×××.××表示。其中，K 系英语"千米（Kilometer）"的首字母，"×"为数值，"+"前面的"×××"为距公路起点的公里数，"+"后面的"×××.××"为米数，有时米数不带小数点。例如：某一点距离路线起点的距离是 11 223.47m，那么这一点的里程桩号就是 K11+223.47。

一般情况下，路线按一定的距离每隔 20m 或 50m 设置桩，用来表示路线的形状。另外还有表示路线特征的桩，分为整桩和加桩。桩号为整数而设置的桩称为整桩；整百米桩称为百米桩，例如 K2+300；整公里桩称为公里桩，例如 K4+000。加桩一般设在公路的起终点、桥梁涵洞的中心点、平曲线的主点（ZH、HY、QZ、YH、HZ 或 ZY、QZ、YZ）、与其他路线的交叉点、地形和地质变化点、地物点等。

2. 地形情况

平面图显示公路所经过地区的地形特征，尤其对那些对公路线形制约严重处，以便检查路线设计有无问题，是否有改善的余地。采用等高线法表示地面起伏的方法，根据高程投影方法测绘而得，如图 2-20 所示。地面上同一高程的点在水平面上的投影的连线称为等高线。等高线的间距若"疏"，则表示该处地形平缓；反之，若"密"则表示地形陡。因而可以根据等高线的分布与形状来判断地面实际的起伏变化情况。这种具有等高线的平面图称为地形图。

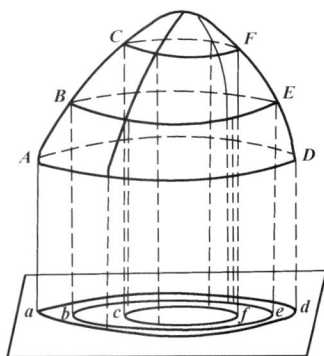

图 2-20　等高线图

3. 地物位置

平面图上可反映出路线两侧地物的情况，各种地物与路线的相互关系。路线两侧地物按比例描绘，其形状、位置应准确，并按有关技术规范规定的符号来表示。

第三节　行车视距

为了保证行车安全，驾驶员应能够随时看到路面前方一定距离，以便发现路面上的障碍物或迎面来车时能够在一定车速下及时制动或避让。汽车在这段时间内沿公路行驶的最短行车距离，称为行车视距。各级公路在平面和纵面上，都应保证必要的行车视距。行车视距按行车状态不同可分为停车视距、会车视距和超车视距。

一、停车视距

汽车在公路上行驶,当驾驶员发现路面前方有障碍物,经判断后,采取制动措施,使汽车在障碍物前停止,这一必须保证的最短安全距离,称为停车视距。

停车视距由三部分距离组成,如图 2-21 所示。

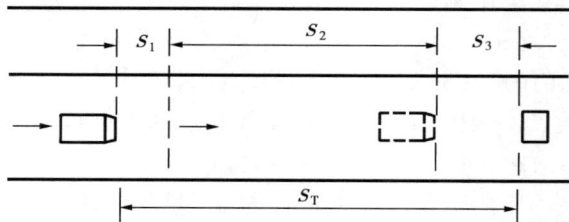

图 2-21 停车视距

停车视距计算公式如下:

$$S_T = S_1 + S_2 + S_3 \tag{2-17}$$

式中:S_T——停车视距,m;

S_1——驾驶员反应与判断时间内行驶的距离,m;

S_2——从开始制动到完全停止时汽车行驶的距离,m;

S_3——安全距离,m,一般为 5~10m。

汽车由行驶到停止的全部时间,包括两个时间段,即:制动前的反应时间及制动开始到完全停止时所经历的时间。

反应时间是从驾驶员看到车道路面前方障碍物的瞬间算起,到决定实施停车的一瞬间为止所经历的时间。反应时间的长短,因人而异,一般为 1~2s。

制动时间是驾驶员从实施制动的一瞬间起,制动系统发生制动作用到强迫车辆停止的一瞬间所经历的时间。这段时间的长短,除去制动前的速度因素之外,还与制动系统的机械效率、车轮与路面的摩擦系数有关。

综合各种因素,《标准》规定了各级公路的停车视距。高速公路、一级公路的停车视距应符合相关规定,见表 2-8。

高速公路、一级公路停车视距　　　　　　　　　　　　　　　表 2-8

设计速度(km/h)	120	100	80	60
停车视距(m)	210	160	110	75

二、三、四级公路的停车视距、会车视距与超车视距应符合相关规定,见表 2-9。

二、三、四级公路停车视距、会车视距与超车视距　　　　　　　表 2-9

设计速度(km/h)	80	60	40	30	20
停车视距(m)	110	75	40	30	20
会车视距(m)	220	150	80	60	40
超车视距(m)	550	350	200	150	100

二、会车视距

在不设中间带或不分车道行驶的双车道公路上，来往车辆都习惯于沿路中心线行驶，直到会车相互避让或者采取制动措施，在双方还没发生碰撞之前停止行驶。这一段从彼此发现到双方车辆完全停止时两车同时驶过的距离之和，称为会车视距。如果双方行驶的车辆车型和速度都相同，会车视距约等于 2 倍停车视距。对于四级公路为单车道时，会车视距是一个比较重要的设计指标。

三、超车视距

在双车道公路上，车速较高的车辆常常追上车速较低的车辆，并利用路中心线左侧的车道进行超车。在这种情况下，为保证超车时不会与对向车辆发生碰撞，超车之前，驾驶员必须观察左侧车道是否有对向来车。当驾驶员看到对向驶来的车辆相距很远时，自己超过同向行驶的低速车并回到原来车道的正常位置后不会与对向驶来的车辆相撞。在这一段时间之内，双向车辆行驶的距离之和称为超车视距，如图 2-22 所示。

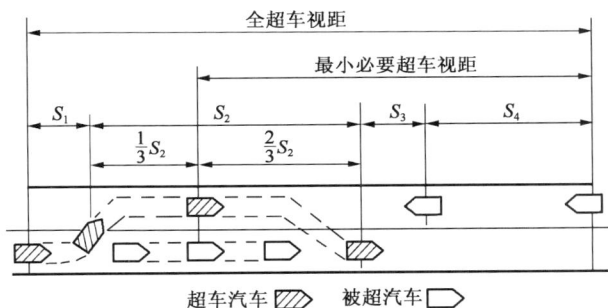

图 2-22　超车视距

超车视距可按下式计算：

$$S_H = S_1 + S_2 + S_3 + S_4 \qquad (2\text{-}18)$$

式中：S_H——超车视距，m；

S_1——加速行驶距离，m；

S_2——超车车辆在对向车道上行驶的距离，m；

S_3——超车后的安全距离，m；

S_4——超车从开始加速到超车完成时段内对向车辆行驶的距离，m。

实际上，超车车辆在对向车道追上被超车辆后，一旦发现与对向来车的距离不足时，超车车辆还可以回到原来的车道上。这段距离约占超车在对向车道上行驶距离的1/3，由此可得最小必要超车视距，其计算公式为：

$$S_H = \frac{2}{3}S_2 + S_3 + S_4 \qquad (2\text{-}19)$$

《标准》规定的超车视距见表 2-9。

四、平曲线视距保证措施

汽车在直线上行驶,一般停车视距和超车视距容易保证。但当汽车在平曲线地段行驶时,如果遇到内侧有障碍物、树木、路堑边坡等,均有可能阻挡视线,保证不了视距。这时就应该清除视野范围内的障碍物,以保证行车安全。

如图 2-23 所示,假设 A 点为行驶的汽车,弧长 AB 是停车视距,因为视线是直的,所以若 AB 之间的直线(即弦长)与弧构成的区域内有障碍物,视线将会被阻挡,将不能保证视距,所以必须清除。同样的道理,汽车在曲线段行驶到任何一点,均应保证视线与停车视距构成的区域内不能有阻挡障碍物。我们做出一条曲线与所有的视线相切,那么这条曲线就是汽车在弯道上行驶时,障碍物不能进入的界限。如果有,则必须清除。

按照上述方法我们知道了需要清除障碍物的范围,如果曲线段为挖方路段,内侧边坡如果阻挡了视线,那么按照我们设定的界限,将在边界线内的边坡挖掉,即开挖视距台。开挖视距台时,设定驾驶员视线的高度为 1.2m,如图 2-24 所示。

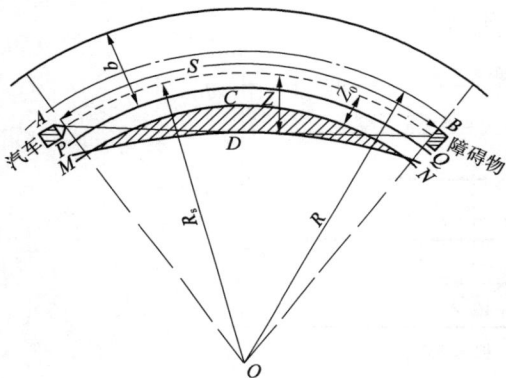

图 2-23　平曲线视距图

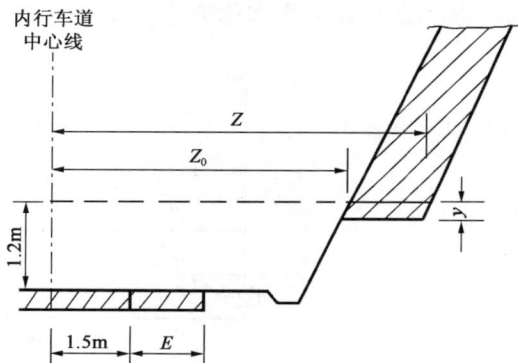

图 2-24　视距台

注:岩石 $y = 0.1\text{m}$;土壤 $y = 0.3\text{m}$;E 为路面加宽值。

第四节　纵断面线形

一、路线纵断面图

沿公路的中线作一垂直于水平面的剖面,然后展开所得到的垂直面,称为路线纵断面图。由于公路所经过的地面是起伏不平的,铺筑在地面上的公路也往往随着地面而起伏,因此路线在纵断面上就由不同的上坡段和下坡段组成。为使汽车安全平顺地由一个坡段驶入另一个坡段(坡度线),在相邻的两个坡段间应用曲线连接起来,这种在纵断面上的曲线称为竖曲线,如图 2-25 所示。由图可以看出,在纵断面图上,有两条主要的线:一条是地面线。它是根据中线上各个桩的地面高程而绘出的,是一条不规则的折线。另一条是设计线。对于高速公路和一级公路，它是中央分隔带外侧边缘各点的连线；对于二、三、四级公路它是公路未超高加宽前路基边缘的各点的连线。同时，它是经过技术、经济及美学上多方比选而定出的。在任一桩号上，设计高程与地面高程的差称为该桩的施工高度。施工高度的大小决定了公路施工时的填筑高度或开挖深度。图的下半部分是与纵断面设计相关的内容，以供纵断面设计时综合考虑。

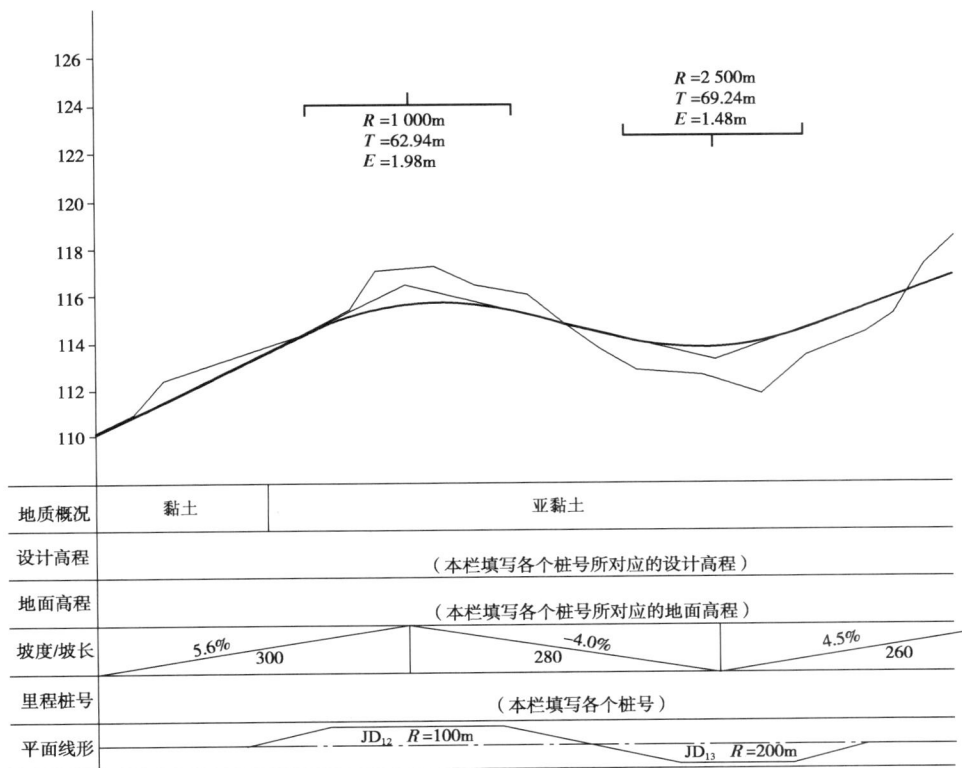

图 2-25 路线纵断面图

纵断面图的比例为：竖向 1:200 或 1:100；横向 1:2 000 或 1:1 000。

从纵断面图的设计线可以看出，它是由直线（坡度线）和曲线（竖曲线）组成的，因此，纵断面设计需要解决坡度线和竖曲线问题。

二、纵坡设计

纵断面坡度有上坡和下坡，坡度的大小用坡度线两端的高差 h 与其水平距离 l 的比值的百分数来表示，称为纵坡度 i。沿路线前进的方向，上坡为正，下坡为负。其计算公式如下：

$$i = \frac{h}{l} \times 100\% \qquad (2-20)$$

如图 2-26 所示，A 点的高程为 21m，B 点的高程为 24m，C 点的高程为 20m，AB 之间的水平距离为 100m，BC 之间的水平距离为 200m。

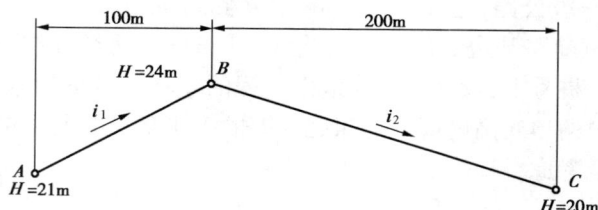

图 2-26 坡度计算示意图

第一段纵坡度：

$$i_1 = \frac{h_B - h_A}{L_{AB}} \times 100\% = \frac{24 - 21}{100} \times 100\% = 3\%（上坡）$$

第二段纵坡度：

$$i_2 = \frac{h_C - h_B}{L_{BC}} \times 100\% = \frac{20 - 24}{200} \times 100\% = -2\%（下坡）$$

纵坡度的大小及其长度会影响汽车的行驶速度、工程造价与运营经济及行车安全，因此，必须对坡度的大小加以限制。

（一）纵坡设计的基本要求

1. 纵坡应满足汽车的动力性能要求

汽车在公路上能够行驶，须具备两个条件：一是汽车的牵引力必须大于所有行驶阻力（如空气阻力、上坡阻力、滚动阻力、惯性阻力）；二是汽车的牵引力要求小于或等于驱动轮与路面的附着力。

根据第一个条件，《标准》按各级公路的计算行车速度及已定车型的动力性能，确定其最大纵坡度及坡长限制等技术指标，因此必须满足《标准》有关纵坡的各项规定；第二个条件则可以通过路面的设计和施工来满足其行车要求。

2. 纵坡应满足汽车的使用性能要求

（1）速度性能

汽车的使用性能是指汽车在具体的使用条件下可能的加速度和最大爬坡等性能。最大车速是指汽车在平直良好的路面上可以达到的最高行驶速度；最大爬坡是指汽车在额定荷载下，其最大驱动力在正常道路与自然条件下，在坡道上保持一定车速所能行驶的最大坡度。

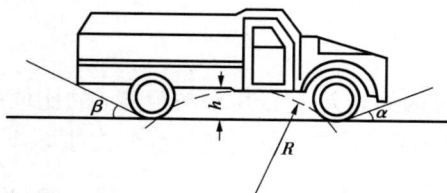

图 2-27 汽车使用主要技术参数

（2）通过性能

汽车的通过性能是指在正常的道路与自然条件下，汽车在道路上行驶时，顺利通过的能力，又称越野性能。它的主要技术参数有：离地面最小高度（h）、接近角（α）和离去角（β）、纵向通过半径（R）等，如图 2-27 所示。

汽车离地最小高度 h 是指汽车底盘最低点与路面间的距离；接近角 α 是前轮外缘与前挡板的切线与地面线的夹角；离去角 β 是后轮外缘与车厢底板的切线与地面的夹角；纵向通过半

径 R 是前后轮与汽车底板相切的圆弧的半径。要满足汽车的通过性能要求,纵坡不能太陡,竖曲线半径不能过小。

（3）安全性能

汽车在纵坡上不但要有足够的驱动力爬坡,在下坡时也要有足够可靠的制动性能。因此,纵坡不宜过陡、过长。长陡坡尽头不要设置小半径的平曲线,以保证汽车在坡度上行驶的安全和稳定。

（4）经济性能

经济性能通常以汽车在一定条件下行驶所消耗的燃料来评价,以每升百公里的最低燃料消耗量(升/百公里)表示。坡度愈大则耗油愈多。因此,纵坡要尽可能地平缓。

3. 纵坡应与地形相适应、与环境相配合

设计的纵坡,在满足技术要求的前提下,应尽可能地与地形相吻合,不能因贪图道路平坦而大填大挖,破坏生态平衡和自然景观。要根据当地地形、土壤地质、水文等作综合考虑,根据不同情况加以处理,以保证道路的畅通和稳定。

4. 纵坡应具有一定的平顺性

纵坡起伏不宜过于频繁,也不宜连续采用极限长度的陡坡,而应尽可能采用较均匀的纵坡,以保证汽车以一定速度安全、顺适地行驶。纵坡还应尽量做到纵向填挖平衡,以节省工程造价。

（二）最大纵坡与最小纵坡

1. 最大纵坡

最大纵坡是指在纵坡设计时,各级公路允许采用的最大纵坡度值。它是公路设计中的一项重要指标。纵坡的大小直接影响着路线的长短、公路使用品质的好坏、工程量大小与运输成本的高低。公路纵坡过陡,上坡时,将导致车速降低;下坡时,制动次数增多,导致制动器发热、失效,甚至引发交通事故。《标准》在综合考虑标准车型的动力特性、行车安全、营运经济、道路等级及地形条件等因素,结合我国国情,规定了最大纵坡的极限值,见表2-10。高速公路受地形条件或其他特殊情况限制时,经技术经济论证,最大纵坡可增加 1%。

公路最大纵坡　　　　表2-10

设计速度(km/h)	120	100	80	60	40	30	20
最大纵坡(%)	3	4	5	6	7	8	9

2. 最小纵坡

对最大纵坡进行限制,不等于纵坡越小越好。为保证挖方地段、设置边沟的低填方地段和横向排水不畅的地段排水,防止积水渗入路基而影响其稳定性,一般在这些地段应避免采用水平纵坡,即 $i=0$。所以,《标准》规定了上述情况下路线的纵坡不应小于 0.3%,但干旱少雨的地区不受此限制。

（三）合成坡度

公路在平曲线路段,如果纵向有纵坡并且横向有超高,则最大坡度既不在纵坡上,也不在超高上,而是在纵坡和超高合成的方向上,这时的最大坡度称为合成坡度($i_合$),如图2-28所示。

合成坡度计算公式如下:

$$i_合 = \sqrt{i_纵^2 + i_横^2} \qquad (2-21)$$

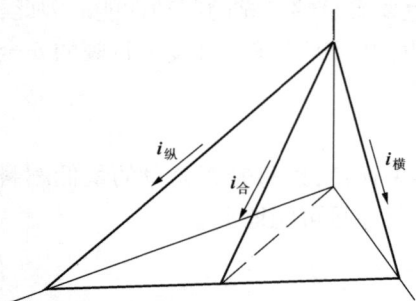

图2-28　合成坡度

式中:$i_纵$——纵坡坡度,%;

$i_横$——超高横坡度或路面横坡,%。

公路上的纵坡较大而平曲线半径较小,则其合成坡度较大,当汽车在弯道上行驶速度较慢或静止时,汽车有可能沿合成坡度的方向滑移或倾覆,造成事故。所以要对合成坡度加以限制。

（四）高原纵坡折减

在海拔较高的高原地区,汽车发动机的功率因空气稀薄而减小,相应地降低了爬坡能力;另外,在高原地区,汽车水箱中的水易沸腾而破坏冷却系统。因此,在实际工作中,对于海拔3000m以上的地区,除选择适用于高原地区的发动机外,在公路纵坡设计中应减小纵坡,见表2-11。最大纵坡折减后,如小于4%,则仍用4%。例如,海拔6000m处的计算行车速度为60km/h的三级公路,按表2-11折减后的最大纵坡为3%,这时仍要以4%作为最大纵坡限制值。

高原纵坡折减值　　　　　　　　　　　　　　　　　　　　　表2-11

海拔高度(m)	3 000~4 000	4 000~5 000	5 000 以上
折减值(%)	1	2	3

（五）坡长限制

坡长限制包括两方面内容:一是陡坡坡长限制;二是最短坡长限制。

1.陡坡坡长限制

坡长限制是根据汽车的动力性能决定的。长距离的陡坡对汽车行驶非常不利,上坡因长时间以低挡爬升,燃料消耗增加,行车速度降低,机件较易发生故障;下坡时,则因制动次数增加,机件磨损严重,易使制动器发热、失效而引发事故。因此,当公路纵坡大于3%时,为了行车安全和营运经济,对其坡长要加以限制。《标准》对各级公路的坡长限制见表2-12。

不同纵坡最大坡长（m） 表2-12

设计速度（km/h）		120	100	80	60	40	30	20
纵坡坡度（%）	3	900	1 000	1 100	1 200	—	—	—
	4	700	800	900	1 000	1 100	1 100	1 200
	5	—	600	700	800	900	900	1 000
	6	—	—	500	600	700	700	800
	7	—	—	—	—	500	500	600
	8	—	—	—	—	300	300	400
	9	—	—	—	—	—	200	300
	10	—	—	—	—	—	—	200

　　高速公路和一级公路纵坡及坡长的选用，应充分考虑车辆运行质量的要求。对于二、三、四级公路，当连续纵坡大于5%时，为了恢复爬坡降低了的速度，以利于继续爬坡，应在不大于表2-13所规定的长度处，还要设置纵坡不大于3%的缓和坡段，其长度应满足表2-14的要求。

公路最小坡长（m） 表2-13

设计速度（km/h）	120	100	80	60	40	30	20
最小坡长（m）	300	250	200	150	120	100	60

竖曲线最小半径和竖曲线最小长度 表2-14

设计速度（km/h）	120	100	80	60	40	30	20
凸形竖曲线最小半径（m）	11 000	6 500	3 000	1 400	450	250	100
凹形竖曲线最小半径（m）	4 000	3 000	2 000	1 000	450	250	100
竖曲线长度（m）	100	85	70	50	35	25	20

　　2.最小坡长限制

　　限制坡长，是因为坡长过短，则纵坡上转坡点过多，路线呈波浪状态，车辆行驶时会频繁颠簸，车速愈高则愈显突出，乘客将感到不舒适，机件磨损加剧，货物亦受到震荡。因此，为了提高行车的平顺性，各级公路纵坡的最小坡长应满足规定的要求（见表2-13）。

三、竖曲线

　　纵断面上相邻两条坡度线相交处会出现变坡点和变坡角。在变坡处，用一段曲线予以连接，以利于车辆平顺行驶，这就是竖曲线。

　　变坡角用 ω 表示，ω 的大小近似等于相邻两个纵坡坡度的代数差，可用下式表示：

$$\omega = i_1 - i_2 \qquad (2\text{-}22)$$

式中：i_1、i_2——分别为相邻坡度线的坡度值，%。

　　上坡为正，下坡为负，如图2-29所示。当 ω 为正时，为凸形竖曲线；反之，当 ω 为负时，则为凹形竖曲线。

　　《标准》规定各级公路在纵坡变更处，均应设置竖曲线。

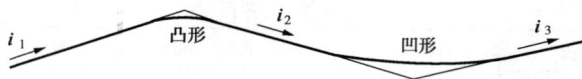

图 2-29　竖曲线示意图

1. 竖曲线要素计算

竖曲线有抛物线和圆曲线两种。这两种线形计算的结果在应用范围内是完全相同的。由于在纵断面上只计水平距离和垂直高度，斜线不计角度而计坡度，故竖曲线的切线长和弧长均以其水平投影的长度计算。切线支距是竖向的高程差，如图 2-30 所示。

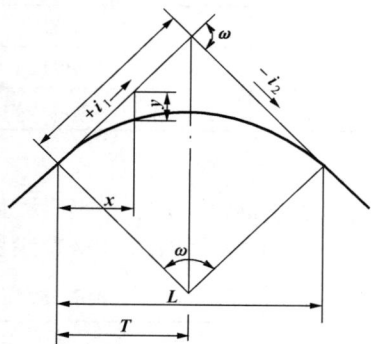

图 2-30　竖曲线要素计算

竖曲线要素的计算见下列公式：

竖曲线长　　　$L = R\omega$　　　　　　　　　　(2-23)

切线长　　　　$T = \dfrac{R\omega}{2}$　　　　　　　　(2-24)

外距　　　　　$E = \dfrac{T^2}{2R}$　　　　　　　　(2-25)

　　　　　　　$y = \dfrac{x^2}{2R}$　　　　　　　　(2-26)

式中：R——竖曲线半径，m；

　　　T——切线长度，m；

　　　L——竖曲线的长度，m；

　　　E——外距，m；

　　　x——竖曲线上任意一点距竖曲线起点或终点的水平距离，m。

2. 竖曲线半径的选择

竖曲线设计时，首先要确定其半径。竖曲线半径的选定与平曲线半径的选定一样，以满足行车要求为目的，应力求选用较大半径，只有在地形困难地段才采用小半径。

汽车在凹形竖曲线上行驶，视距一般能得到保证，但车辆在其重力方向上又会受到离心力的作用而使车辆增重，乘客会感到不适，对汽车的悬架系统也不利。为保证车辆行驶安全和舒适，减少车辆颠簸和震动，应对离心加速度有所限制，因此竖曲线半径不能太小。

汽车在凸形竖曲线上行驶，离心力方向与重力方向相反，汽车会减重，对汽车的悬架系统也不利；另外，在凸曲线上行车，如果半径过小，则视线受阻，从而影响行车安全。因此，竖曲线半径不能太小。

《标准》规定竖曲线半径不应小于表 2-14 所列数值。

四、平、纵面线形的组合

公路线形设计不仅要注意个别元素的尺寸大小，还要考虑各元素间的组合；不能孤立地考虑某一个投影面，而需要综合考虑平、纵、横三个投影面的协调；不仅要满足汽车行驶的力学要求,还要顾及交通条件、驾驶员的视觉和心理因素以及美学上的要求等,公路各线形要素如图2-31所示。

平面要素	纵面要素	立体线形要素
直线	直线	纵坡不变的直线
直线	曲线	凹形直线
直线	曲线	凸形直线
曲线	直线	纵坡不变的曲线
曲线	曲线	凹形曲线
曲线	曲线	凸形曲线

图 2-31　各种直线和曲线组合的立体线形要素

根据经验,做好以下几点,便会得到较好的线形。

(1)竖曲线与平曲线重合。平曲线和竖曲线的顶点一一对应,且平曲线比竖曲线长,使竖曲线在平曲线范围内,即"平包竖",如图 2-32 所示。这样,对视觉有诱导作用,对行车安全有利。

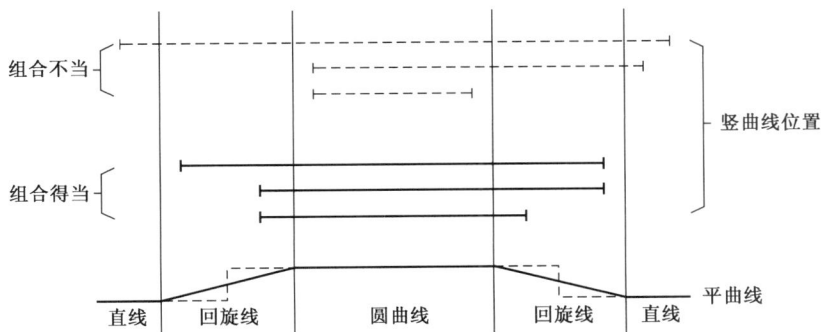

图 2-32　平、竖曲线位置的对应
注:虚线为不设回旋线的情况。

若平曲线和竖曲线的半径都很大,则平、竖曲线的位置可不受上述限制;若做不到平曲线和竖曲线的顶点一一对应,而两者的半径都小于某限值时,宁可把平曲线和竖曲线拉开相当距离,使平曲线位于直坡段上或竖曲线位于直线上。

（2）平曲线与竖曲线半径大小保持均衡。平曲线与竖曲线的线形，其中一方大而平缓时，则要注意另一方也要大而缓，切不可使二者差别太大。根据经验，在平曲线半径小于1 000m的情况下，竖曲线半径为平曲线半径的10～20倍，即可获得线形的均衡性。联邦德国综合考虑视觉和工程费用的平衡，得到的平曲线与竖曲线大小相对应的数据结果见表2-15。

平、竖曲线半径的均衡　　　　表2-15

平曲线半径(m)	600	700	800	900	1 000	1 100	1 200	1 500	2 000
竖曲线半径(m)	10 000	12 000	16 000	20 000	25 000	30 000	40 000	60 000	100 000

（3）不要在凸形竖曲线顶部、凹形竖曲线底部插入小半径的平曲线。前者由于没有视线诱导而使驾驶员必须急转转向盘，增加操作困难；后者由于驾驶员向凹形底部行驶时，可能错认为是水平路段而以过高速度行驶，导致急弯处发生事故。

图2-33　中间凹陷看不见的线形

（4）在一个平曲线内，避免纵面线形反复凸凹在一个平曲线范围内，若纵面线形反复凸凹时，往往形成看得见脚下和前方，而看不见中间凹陷的线形，如图2-33所示。因此，使驾驶员由于视觉上不放心，即使凹度很小，也不敢以正常速度行驶。

第五节　路线交叉

　　道路与道路或道路与铁路相交部位称为道路交叉口。它是道路系统的重要组成部分，是道路交通的咽喉所在。相交道路的各种车辆和行人都要在交叉口汇集、通过，一旦稍有不慎，最易发生交通事故；由于人、车，特别是非机动车的相互干扰，阻滞了交通的顺畅，降低了道路的通行能力。此外，在交叉口处的周期性车辆制动、起动，对于燃料、车辆机件和轮胎的消耗都很大。因此，对于道路交叉口，如何设法减少乃至消灭交通事故、提高交叉口的通行能力是道路设计的一项重要任务。

　　根据相交道路交会点的竖向高程设置安排不同，可分为平面交叉口和立体交叉口两种类型；前者是道路在同一平面上相交，后者是道路在不同平面上相交。

一、平面交叉口的交通分析及设计基本要求

(一)平面交叉口的交通分析

　　进出交叉口的车辆由于行驶方向不同，车辆与车辆之间的交错也有所不同，产生交错点的性质也不一样。同一行驶方向的车辆向不同方向分开的地点，称为分流点；来自不同行驶方向的车辆以较小角度向同一方向汇合的地点，称为合流点；来自不同行驶方向的车辆以较大角度

(≥90°)相互交叉的地点,称为冲突点(危险点)。上述不同类型的交错点是影响交叉口行车速度和发生交通事故的主要原因,其中车辆左转和直行形成的冲突点对交通的影响最大,车辆容易发生碰撞;其次是合流点,是车辆产生挤撞的危险地点,对交通安全不利。所以,在交叉口的设计中,要尽量设法减少冲突点和合流点,尤其是要减少或消灭冲突点。

在没有交通管制的情况下,3 条、4 条、5 条道路平面相交时的冲突点如图 2-34 所示。通过对图 2-33 的交通分析,可得出以下结论:

(1)在平面交叉口上,都存在冲突点(危险点),并随着相交道路条数的增加而急剧增加。如 3 条道路相交的冲突点、合流点只有 3 个;4 条道路相交的冲突点则增加到 16 个、合流点为 8 个;而 5 条道路相交时,冲突点竟达到 50 个,合流点为 15 个。

(2)产生冲突点最多的是左转弯车辆。如 4 条道路相交,若没有左转弯车辆,则冲突点可从 16 个减少到 4 个。因此,在交叉口设计中,如何正确处理左转弯车辆所引起的冲突点是交叉口设计中的关键之一。

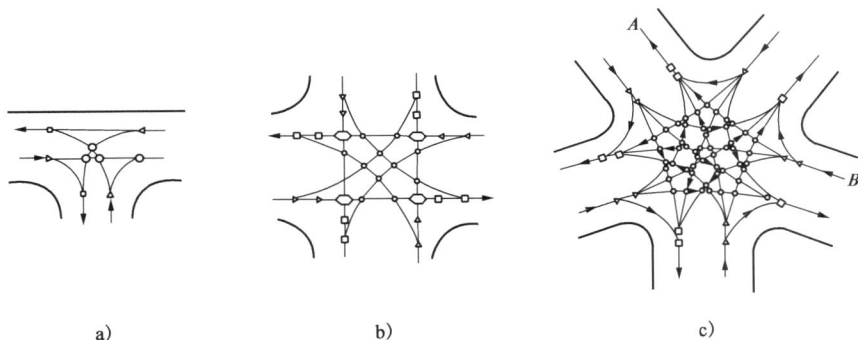

图 2-34　交叉口的冲突点
a)三路交叉口;b)四路交叉口;c)五路交叉口
▲——分岔点;□——汇合点;○——左转及直行车辆冲突点

通常消灭冲突点的方法有以下三种:

(1)实行交通管制。用交通信号灯或交警手势指挥,使直行和左转弯车辆通过交叉口的时间错开。

(2)渠化交通。在交叉口合理布置交通岛,组织车辆分道行驶,将冲突点变为交织点,减少车辆行驶时的相互干扰。

(3)设置立体交叉。将相交道路互相冲突的车流分别设在不同平面的车道上,使之各行其道,互不干扰,是保证行车安全和效率、提高道路通行能力的最有效措施。

(二)平面交叉口设计的基本要求

(1)在保证相交道路上所有车辆和行人安全的前提下,使车流和人流交通受到最小的阻碍即保证车辆和行人在交叉口处能以最少时间顺利、安全地通过,这样就能使交叉口的通行能力适应各条道路的行车要求。

(2)正确设计交叉口立面,保证转弯车辆行驶稳定。

(3)要符合排水要求,使交叉口的地面水能迅速排除,保持交叉口的干燥状态,有利于车辆和行人通过,并可延长路面的使用寿命。

二、公路平面交叉

(一)平面交叉的一般要求

公路的平面交叉是公路的一个重要组成部分,平面交叉选用的技术标准和形式是否合理会直接影响公路的通行能力、使用品质以及交通安全。因此,设计交叉口时应符合以下要求:

(1)路线交叉部分的计算行车速度应符合《标准》的规定。

(2)交叉口的形式应根据相交道路的交通量、交通性质及地形条件,综合考虑后再确定。

(3)交叉口应选择在地形平坦、视线开阔处,至少应保证相交道路上汽车距冲突点前后的停车视距范围内通视,有碍视线的障碍物应予以清除。

(4)交叉口的竖向布置要符合行车舒适、排水畅通的要求。

(二)平面交叉口的形式

平面交叉口常见的形式有以下几种:

1.简单交叉口

简单交叉口是指平面交叉中,对交叉部位不作任何特殊处理的交叉口。常见的形式有:十字形、X形、T形、Y形以及多路复合交叉等,如图2-35所示。

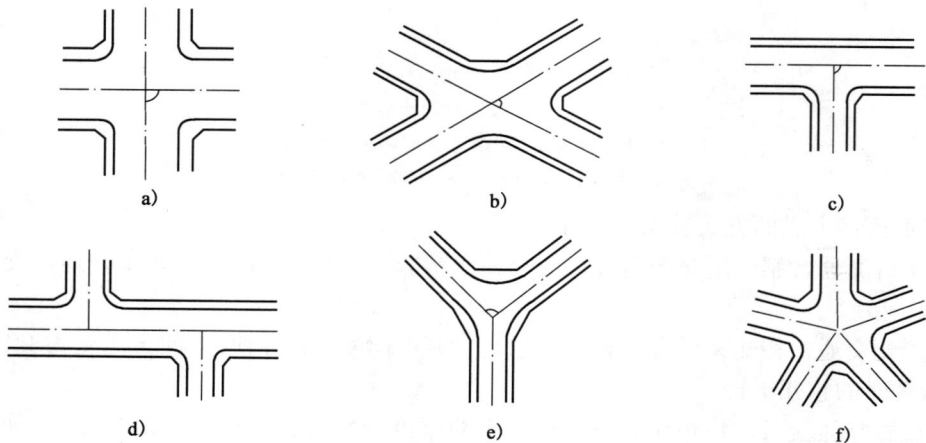

图2-35　简单交叉口形式

a)十字形交叉口;b)X形交叉口;c)T形交叉口;d)错位交叉口;e)Y形交叉口;f)多路复合交叉口

采用最多的是十字形交叉口,如图2-35a)所示。它形式简单,交通组织方便,街角建筑容易处理,适用范围广,可用于相同等级或不同等级的道路交叉。在任何一种形式的道路网规划中,十字形交叉口都是最基本的交叉口形式。

X形交叉口,如图2-35b)所示。它是两条道路以锐角或钝角斜交在相交的锐角较小的情况下,将形成狭长的交叉口,对转弯车辆行驶极为不利,锐角街口的建筑物也难以处理。因此,应尽量使相交道路的锐角大些。

T形交叉口,如图2-35c)所示。它是一条尽头道路与另一条直行道路近于直角相交的交叉口,适用于不同等级道路或相同等级道路相交。

Y形交叉口,如图2-35e)所示。它是一条尽头道路与另一条道路以锐角或钝角小于75°或大于105°相交的交叉口,适用于主要道路与次要道路相交,主要道路应设在交叉口的顺直方向。

复合交叉口,如图2-35f)所示。它是多条道路交汇的地方,容易起到突出中心的效果,占地较大,并给交通组织带来很大困难,采用时须全面慎重考虑。

2.拓宽路口式交叉口

当交通量较大,转弯车辆较多,而交叉口的通行能力不能满足交通量的需要时,可在简单交叉口基础上,增设候驶车道和变速车道以适应车辆临时停候和变速行驶之用,如图2-36所示。

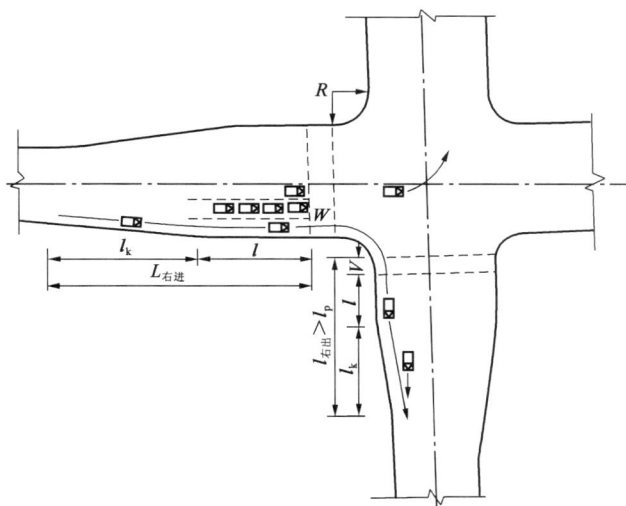

图2-36 拓宽路口式交叉口

加宽路口的增辟车道,一般在车道右侧加宽3~3.5m,其长度主要根据候车的车辆数决定,通常情况下减速车道长为50~80m,加速车道长为20~50m。

3.环形交叉口

为了减少车辆阻滞,在交叉口中心设一圆形交通环岛,使各类车辆按逆时针方向绕环岛作单向行驶,这种平面交叉称为环形交叉,如图2-37所示。它的优点是把冲突点变为交织点,从而消除车辆碰撞危险,有利安全行车。车辆到达交叉口时可以连续行驶,无需专人指挥交通。利用交通环岛绿化或布设景观可以美化环境,但占地面积大,直行车须绕岛通过,增加了行驶距离,左转弯车辆绕行距离更长。非机动车辆较多时,对环形交通的行驶速度,通行能力影响较大,甚至容易引起阻塞。因此,选用环形交叉口时要慎重考虑。

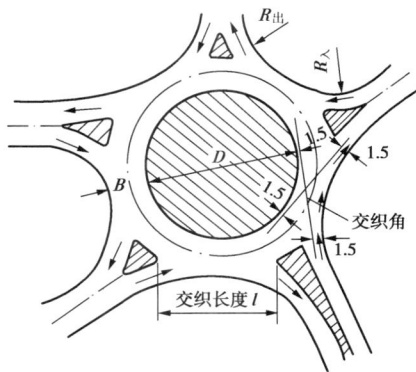

图2-37 环形交叉口

环形交叉口的基本要素由中心岛、交织角、交织长度、环道宽度、进出口转弯半径等组成（见图2-37）。其几何要素，可根据道路等级、条数、计算车速、乘客的舒适程度，以及交叉口地形、工程造价等论证选定，亦可参考表2-16的数据选用。进口半径应与中心岛半径相同，出口半径则应稍大于进口半径。

环形交叉中心岛与最小交织长度　　　　　　　　　　　表2-16

环形交叉适应的交叉口性质	1. 与一级公路相交,公路交通量很少; 2. 二级公路与其他公路相交; 3. 二、三级公路与城市道路相交			1. 一级公路与其他各级公路相交; 2. 三级公路与三级公路相交; 3. 三级公路与城市道路相交		
环道计算行车速度（km/h）	40	35	30	30	25	20
中心岛半径（m）	55~60	40~50	30~35	30~35	20~25	10~15
环道宽度（m）	12	12	12	12	9	9
最小交织长度（m）	45	40	35	35	30	25

三、立体交叉

立体交叉是两条道路在不同高程上交叉,两条道路上的车流能够互不干扰、各自保持原有车速通过交叉口。因此,道路的立体交叉是一种保证行车安全和提高交叉口通行能力的最有效方法。但立体交叉与平面交叉相比较,技术复杂、占地面积大、造价高。因此,只有在下列情况下才会采用立体交叉:

（1）高速公路或一级公路与其他各级公路相交。

（2）其他各级道路通过交叉口的交通量超过1 000辆/h。

（3）当地形与环境适当时,如各级公路在3m以上挖方地段与其他公路相交或较高的桥头引道与滨河路相交等。

立体交叉的交通组织方式不同,其组成部分也各有不同,互通式立体交叉的主要组成,如图2-38所示。

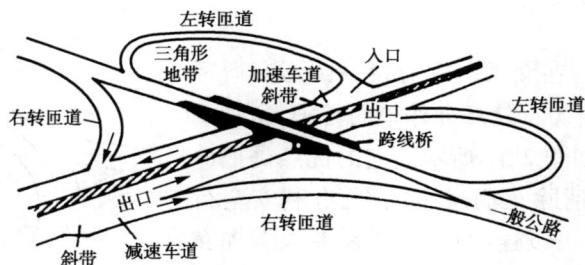

图2-38　互通式立体交叉形式

1.跨线桥

它是立体交叉的主要结构物。高速公路从桥上面通过,相交道路从桥下通过的称为上跨式;反之称为下穿式。

2. 匝道

匝道是连接互通式立体交叉上、下道路,供左、右转弯车辆行驶的道路。匝道与高速公路或相交公路的交点,称为匝道的终点,如图 2-39 所示。

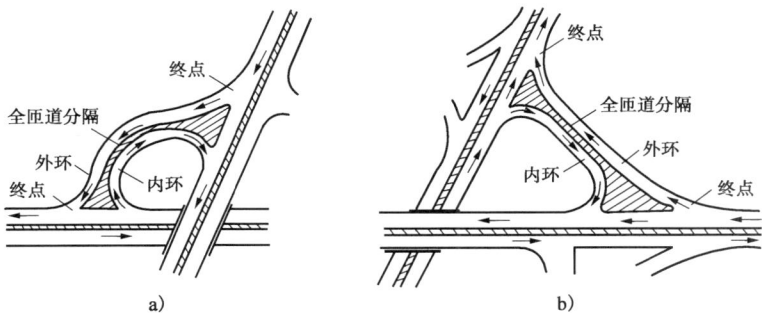

图 2-39　匝道

由高速公路驶出,进入匝道的道口称为出口;由匝道驶出,进入高速公路的道口称为入口。"出"和"入"都是针对高速公路本身而言的。匝道有的分成内、外两条单向车道分道行驶。凡由高速公路右转弯进入相交道路或由相交道路右转弯进入高速公路的匝道都设在外侧,这些匝道称为外环。反之,凡左转弯的匝道,都设在内侧,这些匝道称为内环。

由于匝道既有弯道又有坡度,行车条件较差,且受地形限制,平曲线半径较小,因此其计算行车速度只能取相交道路计算车速的 50% ~ 70%。其最大纵坡亦不宜大于 5%;其最小半径则可参考表 2-17 所列数值。

匝道最小平曲线、竖曲线半径　　　　　　　　　　　　　　表 2-17

匝道计算车速(km/h)		20	25	30	35	40	50	55	60	70	80
最小平曲线半径(m)		15	20	25	40	50	80	100	125	180	250
最小竖曲线半径(m)	凸形	500	500	500	750	1 000	1 500	2 000	2 500	3 000	4 000
	凹形	500	500	500	500	500	500	750	750	750	1 000

3. 变速车道

减速车道和加速车道统称变速车道。当由高速公路进入匝道或由匝道进入高速公路时,均须设置变速车道。

变速车道有直接式和平行式两种,如图 2-40 所示。当高速公路与匝道的车速相差较大时,需设置平行式车道;当两车速相差不大时,应采用缓和曲线连接或设置直接式变速车道。

平行式变速车道的起点明显,较易识别,但变速车辆须沿反向曲线行驶,不利于行车。定向式变速车道线形平顺,比较符合实际的行车轨迹,变速车道可得到充分利用;但直接式变速车道的起点不易识别,因此,采用时最好选用不同颜色的路面或在路面上画线,以便识别。

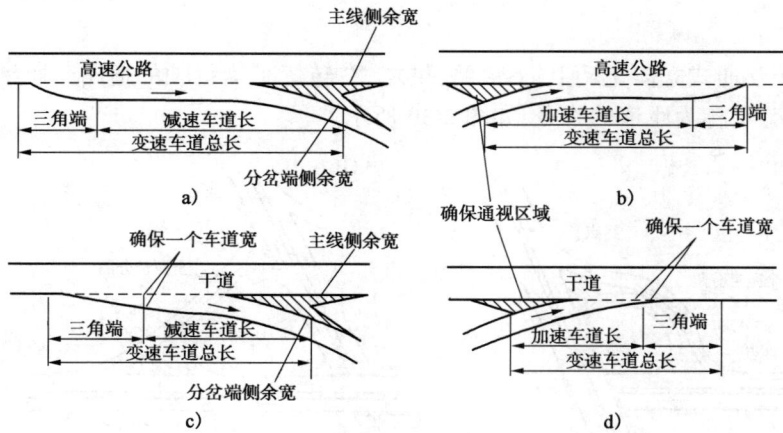

图 2-40　变速车道

a) 平行式减速车道；b) 平行式加速车道；c) 直接式减速车道；d) 直接式加速车道

复习思考题

1. 公路的横断面主要由哪些部分组成？
2. 路肩的主要作用是什么？
3. 缓和曲线是什么线形？其作用是什么？
4. 为何设置超高？设置超高的形式有几种？
5. 公路平面线形组合有哪几种主要形式？
6. 平面交叉口设计的基本要求有哪些？

第三章
CHAPTER THREE

路　基

第一节　概述

一、路基的特点和要求

路基是道路工程的重要组成部分。它是路面的基础,是公路的主体。它与桥梁和环境景观相互协调,展现艺术美。路基工程质量的好坏,直接影响到结构物的排水稳定、公路的使用品质、旅客的舒适和正常的行车,对国民经济建设具有重要意义。

路基的特点是线长,通过的地带类型多,技术条件复杂,受地形、气候和水文地质条件影响很大。比如公路可能通过平原、丘陵或山岭、河川、沼泽、岩石、冰雪(或永冻土)、沙漠或盐渍土等,除一般的施工技术外,还要考虑软土压实、桩基、边坡稳定、挡土墙以及其他人工调治结构物等。此外,路基的土石方数量大,劳力和机械用量多,施工期长。在城市道路中,除征地拆迁外,遇到的隐蔽工程较多,如给水管、污水管、煤气管、电缆或蒸汽管线等,需与有关部门相互协调。

路基必须满足如下基本要求:

1.具有足够的强度

路基和路面的自重以及由路面传递的行车荷载会对路基产生压力,使路基产生一定变形。因此,路基要有一定抵抗变形的能力,在荷载作用下不致发生超过允许范围的变形,即路基须具有足够的强度。

2.具有足够的水温稳定性

路基的水温稳定性是指路基在水和温度的作用下保持其强度的能力。路基在地面水和地下水的作用下,其强度将会显著降低。特别是在季节性冰冻地区,由于水温状况的变化,路基将发生周期性冻融,形成冻胀和翻浆,使路基强度急剧下降。因此,对于路基不仅要求有足够的强度,而且要保证在最不利的水温状况下,强度不致显著降低,这就要求路基具有一定的水温稳定性。

3. 具有足够的整体稳定性

路基是直接在地面上填筑或挖去一部分地面建成的。路基施工改变了地面的天然平衡状态。在某些地形、地质条件下,挖方路堑边坡可能坍塌,陡坡路堤可能沿地表整体下滑,软土路基可能整体滑坍等。为使路基具有抵抗自然因素侵蚀的能力,路基设计时必须采取相应的技术措施,如排水、边坡加固或设置挡土墙等,以确保路基的整体稳定性。

二、路基土的分类和性质

路基是由土石构成的,土是路基施工的主要材料。它主要包括以下几类:

1. 巨粒土

巨粒土包括漂石(块石)和卵石(块石)。巨粒土有很高的强度和稳定性是很好的填筑路基材料。用于砌筑边坡时,应正确选用坡率,以保证路基的稳定。

2. 砂土

砂土无塑性,透水性强,毛细上升高度很小,具有较大的内摩擦系数,其强度和水稳定性均较好。但砂土由于黏结性小,易于松散,压实困难,需采用振动法才能压实。经充分压实的砂土路基,其压缩变形小。在有条件时,可掺入一些黏性土,以提高其稳定性,改善路基的使用质量。

3. 砂性土

砂性土含有一定数量的粗颗粒,使路基具有足够的强度和水稳定性,且含有一定数量的细颗粒,使其具有一定的黏结性,不致过分松散。如亚砂土,其粒径组成接近最佳级配,遇水干得快,不膨胀,潮湿时不黏着,雨天不泥泞,晴天不扬尘,在行车作用下,容易被压实形成平整坚实的表面,是良好的修筑路基材料。

4. 粉性土

粉性土含有较多的粉土颗粒,干时稍有黏性,破碎后飞尘大但浸水时很快被湿透,易成流动状态。粉性土的毛细作用强烈,毛细上升高度大,可达1.5m。在季节性冰冻地区,结冻期水分积聚现象严重,造成冬期冻胀,春融期极易翻浆。粉性土是最差的修筑路基材料,一般属于有害的路基用土。如必须使用粉性土填筑路基,特别是在水文条件不良时,应采取一定措施(比如掺配其他材料)改善其性质,并加强排水以及采取隔离水的相应措施。

5. 黏性土

黏性土中细颗粒含量多,土的内摩擦角小而黏聚力大,透水性小,吸水能力强,毛细现象显著,有较大可塑性。黏性土干燥时较坚硬,施工时不易破碎,浸湿后,能长时间保持水分,难以干燥。浸湿后,强度将大大降低。在季节性冰冻地区,当水文条件不良时,黏性土路基也容易产生冻胀和翻浆。黏性土如能在适当含水率时充分压实和采取良好的排水措施,修筑的路基也能保持稳定。

综上所述,砂性土是修筑路基的最佳材料,黏性土次之,粉性土属不良材料且最容易引起路基病害。此外,还有一些特殊的土类,如特殊结构的土(黄土)、含有机质的土(腐殖土)以及含易溶盐的土(盐渍土)等,用以填筑路基时必须采取相应的技术措施。

三、土基的干湿类型

土基的干湿类型可分为干燥、中湿、潮湿和过湿四种。这四种类型表示路基在工作时路基土所处的含水状态。

路基的干湿类型影响路基的强度与稳定性。正确区分路基的干湿类型是做好路基设计的基本前提。路基土所处的状态是由土的含水率或相对含水率决定的,而含水率取决于湿度的来源及作用的延续时间。导致路基土湿度变化的水源来自于以下几个方面:

(1)大气降水:主要通过路面、路肩和边坡渗入路基。

(2)地面水:当边沟及排水沟排水不良时,导致地表积水,以毛细水的形式渗入。

(3)地下水:靠近地面的地下水,借助毛细作用上升到路基内部。

(4)凝结水:在土颗粒空隙中流动的水蒸气,遇冷凝结为水。

路基干湿类型的划分有两种方法:

1. 根据平均分界相对含水率划分

对原有公路,按不利季节路槽底面以下80cm深度内土的平均相对含水率来确定。

在有代表性的某一点路槽底面以下80cm内,每10cm取土样测定其天然含水率和液限含水率进行计算。第一步:每一层的天然含水率除以其液限含水率得到的数值,称为本层土的相对含水率;第二步:计算上述本层土的相对含水率的算术平均值,即平均相对含水率(w);第三步:用平均相对含水率与分界相对含水率建议值比较来确定路基的干湿类型。分界相对含水率建议值中有3个数据标准,分别为干燥与中湿分界相对含水率(w_1)、中湿与潮湿分界相对含水率(w_2)、潮湿与过湿分界相对含水率(w_3)。当$w < w_1$时,路基处于干燥状态;当$w_1 \leq w < w_2$时,路基处于中湿状态;当$w_2 \leq w < w_3$时,路基处于潮湿状态;当$w \geq w_3$时,路基处于过湿状态。

2. 根据临界高度划分

对于新建公路,路基尚未建成。此时,可采用地下水或地表长期积水的水位至路槽底的距离(H)与路基的临界高度进行比较,来确定路基的干湿类型。临界高度是指在不利季节当路基分别处于不同干湿类型时,路槽底面距地下水位或地表长期积水的最小高度,分别为干燥状态临界高度(H_1)、中湿状态临界高度(H_2)、潮湿状态临界高度(H_3)。当$H > H_1$时,路基处于干燥状态;当$H_2 < H \leq H_1$时,路基处于中湿状态;当$H_3 < H \leq H_2$时,路基处于潮湿状态;当$H \leq H_3$时,路基处于过湿状态。

第二节 路基的基本构造

一、路基横断面形式

为满足行车要求,适应天然地面的起伏,有些路段的路基设计高程高于地面高程,则需要在地面上进行填筑；有些路段的路基设计高程低于地面高程，则需要进行挖掘。由于填挖情况的不同，路基横断面形式可分为路堤、路堑、半填半挖和不填不挖四种形式。全部用土石填筑而成的路基称为路堤；全部在天然地面开挖而成的路基称为路堑；当原地面横坡较大，需要在一侧开挖而在另一侧填筑时的路基称为半填半挖路基。

1. 路堤

路堤按高度可分为矮路堤、一般路堤和高路堤三种。矮路堤高度低于0.8m；在水稻田或长年积水地带，用细粒土填筑路基高度在6m以上，或其他地带填土或填石高度超过20m的称为高路堤；介于两者之间的为一般路堤。根据其所处的环境和加固类型不同，还有软土路堤、沿河路堤、护脚路堤等。当地面横坡较陡时，须将原地面开挖成台阶形状，以防止路基下滑。如图3-1所示。

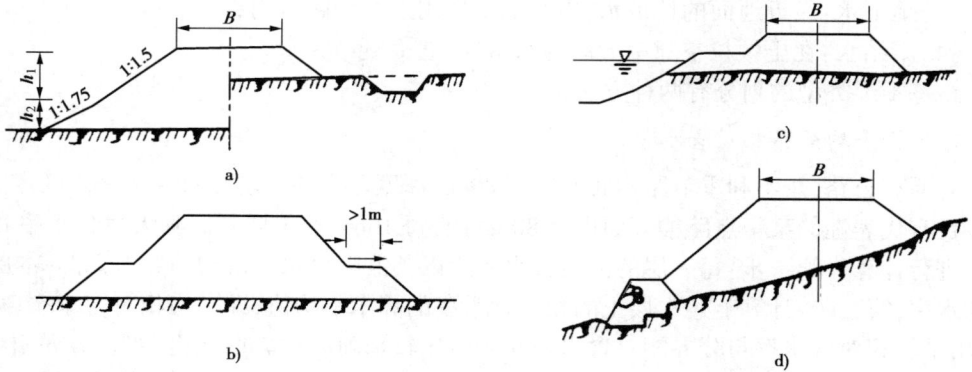

图 3-1 路堤

a）一般路堤；b）软土路堤；c）沿河路堤；d）护脚路堤

2. 路堑

路堑是开挖地面而形成的路基，两旁设排水边沟，其基本形式有全挖式、台口式、半山洞式。在陡峻的山坡上，可挖成台口式路基。在整体坚硬的岩层上，为减少工程量有时可采用半山洞路基，如图3-2所示。

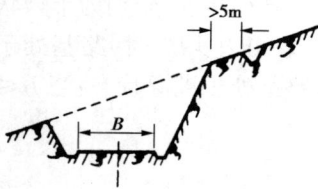

图 3-2 路堑

3. 半填半挖路基

半填半挖路基是指在一个断面内，部分为路堤，部分为路堑。这种路基的形式如果处理得当，路基稳定可靠，而且比较经济。但是由于开挖部分路基为原状土，而填方部分为扰动土，往往这两部分的密实程度不同。另外，填方部分与山坡结合不够稳定，若处理不当，这类路基会在出现填挖交界处出现纵向裂缝、填方沿基底滑动等病害。因此，应加强填挖交界面结合处的压实，原地面横坡陡于1:5的填方部分，应采取开挖台阶等措施。必要时，在路堤部分设置挡土墙或石砌护脚，如图3-3所示。

4. 不填不挖路基

这种路基形式节省土方，但不利于排水，常用于干旱的平原和丘陵区。

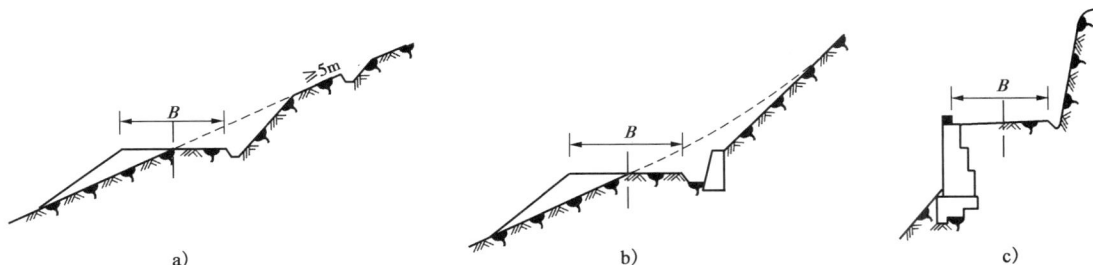

图 3-3 半填半挖路基

a)半填半挖;b)陡坡挖阶及砌筑挡土墙;c)挡土墙路基

二、路基的技术规定

(一)路基宽度

为满足车辆及行人在公路上正常通行,路基需有一定的宽度。路基宽度,等于两侧路肩外侧边缘之间的水平距离,如图 3-4 所示。

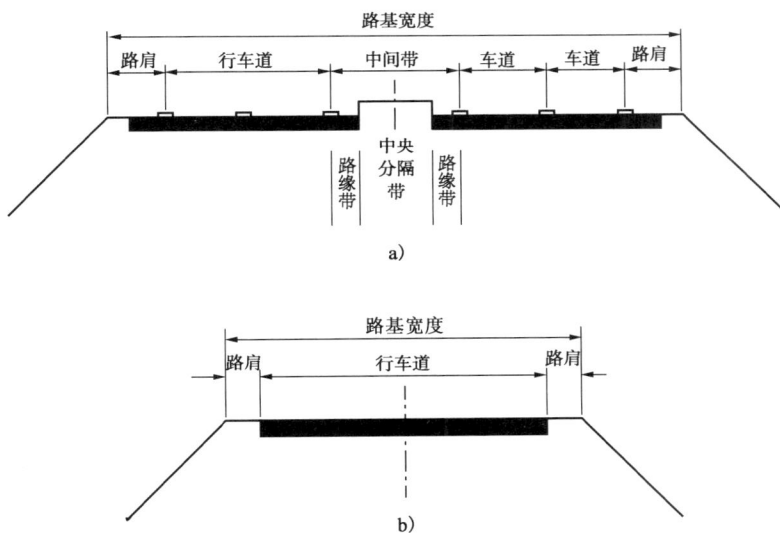

图 3-4 路基宽度图

(二)路基高度

路基高度是保证路基稳定性的有效措施,也是保证路面强度、稳定性和降低造价的重要途径。路基高度包括路基设计高程和路基填挖高度。

路基设计高程由公路纵断面确定,对于无中央分隔带的公路是指未设超高和加宽前路基边缘的高程;对于有中央分隔带的公路是指中央分隔带外侧边缘的高度。沿河及受水浸淹的路基设计高程应高出表 3-1 所规定的洪水频率的计算水位加壅水高度、波浪侵袭高度和 0.5m 的安全高度。

路基设计洪水频率   表 3-1

公路分类	高速公路	一级公路	二级公路	三级公路	四级公路
设计洪水频率	1/100	1/100	1/50	1/25	按具体情况确定

路基填挖高度，指路基中心自然地面高程与路基设计高程之差。它是综合考虑路线纵坡、路基稳定性和工程经济等因素，通过纵坡设计确定的。

(三) 路基边坡

1. 边坡的表示方法

路基两侧的土(或石)坡称为边坡。为了使路基坚固稳定，边坡应有一定的坡率。边坡越缓，稳定性越好，但工程数量会增大，而且边坡过缓使坡面的暴露面积过大，易遭受雨雪侵蚀。反之，边坡越陡，工程数量减少，但稳定性相对较差。边坡的陡与缓(坡率)，要根据构成边坡的土质、自然条件等因素而定。

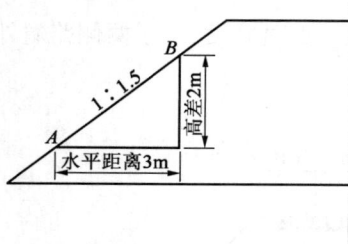

图 3-5　边坡计算示意图

边坡坡率以两点间的高差与其水平距离之比来表示。为方便起见，常将高差与水平距离之比换算为 $1:m$(m 为变数)，如图 3-5 所示。

图 3-5 中路基边坡 A、B 两点之间的高差为 2m，水平距离为 3m，则边坡坡率为：

$$2:3 = 1:1.5$$

这一段路基边坡坡率为 $1:1.5$。

2. 路堤边坡

路堤边坡坡率应根据路基填料的力学性质、气候条件、密实程度以及边坡高度和水文条件而定。一般可按表 3-2 所列数值选定。

路堤边坡坡率   表 3-2

填料种类	边坡坡率	
	上部高度($H \leq 8m$)	下部高度($H \leq 12m$)
细粒土	1:1.5	1:1.75
粗粒土	1:1.5	1:1.75
巨粒土	1:1.3	1:1.5

有水淹没的地方，视填料情况，可采用 1:1.75 或 1:2 的边坡，必要时还应根据具体情况予以防护和加固。一般情况下，当路堤填筑高度过大时，应取两个坡率，上部较陡，下部较缓，如图 3-6 所示。

3. 路堑边坡

路堑边坡坡率应根据边坡高度、土石种类与性质(密实、风化程度等)、地面水、地下水情况及施工方法等因素确定，见表 3-3。

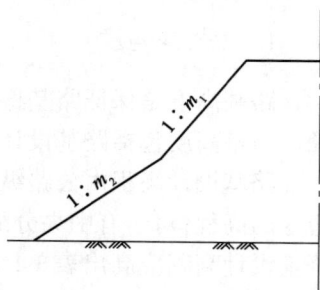

图 3-6　复式边坡

<table>
<tr><td colspan="4" align="center">路堑边坡坡率</td><td colspan="2" align="right">表 3-3</td></tr>
<tr><td colspan="4" rowspan="2" align="center">土 石 种 类</td><td colspan="2" align="center">边坡高度（m）</td></tr>
<tr><td align="center">$H < 15m$</td><td align="center">$15m \leqslant H < 30m$</td></tr>
<tr><td rowspan="4" align="center">土</td><td colspan="3" align="center">黏土、粉质黏土、塑性指数大于3的粉土</td><td colspan="2" align="center">1∶1</td></tr>
<tr><td colspan="3" align="center">中密以上的中砂、粗砂、砂砾</td><td colspan="2" align="center">1∶1.5</td></tr>
<tr><td colspan="2" rowspan="2" align="center">卵石土、碎石土、
圆砾土、角砾土</td><td align="center">胶结和密实</td><td colspan="2" align="center">1∶0.75</td></tr>
<tr><td align="center">中密</td><td colspan="2" align="center">1∶1</td></tr>
<tr><td rowspan="8" align="center">石</td><td rowspan="2" align="center">Ⅰ类</td><td colspan="2" align="center">未风化、微风化</td><td align="center">1∶0.1~1∶0.3</td><td align="center">1∶0.1~1∶0.3</td></tr>
<tr><td colspan="2" align="center">弱风化</td><td align="center">1∶0.1~1∶0.3</td><td align="center">1∶0.3~1∶0.5</td></tr>
<tr><td rowspan="2" align="center">Ⅱ类</td><td colspan="2" align="center">未风化、微风化</td><td align="center">1∶0.1~1∶0.3</td><td align="center">1∶0.3~1∶0.5</td></tr>
<tr><td colspan="2" align="center">弱风化</td><td align="center">1∶0.3~1∶0.5</td><td align="center">1∶0.5~1∶0.75</td></tr>
<tr><td rowspan="2" align="center">Ⅲ类</td><td colspan="2" align="center">未风化、微风化</td><td align="center">1∶0.3~1∶0.5</td><td align="center">—</td></tr>
<tr><td colspan="2" align="center">弱风化</td><td align="center">1∶0.5~1∶0.75</td><td align="center">—</td></tr>
<tr><td rowspan="2" align="center">Ⅳ类</td><td colspan="2" align="center">弱风化</td><td align="center">1∶0.5~1∶1</td><td align="center">—</td></tr>
<tr><td colspan="2" align="center">强风化</td><td align="center">1∶0.75~1∶1</td><td align="center">—</td></tr>
</table>

注：土质路堑边坡高度一般不大于20m。

　　深路堑根据土石类型的不同，边坡可根据土层分布及深度采用折线和台阶等形式，如图3-7所示。

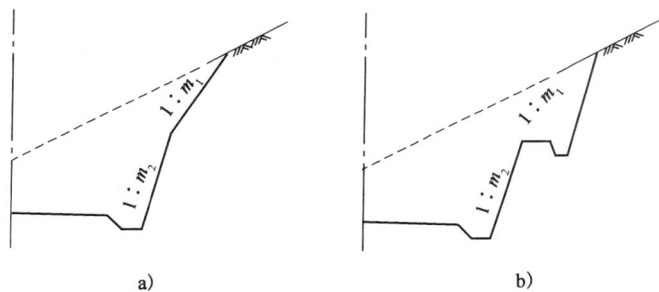

图 3-7　路堑边坡的形式
a）折线式；b）台阶式

三、公路用地

　　公路及沿线设施用地，根据公路建设的需要应保证必需的用地，并考虑农业生产等，尽可能地节约用地。

　　1. 公路路基用地

　　（1）新建公路路堤两侧排水沟外缘（无排水沟时为路堤坡脚）以外，或路堑坡顶截水沟外缘（无截水沟时为坡顶）以外不少于1m的土地为公路用地范围。在有条件的地方，高速公路和一级公路不少于3m，二级公路不少于2m。

　　（2）高路堤或深路堑路段，为保证路基的稳定，可根据计算确定用地范围。

（3）在风沙、雪害及特殊地质地带，根据需要确定设置防护林、种植固沙植物、安装防沙或防雪栅栏等所需用地范围。

2. 公路其他用地

公路沿线的工程养护和管理用房、料场、苗圃等生产用地及养路职工必要的生活用地，应尽量利用坡荒地，并根据需要确定用地范围。

3. 公路用地范围内的建筑物规定

公路用地范围内，不得修建非路用建筑物，不得埋设管道、电缆等，也不得开挖沟渠等非公路附属建筑物。

四、路基附属设施

为了确保路基稳定和行车安全，一般路基的附属设施主要有取土坑、弃土堆、护坡道、碎落台、堆料坪、错车道及护栏等。这些设施也是路基设计的组成部分，对保证路基稳定和交通安全具有重要作用。

1. 取土坑

路基填方时，如果挖方挖出的填料不足以供应填方，根据需要可从路侧取土，取土后的地方形成坑状，称为取土坑。如需从取土坑借方时，应对取土坑做规划设计。取土坑应尽量设在荒坡或高地上，少占农田，并与农业、水利和环保部门紧密联系，协调发展。

取土坑底纵坡不小于0.5%，横坡度为2%～3%，并向外侧倾斜。取土坑边坡一般不宜陡于1:1，靠路基一侧不宜陡于1:1.5。路侧取土坑边缘与路基边缘间应设置护坡道，一般公路为1～2m，高速公路和一级公路为3m，如图3-8所示。

2. 弃土堆

路基挖方过剩，不能完全利用时，则需弃土。路基弃土应做规划设计，与当地农田建设和自然环境相结合，利用弃土改地造田。山坡弃土应注意避免破坏或掩埋下侧林木农田，沿河弃土应防止河床堵塞或引起水流冲毁农田房屋等。弃土堆一般就近设在低地，或弃于地面下坡一侧。弃土堆宜堆成梯形横断面，边坡不陡于1:1.5，弃土堆坡脚与路堑坡顶之间的距离一般为3～5m，路堑边坡较高，土质较差时应大于5m，如图3-9所示。

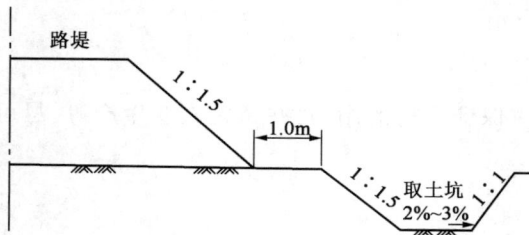

图3-8 取土坑示意图

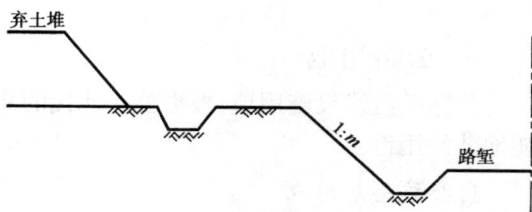

图3-9 弃土堆示意图

3. 护坡道和碎落台

护坡道的作用是保护路基边坡。护坡道一般设在路堤坡脚或挖方坡脚处。边坡较高时亦可设在边坡上方或挖方边坡的变坡处。浸水路基的护坡道,可设在浸水线以上的边坡上。

碎落台一般设置于挖方边坡坡脚处,位于边沟外缘,有时也可设在挖方边坡的中间,宽度为 1m。其作用是为零星土石块下落时提供临时堆积场所,以免堵塞边沟,同时起护坡道的作用;此外,在弯道上可起到增大视距的作用,如图 3-10 所示。

4. 堆料坪和错车道

砂石路面需要经常性养护。养护用的砂石料可堆放在路堤边缘外的堆料坪上。错车道是供单车道公路上会车和避让而设置的一段加宽车道。错车道一般不大于 300m,错车道处的路基宽度应大于 6.5m,有效长度大于 20m,如图 3-11 所示。

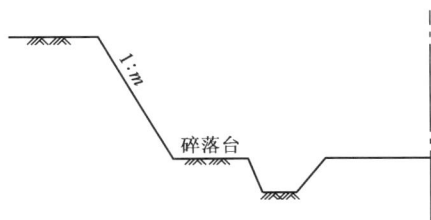

图 3-10　碎落台示意图　　　　　　图 3-11　错车道示意图

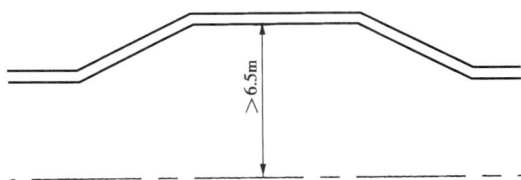

第三节　路基排水设施

路基变形和破坏的主要原因是受水的影响。因此,必须十分重视路基的排水设计。

路基水的来源有地面水和地下水。地面水有雨水、雪水和江河湖水。地下水有泉水、毛细水和间隙水等。它们都会使路基变湿软,降低承载力,造成滑坡塌方或冻害翻浆等。

路基排水的目的是减小路基的湿度,保证路基常年处于干燥或中湿状态,确保路基路面的结构稳定。

考虑排水的原则,首先要查清水源,结合农田水利进行全面规划,排除隐患。水沟宜短不宜长,及时疏散,就近分流。要充分利用地形,不宜挖深沟,以减少水土流失。设计要注意就地取材,结构应经济实用,并作出优化选择。

一、地面排水设施

地面排水设施常见的类型包括边沟、截水沟、排水沟、跌水、急流槽、蒸发池、倒虹吸等,分别设于路基的不同部位。

1. 边沟

边沟主要用来汇积和排除路基范围及流向路基的少量地面水。通常设置在路堑、矮路堤、零填路基及陡坡路堤外侧或坡角外侧。按照岩土性质和施工方式的不同,边沟横断面可筑成三角形、矩形、梯形和流线型,如图 3-12 所示。边沟深浅和横断面大小,随地面降水量大小而定。高速公路和一级公路边沟的底宽、深度不应小于 0.6m,其他等级公路边沟深度和底宽一般不小于0.4m,干旱地区的深度可小到0.2m。梯形边沟内侧边坡一般为1:1~1:1.5;岩石边沟边坡为1:0~1:0.5;浆砌边沟内侧边坡可直立;三角形边沟内侧边坡一般为1:2~1:3。外侧坡度可参照挖方路基。边沟应该有一定的纵坡,一般情况下与路线一致,且不宜小于0.3%。

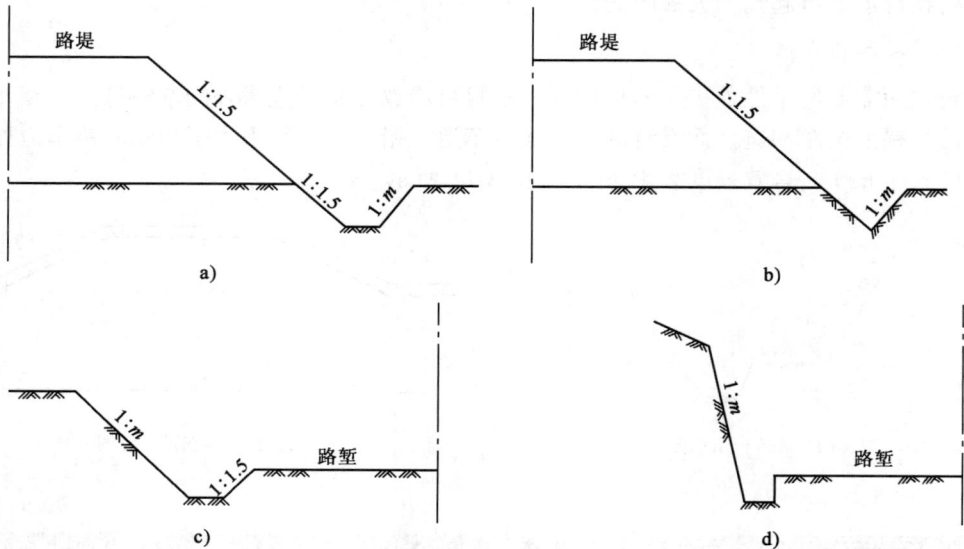

图 3-12　边沟示意图
a)路堤梯形边河;b)路堤三角形边河;c)路堑梯形边河;d)路堑矩形边河

2. 截水沟

截水沟位于路堑坡顶或斜坡路堤以外适当的自然坡面上,为了拦截自然坡面的径流,避免其沿边坡流入路基之内,以减轻边沟的水流负担。因此截水沟必须设置成大致与地面水流方向垂直,以提高截水效能和缩短沟的长度,如图3-13所示。

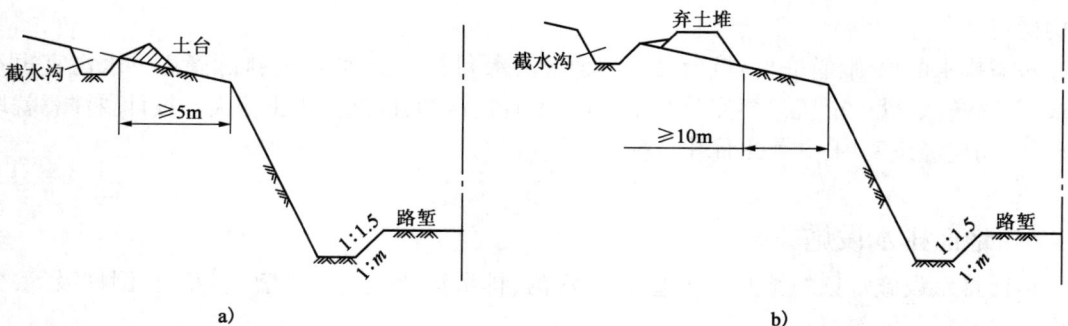

图 3-13　截水沟示意图
a)挖方路段上的截水沟;b)挖方路段截水河与弃土堆的关系

路堑坡顶至截水沟内侧边缘的距离一般不小于5m,山坡填方路段若需设置截水沟,应保证截水沟与坡角之间有2m的距离。截水沟沟身的横断面形式一般为梯形,底宽和沟深不宜小于0.5m,边坡坡率一般为1:1~1:1.5,沟底纵坡不宜小于0.3%。

3. 排水沟

排水沟是一种人工沟渠,用来汇集路基边沟和截水沟中的流水,一般引至桥涵或路基范围以外的天然河沟或低洼地。也可用排水沟连通取土坑或路基附近低洼处的积水,将其引至桥涵等处的水道中排泄。排水沟的横断面大小,应根据汇集和排泄的水量,经由水文计算而定,通常都大于边沟横断面。排水沟的横断面形式随地质情况而选定,土质地段多为梯形,石质地段多为矩形。

4. 跌水和急流槽

跌水和急流槽均为人工排水沟渠的特殊形式,一般设在水流通过坡度大于10%、水头高差大于1m的陡坡地段。在陡坡或深沟地段设置的沟底为阶梯,水流呈瀑布跌落式通过的沟槽称为跌水。其作用是在较短的距离内,降低水流速度,削减水流能量。在陡坡或深沟地段设置的坡度较陡,水流不离开槽底的沟槽称为急流槽。其作用是将上下游水位差较大的水流引至桥涵进口或路基下方。跌水和急流槽纵坡大、水流急、冲刷严重,因此两者均需用浆砌块石或水泥混凝土砌筑,且基础应埋设牢固,如图3-14、图3-15所示。

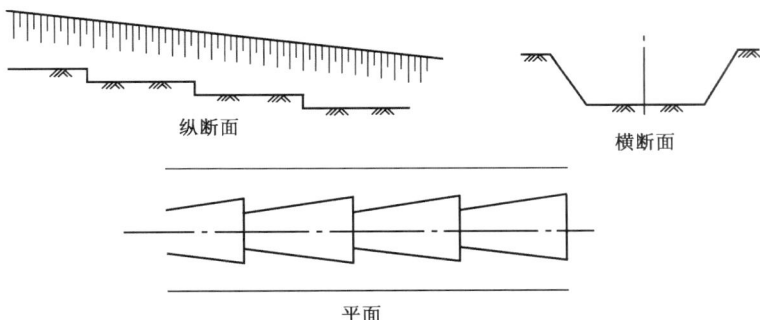

纵断面　　　　　　　　　　横断面

平面

图 3-14　跌水示意图

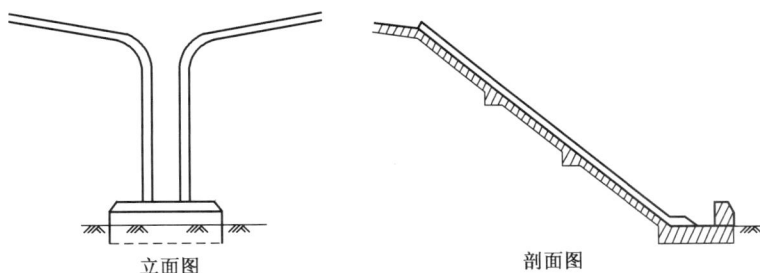

立面图　　　　　　　　剖面图

图 3-15　急流槽示意图

二、地下排水设施

当地下水位较高且路基高程受到限制时,往往会导致路基填料含水率增大,从而影响路基的强度与稳定性,因此需要考虑地下排水。

建筑在地面以下,具有拦截、汇集、排除地下水或降低地下水位,或能兼排地面水的结构物,称为地下排水设施。常用的地下排水设施有暗沟、渗沟和渗井。

1. 暗沟

暗沟是设在地面以下引导水流的沟渠,其本身不起渗水、汇水作用。因此暗沟的主要作用是把路基范围内的泉水或渗沟所拦截、汇集的水流排到路基范围之外。暗沟沟底纵坡不宜小于1%,条件困难时不得小于0.5%,出水口处应加大纵坡,并须要高于地表排水沟常水位0.2m以上。高速公路、一级公路中央分隔带有雨水浸入时,通过雨水口将路面的水引入地下暗沟,并排到路基范围之外。暗沟可分为洞式和管式两大类,如图3-16所示。

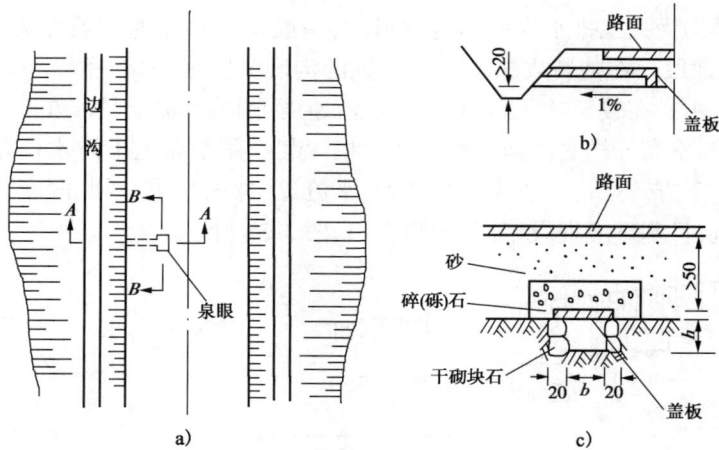

图 3-16　暗沟构造图(尺寸单位:cm)
a)平面;b)侧面 *A—A*;c)剖面 *B—B*

2. 渗沟

渗沟主要用来吸收水,降低地下水位,汇集和拦截流向路基的地下水,并将其排出路基范围之外。它是公路路基最常见的一种地下排水沟渠,尤其适用于地下水蕴藏量大、面积分布广泛的路段。根据地下水位分布的情况,渗沟可设置在边沟、路肩、路基中线以下或路基上侧山坡适当的位置,如图3-17所示。

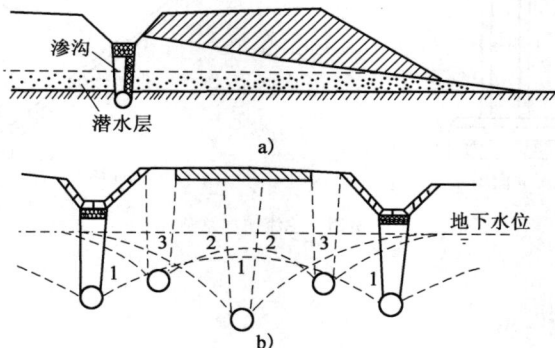

图 3-17　渗沟布置图

渗沟由碎(砾)石或管(洞)排水层、反滤层和封闭层所组成,如图3-18所示。

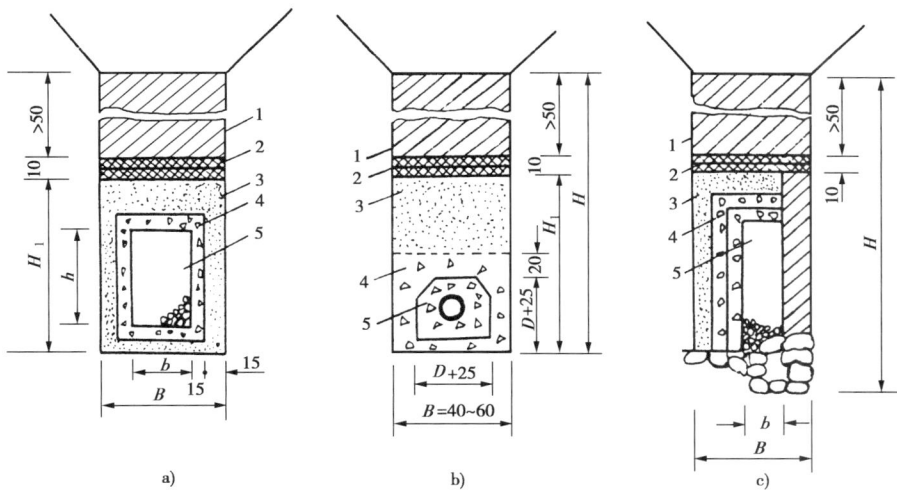

图 3-18　渗沟构造示意图(尺寸单位:cm)

a)填石渗沟;b)管式渗河;c)洞式渗洞

1-夯实黏土;2-双层反铺草皮;3-粗砂;4-石屑;5-浆砌片石沟洞

3.渗井

渗井是一种立式的地下排水设施,在多层含水的地基上,向地下穿过不透水层,将上层含水层的水引入下层渗水层,以利于地下水扩散排除,如图 3-19 所示。

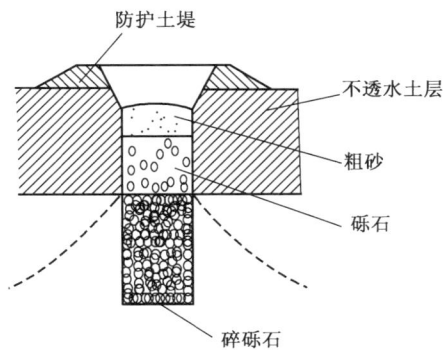

图 3-19　渗井结构示意图

第四节　路基防护与加固

路基建成之后,由于暴露在阳光下,加上风化、降水、冰冻、风沙等自然因素的侵蚀,随着时间的推移,路基边坡的轮廓发生变形,岩土的物理性质也会发生很大变化,使路基的强度和稳定性受到影响。因此,除了做好路基排水以外,还要对路基采取有效的防护和加固措施。路基防护设施主要是为使路基稳定,防止冲刷和风化,起隔离作用。路基加固设施主要为了防止路基或山体因重力作用而坍塌,起支撑作用。

一、防护设施

路基防护工程设施,按作用不同可分为边坡坡面防护、冲刷防护、支挡建筑物及湿软地基加固。

(一) 坡面防护

土坡表面最容易遭受降水的冲刷、冰冻的损毁和风沙的吹蚀。因此通过对坡面的封闭隔绝或隔离,避免或减缓坡面与大气接触,阻止或减缓降水对坡面的冲刷、侵蚀,从而达到防护的目的。

1. 植物防护

在适宜植物生长的地区,利用路基边坡培育植物,可以抵御自然降水和坡面径流的冲刷;植物的茎叶可调节坡面的水温状况;植物根系深入土表层,可以固结土壤、防止水土流失。

在边坡较缓、土质较好的地方,如果气候条件允许,可以直接种植根系发达、叶茎低矮的花草或灌木丛,以此来固结表土,防止水土流失。

对于土质不合适的边坡,可在边坡上铺筑一层适宜种植的土,然后进行栽种或种植。

对于边坡较陡、土质不适宜种草的坡面,可以采用移植草皮的方法。草皮可以平铺、叠铺,如图 3-20 所示。

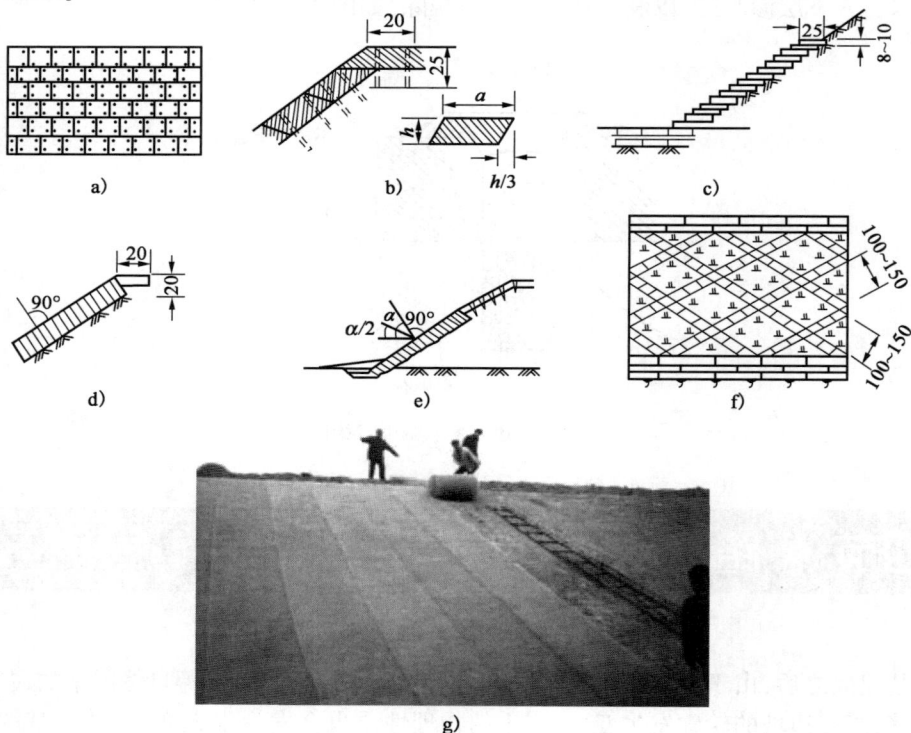

图 3-20　边坡草皮加固形式(尺寸单位:cm)

a)平铺平面；b)平铺剖面；c)水平叠铺；d)垂直叠铺；e)斜交叠铺；f)网格式；g)照片图

　　在漫水河滩或海滩上,为了降低水流速度,减少水流对河滩上路堤的冲刷,可以在滩上植树,这样还能起到防风沙、美化路容、调节气候的作用,如图 3-21 所示。

图 3-21　植树的形式
a)带状植树;b)连续植物

　　2.矿料防护

　　在不适宜植物防护的情况下,可采用砂石、水泥或石灰等材料对风化的软质岩石进行抹面防护,一般采用三合土(石灰、炉渣或粘土)或四合土(石灰、炉渣、黏土和砂)。对于整体性较好,表面平整和施工面石质新鲜的边坡,可采用水泥喷枪,将水泥粉末与少量像雾一样的水珠混合,借高压喷涂到岩层表面上,形成一层水泥薄壳罩在岩石面上。对于易风化而坡面不平的岩石边坡可采用喷浆防护,喷浆为水泥、石灰、砂和水的混合料。对于岩石坚硬而不易风化的边坡,如果岩层间缝隙较宽或岩层间夹有很薄的软层,为防止水分浸入裂隙导致岩石抗风化能力的减弱,可用水泥、砂浆灌缝和勾缝。

　　3.砌石防护

　　对于易发生严重剥落或溜方的路基边坡,可采用砌石防护。砌石防护可分为干砌和浆砌。干砌靠石料之间的摩阻力和嵌挤力而不使用水泥砂浆;浆砌则用水泥砂浆,通过水泥砂浆将石料黏结在一起。

　　(1)护面墙

　　为覆盖各种软质岩层和较破碎岩石的挖方边坡免受大气影响而修建的墙,称为护面墙。护面墙除自重外,不承受其他载重,也不承受墙后土压力,所以,护面墙所防护的边坡应该是稳定的,如图 3-22 所示。

　　(2)护坡

　　沿河路基边坡因长期受水冲刷或严重剥落的软质岩层边坡,可采用护坡。干砌片石护坡一般可分为单层铺砌和双层铺砌两种。当水流流速较大,波浪作用强,有漂浮物等冲击时,采用浆砌片石护坡。无论是干砌还是浆砌,均应在片石下设置碎(砾)石或砂砾混合物垫层,以起到平整作用,并能防止水流将片石下面的边坡细土粒带走,如图 3-23、图 3-24 所示。

　　4.混凝土预制块防护

　　在缺乏石料的地区,可采用混凝土预制块防护路基,它比浆砌片石护坡更能较强地抵抗较大流速的水流和波浪的冲击,但造价较高,如图 3-25 所示。

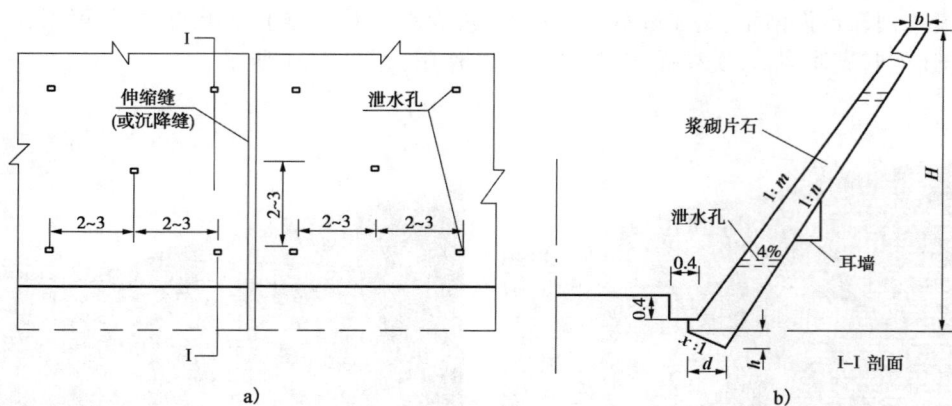

图 3-22 护面墙(尺寸单位:m)

a)墙面;b)护面墙剖面图(I—I)

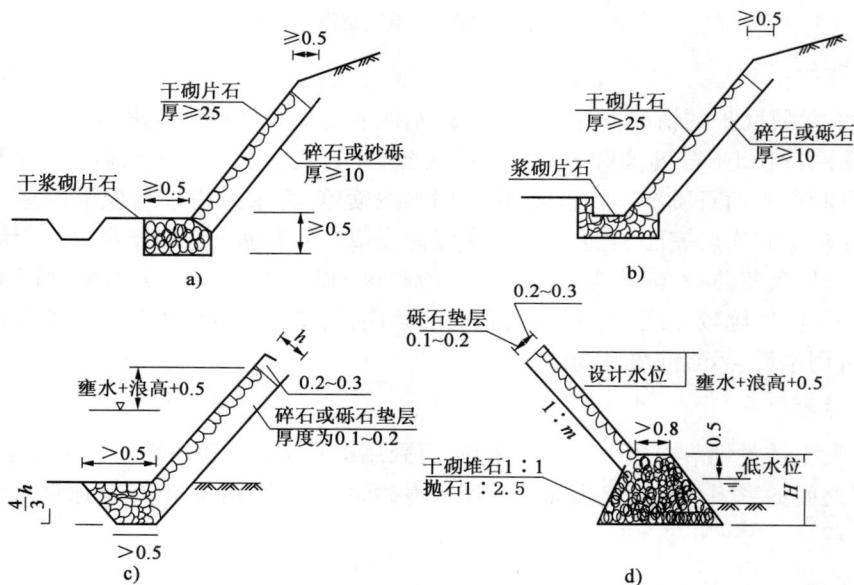

图 3-23 单层铺砌片石护坡(尺寸单位:m)

a)干砌片石基础;b)浆砌片石基础;c)墁石铺筑基础;d)干砌抛石、堆石垛基础

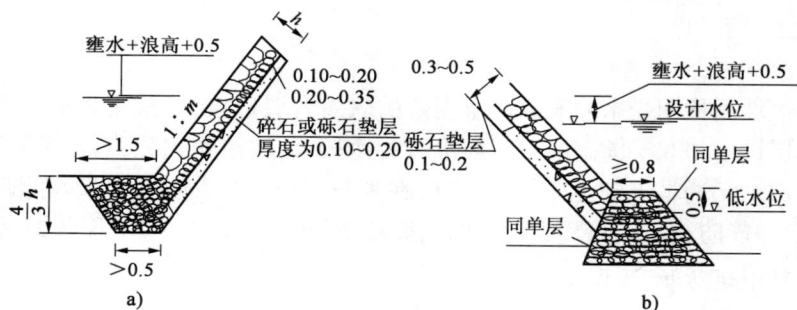

图 3-24 双层铺砌片石护坡(尺寸单位:m)

a)墁石铺砌基础;b)干砌抛石、堆石垛基础

（二）冲刷防护

1. 抛石防护

抛石防护主要用于防护受水流冲刷和淘刷的路基边坡和坡脚，以及挡土墙、护坡的基础等。它不受气候条件的限制，对于季节性浸水或长期浸水的边坡均可使用。在水流或波浪很强的地方或缺乏石料的地区，可用水泥混凝土预制的人工块体，如图3-26所示。

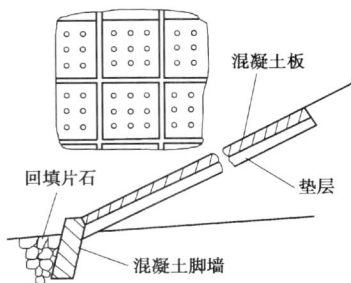

图3-25　混凝土板护坡断面示意图

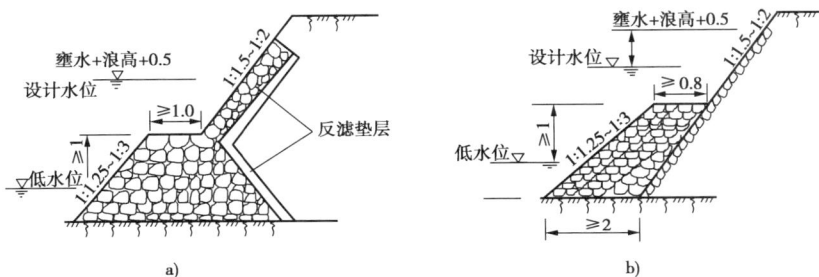

图3-26　抛石防护（尺寸单位：m）
a）适用于新筑路堤的抛石垛；b）适用于旧路堤的抛石垛

2. 石笼防护

用铁丝编制成框架，内填石料，设置在坡角处。笼内填石粒径一般为5~20cm，外层石料要求有棱角。石笼的形式如图3-27所示。

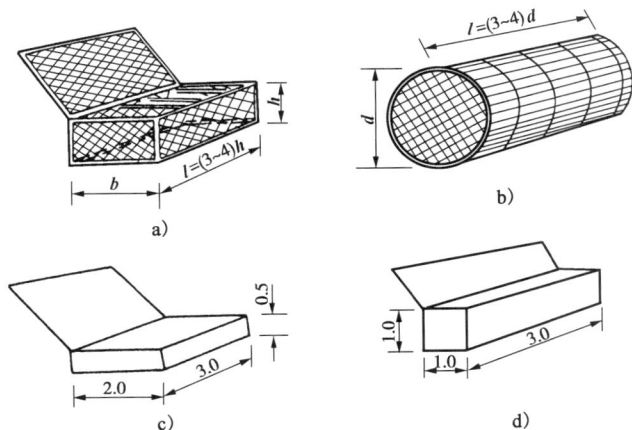

图3-27　石笼的形式（尺寸单位：m）
a）箱形；b）圆柱形；c）扁形；d）柱形

铺砌时，根据不同的目的，铺成与坡角线垂直或垒码平铺成梯形，如图3-28所示。

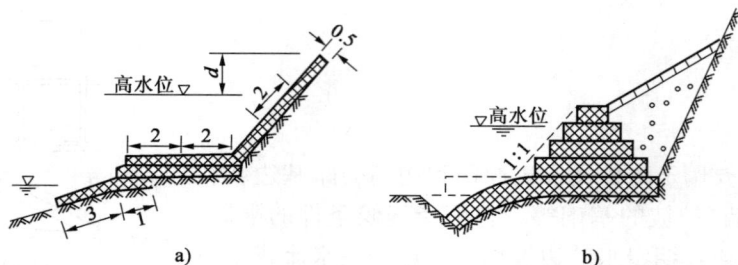

图 3-28 石笼防护(尺寸单位:m)
a)平铺形式,防止淘底;b)垒码形式,防止岸坡受冲刷

二、路基加固

挡土墙是路基加固的主要设施,为防止路基填土或山坡土体坍塌而修筑的承受土体侧压力的墙式结构物。路基挡土墙既可用于抵御挖方边坡岩土的滑坍,也可抵御路堤填料下滑,起到稳定边坡的作用。另外,路基挡土墙还具有防止冲刷,收缩坡脚,节约土石方数量及用地等作用。挡土墙必须设置在稳定性好和承载力高的地基上,承受来自土体的侧压力及路基填土传递的车辆荷载的作用。

(一)挡土墙的形式

按照挡土墙墙体设置的位置,挡土墙可分为路堑墙、路堤墙、路肩墙和山坡墙等类型,如图 3-29所示。

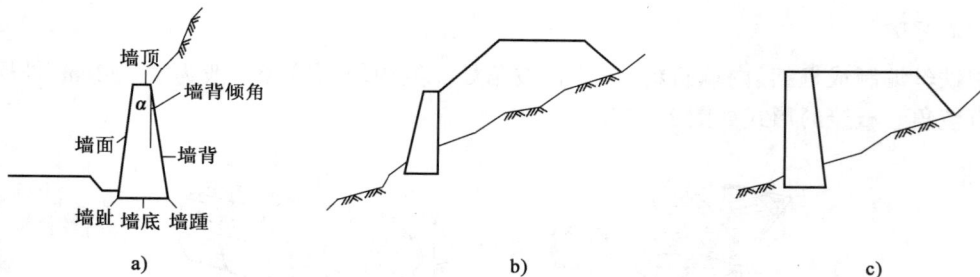

图 3-29 挡土墙的类型
a)挡土墙结构图;b)路堤挡土墙;c)路堑挡土墙

按照挡土墙的结构形式,挡土墙可分为重力式挡土墙、锚碇式挡土墙、薄壁式挡土墙和加筋式挡土墙等。

按照挡土墙的墙体材料,挡土墙可分为石砌挡土墙、混凝土挡土墙、钢筋混凝土挡土墙和钢板挡土墙等。

挡土墙的各部分名称为:挡土墙靠回填土或山体的一侧称为墙背;挡土墙外露的一侧称为墙面,又称为墙胸;挡土墙的顶面部分称为墙顶;挡土墙的底面部分称为基底或墙底;墙面与墙底的交线称为墙趾;墙背与墙底的交线称为墙踵;墙背与铅垂线的夹角称为墙背倾角。

（二）重力式挡土墙的构造

常用的重力式挡土墙,一般由墙身、基础、排水设施和沉降缝、伸缩缝等几部分组成。

1. 墙身

根据墙背倾斜方向的不同,墙身的断面形式可分为仰斜、垂直、俯斜、凸形折线式和衡重式等几种,如图 3-30 所示。

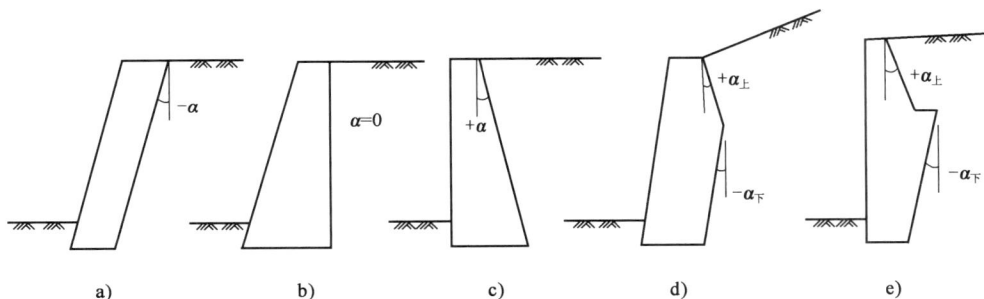

图 3-30　重力式挡土墙的不同形式
a)仰斜;b)垂直;c)俯斜;d)凸形折线式;e)衡重式

挡土墙的墙面一般为平面,墙面的坡度应与墙背的坡度相协调,别外,还应考虑墙趾处地面的横坡度。

墙顶的最小宽度要求:当墙身为混凝土浇筑时,不应小于 40cm;为浆砌片石时,不应小于 50cm;为干砌片石时,不应小于 60cm。为了增加驾驶员在心理上的安全感,保证行车安全,在险峻地段或弯道处,当路肩墙或墙顶高出地面 6m 以上且连续长度大于 20m 时,应设置护栏等防护设施,护栏内侧边缘距路面边缘的距离,应满足路肩最小宽度的要求。

2. 基础

地基不良或基底处理不当时,往往引发挡土墙的破坏,所以应当重视基础的设计与施工。挡土墙大多数都是直接砌筑在天然地基上的,当地基承载力不足且墙趾处地形平坦时,为减小地基压应力和增加其抗倾覆稳定性,常采用扩大基础,如图 3-31a)所示。当地基压应力超过地基承载力过多时,需要加宽的值较大,可采用钢筋混凝土底板基础,如图 3-31b)所示。当挡土墙修筑在陡坡上,而地基为稳定坚硬的岩石时,可采用台阶形基础,如图 3-31c)所示。当地基有短缺口(如深沟等)或挖基困难时,可采用拱形基础,如图 3-31d)所示。如果地基为软弱土层,如淤泥、软黏土等,可采用砂砾、碎石、矿渣或石灰土等材料予以换填,以扩散地基压应力。

3. 排水设施

挡土墙的排水设施是否处理得当,直接影响到挡土墙的安全及使用效果。因此,挡土墙应设置排水设施用以疏干墙后填料中的水分。挡土墙的排水设施通常有地面排水和墙身排水两部分。

地面排水可设置地面排水沟,引排地面水。墙身排水主要是为了迅速排除墙后积水。浆砌挡土墙应根据渗水量在墙身适当的高度处布置泄水孔,如图 3-32 所示。泄水孔的尺寸可视泄水量大小分别采用 $5cm \times 10cm$、$10cm \times 10cm$、$15cm \times 20cm$ 的方孔或直径为 $5 \sim 10cm$ 的圆孔。泄水孔的间距一般为 $2 \sim 3m$，上下交错布置。为防止水分渗入地基，应在最下一排泄水孔的底部设置 $30cm$ 厚的黏土防水层，并在墙背处设置粗粒料反滤层，以避免堵塞泄水孔。

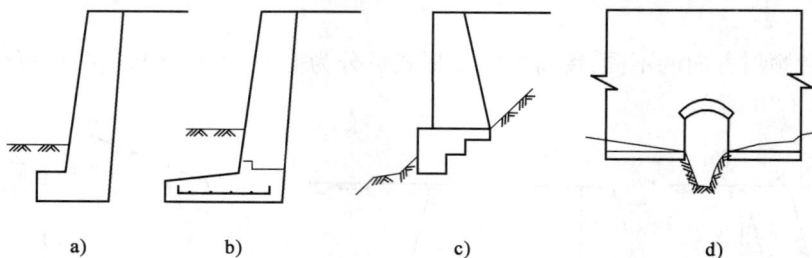

图 3-31　挡土墙基础形式

a)墙距或墙踵部分加宽;b)钢筋混凝土底板;c)台阶基础;d)拱形基础

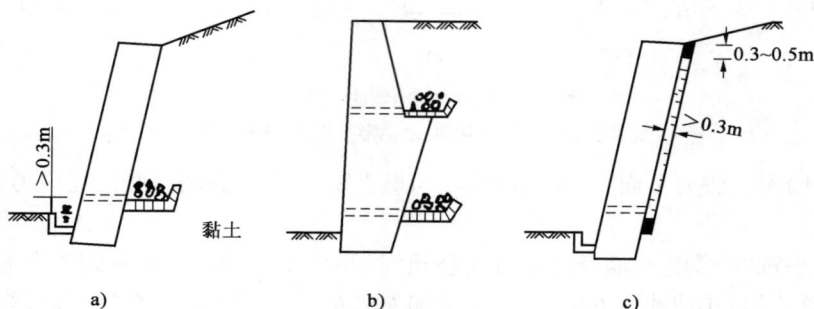

图 3-32　泄水孔及滤水层

a)墙身设一排泄水孔;b)墙身设两排泄水孔;c)墙身设排水层

4. 沉降缝和伸缩缝

为防止地基不均匀沉陷而引起的墙身开裂，可根据地基的地质条件以及墙高、墙身断面的变化情况设置沉降缝；为防止砌体因砂浆硬化收缩和温度变化而产生裂缝，须设置伸缩缝。通常把沉降缝和伸缩缝合并在一起。缝宽一般为 $2 \sim 3cm$，用胶泥填塞；缝间距一般为 $10 \sim 15m$。

第五节　路基施工

一、概述

路基的强度和稳定性是保证路面稳定的基本条件。没有坚固、稳定的路基就没有稳固的路面。提高路基的强度和稳定性，可以减少路面的厚度，提高路面的适用品质、延长路面的使用寿命，降低工程造价。路基的强度和稳定性，不仅要通过好的设计予以保证，还要通过施工得以实现。

二、路基施工前的准备工作

1. 施工前的准备工作

（1）组织准备：主要是建立和健全施工队伍和管理机构，针对施工任务，制定必要的规章制度，确定应达到的目标，明确分工，落实责任。

（2）物质准备：包括各种材料与机械设备的购置、调配、运输、加工和储存，临时道路及工程用房的修建，水、电、通信以及必需的生活设施的建设等。

（3）技术准备：施工前应全面熟悉设计文件，并会同设计、监理单位现场核对并进行施工调查，发现问题应及时按有关程序提出修改意见或报请变更。根据核实的工程数量、工地特点、工期要求及施工人员、材料、设备情况，编制施工组织计划，报监理工程师批准。进行恢复定线、场地清理、试验路段的修筑等。

2. 施工前的测量工作

从公路的勘测设计到施工都需要一定的时间。施工时，原来的桩及各种标志可能会部分丢失或移动，因此在施工前必须进行恢复定线，包括导线、中线、水准点等的复测，横断面的检查与补测，增设水准点等。施工单位应对所有的测量进行记录并整理这些资料。每段测量完成后，测量记录本及成果资料由承包人的测量员及其主管技术人员共同签字，送交监理工程师核查。测量精度要满足《公路勘测规范》（JTG C10—2007）的要求。施工放样还应符合《公路路基施工技术规范》（JTG F10—2006）的规定。

3. 施工前的复查和试验

路基施工前，施工人员应对路基工程范围内的地质、水文等情况进行详核调查，通过取样、试验确定其性质和范围。根据设计文件提供的资料，对取自挖方、借土场、料场的路堤填料进行复查和取样。对于特殊土，还应结合实际情况辅以专门的试验。

4. 场地清理

施工前应按设计要求进行用地放样后，可根据施工的需要提出增加临时用地计划，并对增加的部分进行测量，绘制出用地设计图及相关资料后，交由业主办理临时用地手续。对用地范围内的房屋、道路、通信、电力、水利及其他建筑物，应协助有关部门进行事先拆迁或改造。对路基用地范围内的树木、灌木等，在施工前进行砍伐或移植处理于用地范围以外。对填方和借方地段的原地面还需进行清理，将种植土挖出清理后并集中堆放，然后对清理后的地面进行整平。

5. 试验路段的铺筑

在高速公路、一级公路以及在特殊地区或采用新技术、新工艺、新材料进行路基施工时，要采用不同的施工方案做试验路段，从而选出路基施工的最佳方案进行指导施工。一般情况下，试验路段的长度不得小于100m。试验路段施工所用的材料、机具与将来施工全线时所用的要相同，通过试验路段得到最佳的施工数据。试验路段完成后，应及时写出试验报告报监理工程师批准。

三、路基施工

1. 路堤施工

一般情况下，以下材料不能作为路堤填料。

（1）沼泽土、淤泥、泥炭、冻土、生活垃圾、建筑垃圾。

（2）含有树根和易腐朽物质的土。

（3）有机质含量大于5%的土。

（4）液限大于50%，塑性指数大于26的土。

路堤的填筑必须考虑不同的土质特性，从原地面按照横断面全宽分成水平层次逐层填筑并分层压实，不允许随意混填。水平分层填筑时，按设计断面分成水平层次逐层向上填筑，每填筑一层，需经压实至符合规定以后再填筑上一层。采用机械压实时分层的最大松铺厚度，高速公路和一级公路应小于30cm，其他公路应小于50cm。如原地面不平，可由最低处开始分层填筑。地面自然横坡或纵坡陡于1∶5时，应将原地面挖成台阶，台阶宽度应满足摊铺和压实设备操作的需要，且不得小于1m。台阶顶一般做成2%～4%的内倾斜坡。砂类土上则不挖台阶，但应将原地面以下20～30cm的表土翻松。当采用不同的土质分层填筑时，透水性较差的土填筑在下层且不得覆盖透水性好的填料层次，不同土质的层厚不宜小于0.5m。在原地面纵坡大于12%的地段，可采用纵向分层，逐层填筑。路堤填方的每一层必须经过压实且符合要求后，方能铺筑上一层。

一般情况下，机械化施工操作程序为：挖掘机取土→自卸车运土→推土机推土→平地机整平→压路机压实。

2. 路堑施工

土质路堑开挖根据挖方数量的大小及施工方法不同，主要有横向全宽挖掘法、纵向挖掘法和混合法。但是不管开挖工程量或开挖深度大小，均应自上而下进行，不能乱挖超挖，更不能掏洞取土。

（1）横挖法

横挖法适用于短而深的路堑，是以路堑整个横断面的宽度和深度，从一端或两端逐渐向前开挖的方式。为加快施工进度，可在不同的高度分为几个台阶同时进行开挖，人工开挖时，台阶的高度一般为1.5～2m；机械开挖时，台阶高度一般为3～4m。无论自两端一次横挖到路基高程还是分台阶横挖，均应有单独的运土通道及临时排水沟。

（2）纵挖法

纵挖法适用于较长的路堑开挖。如果所挖路堑较浅，可以沿路堑全宽以深度不大的纵向分层挖掘前进。如果路堑较深，可先沿路堑纵向挖掘一通道，然后将通道向两侧拓宽，待上层通道拓宽至路堑边坡后，再开挖下层通道，然后向两侧拓宽，如前所述，直至挖至路基高程。在路堑开挖过程中，也可选择一处或几处适宜的地方，将较薄一侧横向挖穿，使路堑分为两段或几段，各段再纵向开挖，这样可以充分发挥人工和机械效率。

（3）混合法

当路堑纵向长度和挖深都很大时，可采用混合式开挖法，即将横挖法和纵挖法混合使用。先沿路堑纵向挖掘通道,然后沿横向坡面挖掘,以增加开挖坡面,每个坡面要能容纳一个施工作业组。

对于石方的开挖,可根据岩石的类别、风化程度和节理发育程度等确定开挖方式。对于软石或强风化石,均可直接开挖;对于不能直接开挖的石方,则要采用爆破开挖。在爆破开挖前,应事先对爆破周围环境进行调查,然后根据实际情况制订爆破方案,任何爆破方案的制订,均要保证地上、地下管线及施工边界处建筑物的安全。爆破开挖按以下程序进行:

施工区管线调查→炮位设计与设计审批→配备专业爆破人员→清除爆破区覆盖层→钻孔→爆破器材检查与试验→炮孔检查与废渣清除→装药并安装引爆器材→布置安全岗和施爆区安全员→炮孔堵塞→撤离施爆区和飞石、强地震波影响区内的人、畜→起爆→清除瞎炮→解除警戒→测定爆破效果。

爆破完成后,进行边坡的清刷及路床的检验,石方边坡不得有松石或危石。

四、路基压实

实践证明,在没有经过人工压实的路基上是不能铺筑路面的,这是由于未经压实的路基在自然因素和行车荷载的作用下,必然要产生较大的变形或破坏。为使路基具有足够的强度和稳定性,必须予以人工压实。路基土体是三相的:土粒为骨架,颗粒之间的孔隙为水分和气体,它们各具特性,构成了土的各种物理性质。土基的压实就是用某种工具或机械增加单位体积内固体颗粒的数量,减少孔隙率,从而提高土基的强度和稳定性。

路基直接承受路面自重及其传递下来的车辆荷载,所以必须具有足够的强度才能够支撑。试验表明,压实使土的强度大大增加;使土基的塑性变形明显减少;使土的透水性降低,毛细上升高度减小。

1. 压实度

路基的压实标准常用压实度来表示,即路基被压实的程度,指压实后的土的干密度与该土的最大干密度之比,用百分率表示。影响压实度的因素主要有含水率、土质、压实功和温度。规定的压实度标准见表3-4。

路 基 压 实 度 表 3-4

填 挖 类 别		路床顶面以下深度 （m）	路基压实度（%）		
			高速公路、一级公路	二级公路	三、四级公路
零填及挖方路基		0 ~ 0.30	≥96	≥95	≥94
		0.30 ~ 0.80	≥96	≥95	—
路堤	上路床	0 ~ 0.30	≥96	≥95	≥94
	下路床	0.30 ~ 0.80	≥96	≥95	≥94
	上路堤	0.80 ~ 1.50	≥94	≥94	≥93
	下路堤	> 1.50	≥93	≥92	≥90

注:1. 表中所列的压实度系按《公路土工试验规程》(JTG E40—2007)中重型击实试验法求得的最大干密度的压实度。

2. 当三、四级公路铺筑沥青混凝土和水泥混凝土路面时,应采用二级公路的规定值。

3. 路堤采用特殊填料或处于特殊气候地区时,压实度标准可根据试验路的论证在保证路基强度要求的前提下适当降低。

4. 特别干旱地区的压实度标准可降低2% ~ 3%。

压实度的表达公式为：

$$K = \frac{\gamma}{\gamma_{max}} \times 100\% \qquad (3\text{-}1)$$

其中：

$$\gamma = \frac{\gamma_w}{1 + \dfrac{w}{100}} \qquad (3\text{-}2)$$

式中：K——压实度，%；

γ——土的干密度，g/cm^3；

γ_{max}——土的最大干密度，g/cm^3；

w——土的含水率，%；

γ_w——土的湿密度，g/cm^3。

2.路基压实要求

对于路基压实，碾压前对松铺厚度、平整度和含水率进行检查，符合要求后用压路机进行碾压。碾压的遍数根据试验路段确定，各种压路机碾压行驶速度开始时用慢速，然后先慢后快，振动时由弱振到强振。碾压直线段时由两边向中间，碾压超高单坡段时由内侧向外侧，纵向进退式进行。填土压实施工工艺流程图如图3-33所示。

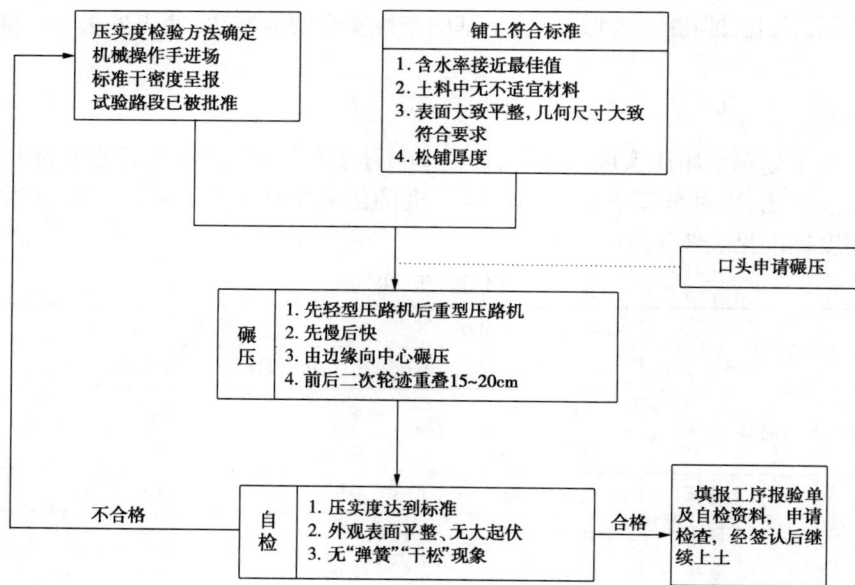

图3-33　填土压实施工工艺流程图

压实度的检测方法有灌砂法、环刀法、水袋法或核子仪法，如需进一步了解，可参阅《公路土工试验规程》（JTG E40—2007）。

复习
思考题

1.路基设计的基本要求是什么？

2.路基干湿类型的表示方法有哪几种？

3.路基横断面的基本形式有哪几种？

4.路基边坡的表示方法是什么？

5.边沟和截水沟的作用分别是什么？

6.路基防护工程设施,按作用不同可分为哪几种？

7.什么是压实度？

第四章
CHAPTER FOUR

路　面

一、路面及其功能

路面是用各种材料铺筑在路基上供车辆行驶的层状构造物。未铺筑路面的路基虽然也能行驶车辆，但它抵御自然因素和车辆荷载的能力很差，天晴时尘土飞扬，雨天时泥泞不堪，行车时常因表面崎岖不平会导致车辆颠簸、打滑，行车速度低，甚至无法通行，而且油料和机件耗损严重。铺筑路面后，改善了道路条件，不仅能使车辆全天候通行，而且汽车能以一定的速度、安全、舒适而经济地在道路上行驶。

路面是公路的主要组成部分，它的好坏会直接影响行车速度、安全和运输成本。高等级公路修筑了良好的路面，就能够保证车辆高速、安全、舒适地行驶，还节约了运输费用，充分发挥了高等级公路的功能。

二、对路面的要求

现代化的汽车运输，要求路面能满足行车的使用要求，提高行车速度，增强行驶的安全性和舒适性，降低运输费用和延长路面使用年限。但是，路面暴露在自然界中，在大气、温度和水的影响下，长期经受各种车辆荷载的重复作用，所以路面应具有以下性能。

1. 强度和刚度

汽车在路面上行驶时，车辆通过车轮把垂直力和水平力传给路面，水平力又分纵向和横向两种。此外，路面还会受到车辆的震动力和冲击力的作用，在汽车身后还有真空吸力的作用。在上述外力的综合作用下，路面结构内就产生了不同的压应力、拉应力和剪应力，如果路面结构整体或某一部分的强度不足，不能抵抗这些应力的作用，路面就会出现断裂、沉陷（伴随两侧隆起）、碎裂、波浪和磨损等破坏现象，从而影响正常行车，给汽车运输造成严重影响。因而,要求路面结构及其各组成部分必须具备足够的强度,以抵抗行车作用下所产生的各种应力,避免路面破坏。

刚度是指路面抵抗变形的能力。强度和刚度是两个不同的力学特性,二者既有联系,又有不同。强度大的路面,其刚度也较大,但同样强度的路面,其刚度也可能不同。有时路面结构整体或某一组成部分的强度虽然足够,但其刚度不足,在行车荷载作用下,也会使路面产生变形,如波浪、车辙及沉陷等破坏现象。

2. 稳定性

路面不仅承受行车荷载的作用,同时因路面结构暴露于大气之中,还经常受到水分和温度的影响。路面材料对温度和光照等因素较敏感,其性能会随之发生不同的变化,路面的强度和刚度会因此不稳定,路况也就时好时坏。例如:沥青路面在夏季高温季节可能会软化,因而在车轮荷载作用下会出现车辙和推挤;而在冬季低温时可能出现收缩、变脆而开裂。水泥混凝土路面在高温时,可能发生拱胀开裂,在低温时可能出现收缩裂缝,温度急骤变化时也可能出现翘曲而破坏。特别是砂石路面的含泥量较多时,在雨季雨水渗入路面使路面结构含水率增大,强度随之降低,在行车荷载作用下,很容易出现沉陷、裂缝及泥泞现象。土基受到渗水的影响,也会降低强度而使路面结构的稳定性受到影响。

3. 表面平整度

路面平整度对行车影响很大。路面平整度差,行车阻力会增大,行车因振动作用而使车辆颠簸,影响行车速度及行车的安全性和舒适性。同时,车辆振动对路面施加冲击力而使路面加快破坏,汽车的机件和轮胎的损坏也相应加快,同时还会增加油耗。因而要求路面具有一定的平整度。

4. 表面抗滑性

光滑的路面使车轮与路面之间缺乏足够的附着力和摩擦阻力。在雨天,高速行车、转弯和紧急制动时容易打滑,爬坡和突然起动时容易空转,致使行车速度降低,也容易发生交通事故,特别是雨雪天的交通事故较多。因此,路面表面应具备足够的抗滑性能,以保证行车安全和运输的经济效益。

5. 耐久性

路面结构由于长期承受行车荷载和冷热、干湿等气候因素的多次重复作用,逐渐会出现疲劳破坏和塑性变形累积,路面材料也可能会由于老化、衰变而导致破坏。因而,到一定的使用年限后,路面就会出现各种病害,从而影响路面的使用性能。如果路面的耐久性不足,就会缩短使用时间,增加养护工作量和费用,而且还会干扰正常的交通运输。

6. 环保性

砂石路面在汽车行驶时引起的灰尘及行车时汽车在各类路面上产生的噪声,对旅客、沿线居民、农作物以及对汽车本身都会带来不利的影响。因此,要求在行车过程中尽量减少路面扬尘和噪声。

三、路面结构及层次划分

行车荷载和自然因素对路面的影响是随着深度的增加而逐渐减弱的。因此,对路面材料的强度、刚度和稳定性的要求也随着深度的增加而降低。所以，根据使用要求和受力状况，路面结构可在路基上采用不同规格和要求的材料分多层进行填筑，这样可以充分发挥各种路面材料的功能，还可以节约工程造价。铺筑在一般路基上的路面，至少应具有基层和面层两个层次，有时还要铺设垫层，如图4-1所示。

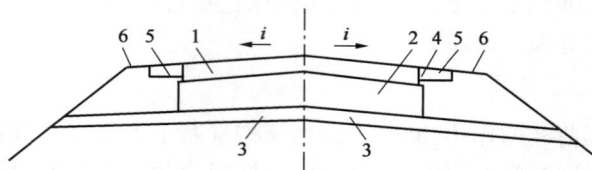

图4-1　路面结构层次划分示意图

i-路面横坡度；1-面层；2-基层；3-垫层；4-路缘石；5-加固路肩；6-土路肩

1. 面层

面层是路面结构层最上面的一个层次，直接承受车辆荷载及自然因素的影响，并将荷载传递到基层。因此，要求面层的强度和刚度很大，而且要求表面必须平整、抗滑、抗磨耗。自然因素的影响使面层要具有充分的抵抗力、稳定性好、不透水等特点。根据自然条件、荷载、材料等因素，面层可分为表面层、中面层、底面层。

面层的主要材料是水泥混凝土、沥青混凝土、沥青碎石、半整齐的石块以及粒料加固土等。

2. 基层

基层位于面层与路基（部分为面层和垫层）之间，主要承受由面层传递来的车辆荷载垂直力，并将其分布到垫层或路基上。因此，它也应具有足够的强度、刚度和耐久性，并具有良好的应力扩散性能。由于基层和车轮不直接接触，所以对基层的耐磨性不作严格要求。但是基层应具有相对平整的表面，以保证面层厚度的均匀。另外，基层还可能受到地表水或地下水的侵入，因此还应有足够的水稳性。基层也可以分为两层或三层，称为基层（或上基层、基层）、底基层。

基层的主要材料是水泥稳定碎石、石灰粉煤灰碎石、级配碎（砾）石、水泥稳定土、石灰稳定土、石灰工业废渣等。

3. 垫层

垫层位于底基层与土基之间，主要作用是加强土基，改善基层的工作条件，专为隔水、排水、防冻而设置，所以通常在路基处于潮湿或过湿及有冰冻翻浆的路段设置。在地下水位较高的地区铺设，能起到隔水作用，又称隔离层；在冰冻较深的地区铺设能起到防冻的作用，也称防冻层。此外，垫层还能扩散由基层传递下来的应力，以减小土基的变形，而且也能阻止路基土挤入基层中，保证了基层的结构性能。

修建垫层所用的材料强度不一定很高，但水稳性或隔热性应较好，一般采用砂砾、碎石等水稳性好的材料及石灰土或炉渣石灰土等保温性材料。

面层、基层、垫层是路面的基本层次，为了保证车轮荷载的向下扩散和传递，基层宽度每侧比面层宽出0.25m，底基层每侧比基层宽出0.15m。高速公路、一、二级公路的排水垫层应铺至路基同宽，三、四级公路的垫层至少要比底基层每侧宽出0.25m。

实际上，路面的结构层不一定像上述那样完备，有时一个层次可以起到两个层次的作用。

例如,碎石路面铺筑在土基上,则这层碎石既是面层也是基层。旧的碎石路面上铺筑沥青路面,则原来的碎石路面由面层变为新路面的基层。

四、路面的类型与分级

（一）路面类型

从力学性能出发,一般把路面分为刚性路面和柔性路面两大类。

1. 刚性路面

刚性路面是指用水泥混凝土作面层或基层的路面结构。它的强度高,特别是抗弯拉强度比其他路面高得多,抗变形能力强,板体性好,荷载作用通过水泥混凝土路面板体的扩散分布后,传递到基层上的应力就小得多了。

2. 柔性路面

柔性路面主要是指刚度较小,抗弯拉强度较低,主要靠抗压、抗剪强度来承受车辆荷载作用的路面,由各类沥青路面、碎（砾）石路面和块石面层所组成的路面结构。因其刚度较小,抗弯拉强度低,在荷载作用下变形较大,所以对基层和路基的强度要求较高。但此类路面弹性好,路面无接缝,行车舒适。

3. 半刚性路面

半刚性路面主要为水泥、石灰等水硬性材料与土、砂砾及工业废渣（如粉煤灰、矿渣）的混合料修筑的基层在前期具有柔性路面的力学特性,当环境适宜时,其强度和刚度随着时间的推移而不断增长,但最终其强度和刚度仍远低于刚性路面,此类路面称为半刚性路面。

（二）路面等级

路面技术等级与公路技术等级相对应,路面技术等级由高到低,与行车道上的设计交通量成正比例。路面等级与公路技术等级和设计交通量三者相互联系,主导因素是设计交通量。

按技术条件划分,路面等级可分为高级路面、次高级路面、中级路面和低级路面。

1. 高级路面

它包括沥青混凝土路面、水泥混凝土路面、整齐块石或条石等面层。一般适用于交通量大、行车速度高的公路。这类路面的特点是:结构强度高、稳定性好、使用寿命长、平整、少尘,能保证高速行车,而且养护费用少,运输成本低。但一次性投入大,工艺要求高,材料质量要求高。

2. 次高级路面

它包括沥青贯入式、沥青碎（砾）石等面层。一般适用于交通量较大,行车速度较高的公路。与高级路面相比,其特点是使用品质稍差,使用年限稍短,造价也较低,但养护费用较高。

3. 中级路面

它包括由水结碎石、泥结碎石、级配碎（砾）石、半整齐块石或条石等作面层所组成的路面结构。它只能适用于交通量较小,行车速度低的公路。这类路面的结构强度低、使用期限短、平整度差,养护工作量大,运输成本较高。

4. 低级路面

它包括由各种粒料或当地材料改善土修筑成的路面,例如:炉渣土、砂砾土等。它的强度低,水稳性和平整度均较差,在雨天不能行车,能适应的交通量很小,养护工作量大,运输成本高,但造价很低。

路面等级与公路的技术等级及交通量的关系见表4-1。

路 面 分 级 　　表 4-1

公路等级	路面等级	面 层 类 型	年平均日设计交通量（pcu/d）
高速公路、一级公路	高级路面	沥青混凝土、水泥混凝土	≥15 000
二级公路	高级路面	沥青混凝土、水泥混凝土	5 000~15 000
	次高级路面	热拌沥青碎石混合料、沥青贯入式	
三级公路	次高级路面	乳化沥青碎石混合料、沥青表面处治	2 000~6 000
四级公路	中级路面	水结碎石、泥结碎石、级配碎(砾)石、半整齐石块	≤2 000
	低级路面	粒料改善土	

注:表中所列路面类型适应情况只是相应公路等级和交通量下面层类型的最低要求,三、四级公路如果经过技术经济论证也可以采用高级路面;年平均日设计交通量是按照相应折合系数后的折合小客车数量。

五、路面结构的厚度

路面结构层总厚度是各结构层厚度之和。各结构层厚度的选择可根据车轮荷载、土基强度和路面材料的强度等。在同一路面结构层中,各层次的材料强度和厚度都是相互关联、相互补充和相互依存的。例如:路面面层材料相对来说强度高、价格也高,在荷载及土基已知的情况下,从经济的角度考虑,往往选用面层厚度较小,从而需要选择较强或较厚的基层或增加层次。如果面层厚度增加,相应的基层厚度可减小或减少层次。在实际施工中,不论结构层的数量还是结构层的厚度,从经济角度和技术角度综合考虑,都不宜采用过多或过少的结构层数,层厚也不宜过厚或过薄,见表4-2。

路面各结构层最小厚度 　　表 4-2

结构层类型		施工最小厚度（cm）	结构层适宜厚度（cm）
沥青混凝土、沥青碎石	粗粒式	5.0	5~8
	中粒式	4.0	4~6
	细粒式	2.5	2.5~4
沥青贯入式		4.0	4~8
沥青表面处治		1.0	1~3
水泥稳定类		15.0	16~20
石灰稳定类		15.0	16~20
石灰工业废渣类		15.0	16~20
级配碎、砾石		8.0	10~15
填隙碎石		10.0	10~12

六、自然因素对路面的影响

路面工作在自然环境中,除直接承受车辆荷载作用外,还直接受到水、温度、阳光、空气等自然因素的影响。这些自然因素在促进路面成型、稳定等方面发挥积极作用,同时也在路面软化、破坏以及影响路面施工进度等方面产生负面作用,因此必须十分重视这些自然因素对路面的影响作用。

1. 湿度变化对路面的影响

湿度状况的变化是影响路面结构强度、刚度和稳定性的重要因素之一。路面中水的影响与道路所在地区的自然条件、季节、降雨量、蒸发条件和道路本身的排水能力等因素有关。路面结构中的水主要有三个来源:一是土基中的毛细水;二是边沟渗水;三是路面渗水。土基中的毛细水源自于地下水,边沟和路面渗水来自于降雨和地面径流。

路面结构中,基层和垫层材料在最佳含水率下压实可得到最大密实度,并具有较高的力学强度。含水率过大时,材料过分潮湿,其强度大大降低,变形也增大。但如果含水率过小,材料颗粒之间由于缺乏水膜黏结作用,会发生松散;由于缺乏润滑作用,压实度不高,同样也不会有较高的力学强度。沥青路面在水的作用下,沥青与石料的黏附力降低,导致石料与沥青剥离,从而使路面发生松散、坑槽等病害。

根据路面材料对水的敏感性不同,可分为水稳性材料和非水稳性材料。水稳性材料在水的影响下,力学强度降低不显著;非水稳性材料在水的影响下,力学强度则显著降低。

2. 气温变化对路面的影响

温度同样是影响路面结构强度的重要因素。同一路面,在炎热的夏季和在寒冷的冬季可能有不同的使用品质。即使在一天内,路面的工作状态也会有所差异。因此,必须考虑气温对路面的影响。

气温的变化将直接影响路面强度及其内部应力变化。沥青类路面材料的强度随温度变化而变化,这种性质被称为温度稳定性。温度稳定性差的材料在温度变化时,强度显著降低。由于沥青本身对温度非常敏感,因此沥青类路面对温度也非常敏感。温度升高后,沥青的稠度降低,在颗粒间起到润滑作用,从而使黏结力降低;温度过低时,沥青的变形能力降低,容易发生脆裂。

水泥混凝土路面受温差的影响,体积将发生变化。在一年四季中,由于温差引起的体积变化如果受到约束,将会产生很大的温度应力,有时甚至超过荷载应力,使混凝土发生断裂。所以必须把混凝土板化成一定尺寸的板块来克服。

气温对无机结合料加固的路面结构的初期成型也有很大影响。石灰土、工业废渣基层,在成型期间如果温度高,在正常含水率和压实度情况下,可以获得较高的强度。反之,成型期间如果温度过低,即使含水率和压实度正常,也不会获得较高的强度,致使成型期较长。

3. 其他因素的影响

(1)阳光、温度、大气中的氧共同作用下,可以改变沥青的组成成分,使之老化,相应地缩短了沥青路面的寿命。

（2）温度与水的共同作用,会导致路面发生冻胀与翻浆。

（3）在干燥地区或季节,因空气干燥而促使路面结构层中的水分蒸发,对一些用黏土在结合料的中、低级路面具有很大影响,使之因失水而丧失稳定性,导致结构层发生松散。

七、路拱横坡度的设置

路拱的形式已经在前面讲述过,路拱横坡度的选择将在本部分内容中介绍。确定路拱横坡度要考虑既有利于行车平稳,又有利于路面排水,所以可根据自然条件和路面的类型选择路拱横坡度。高级路面透水性小,平整度和水稳性好,可采用较小值,低级路面则采用较高值;干旱地区和积雪地区也应采用较小值,潮湿多雨地区则选用较大值,见表4-3。为便于路面水及时排出,路肩的横坡度一般比路拱横坡度大 1% ~2% 。

路 拱 坡 度　　　　　表4-3

路面类型	沥青混凝土、水泥混凝土	其他沥青路面	半整齐石块	碎(砾)石路面	低级路面
路拱坡度(%)	1~2	1.5~2.5	2~3	2.5~3.5	3~4

第二节　沥青路面

沥青路面是指用沥青作黏结料修筑面层,并与其他各类基层所组成的路面。因其呈黑色,所以又称为黑色路面。

沥青路面使用了黏结力较强的沥青材料,使矿料之间的黏结力大大加强,从而提高了混合料的强度和稳定性,路面的使用质量和耐久性都得到了提高。与水泥混凝土路面相比,沥青路面表面平整无接缝,行车舒适、平稳、噪声小,开放交通早,养护方便,是我国路面结构的一种重要形式。由于它可以使用不同材料组成和施工方法,因而适用于不同等级的公路路面。沥青路面的缺点是温度稳定性差,如果设计或施工时控制不好,在夏季高温时,路面容易变软或泛油;在冬季低温时,沥青材料变脆或由于基层原因而引起路面开裂,而且表面易受硬物损坏,且易因磨光而降低其抗滑性。

沥青路面主要有沥青混凝土、热拌沥青碎石、乳化沥青碎石、沥青贯入式、沥青表面处治等形式。

一、沥青路面材料

沥青路面主要由沥青、集料、矿粉组成,同时掺有其他一些外加材料,如纤维等。

1.沥青

一般使用石油沥青作为沥青路面材料,反映沥青性质的指标有针入度、延度及软化点等。针入度表示沥青的黏性,用质量为 100g 的测针在 25℃ 温度下插入沥青 5s 时,测针插入的深度,以 0.01mm 计。沥青的针入度越小,说明沥青黏性越大。延度表示沥青的变形能力,沥青试件在 15℃ 的水槽中以 5mm/min 的速度被拉长直至拉断,拉断前沥青试件的长度即为延度,以 cm 计。延度越大,表示变形能力越强。软化点表示沥青的温度稳定性,将玻璃杯中的水从 5℃ 开始加温,以 5℃/min 的速度将杯中水温升高,当浸于水中的两颗钢球从装满沥青样品的两个小铜环中下落至杯底时的温度,称为软化点。软化点越高,表示沥青的温度稳定性越好。

2．集料

集料即沥青路面所用的石料,分为粗集料和细集料两类。粗集料是指粒径在 5mm 以上的碎石。一般选用与沥青黏附性能好的碱性集料,因为粗集料在沥青路面中起骨架作用,所以要求其坚硬耐磨和抗冲击性好。集料的尺寸应符合技术要求;细集料采用天然砂、机制砂或石屑,粒径在 5mm 以下,要求洁净、干燥、无风化、无杂质,并且尺寸大小的配比符合技术要求。

3．矿粉

矿粉作为填充料,采用石灰石等石料磨细的粉料,能够促进沥青与集料的化学黏结作用,从而提高强度。

二、沥青路面的分类

1．沥青表面处治

沥青表面处治路面是指在石料表面分层洒布沥青、撒铺矿料并压实而成的沥青路面形式。一般情况下,其修筑厚度不大于 3cm。其作用不是承重而是作为表面层抗磨耗、防止路面表水下渗、提高平整度、改善行车条件、延长路面寿命等。一般施工方法是在清理好的下承层上洒布加热到一定温度的沥青,之后趁热迅速均匀铺撒集料,然后进行碾压,即可完成一层。如果需要做两层或三层,则继续按上述步骤进行。

沥青表面处治大多用于以下情况:

(1)为碎石路面或基层提供一个能承受行车和大气作用的磨耗层或面层,并提高其等级。

(2)改善或恢复原有路面的使用品质。对原路面磨损较严重者,可采用单层表面处治;对于磨耗或老化严重者,可采用双层表面处治。对于路面过于光滑时,则选用带有棱角的硬质石料铺筑,以提高路面的抗滑能力。

(3)作为空隙较多的沥青面层的防水层。

2．沥青贯入式

沥青贯入式路面是在初步压实的碎石上,贯入加热的沥青后撒铺较细的石料嵌缝,再进行碾压而成的沥青路面形式。这种路面强度较高,温度稳定性好,但是孔隙比较大,易透水。一般施工方法是在清理后的下承层上先撒铺透层沥青后,均匀地撒铺主层矿料,碾压、洒布第一次沥青;之后立即均匀撒铺较小集料嵌缝、碾压,然后洒布第二次沥青;再次撒铺更小的集料嵌缝、碾压,之后洒布第三次沥青,撒铺封面料,最后碾压成型。一般情况下,这种路面适用于二级或二级以下公路或作为沥青路面的连接层。

3．沥青混凝土和沥青碎石

沥青混凝土是由不同尺寸的矿料(碎石、石屑、砂和矿粉)按最佳级配原则选配,以一定比例的沥青作结合料经拌和压实而成的沥青路面形式。沥青混凝土密度大、强度高、平整度好、整体性好且富有弹性，是一种适合现代快速汽车交通的高级路面。

沥青碎石是由几种不同尺寸的矿料，掺入少量矿粉或不掺矿粉，用沥青作结合料，按一定比例配合，经拌和压实而成的沥青路面形式。因为沥青碎石较沥青混凝土而言，温度稳定性好，施工相对容易，但因其空隙率大、易透水，所以不能用作表面层。

根据矿料的尺寸不同，可将沥青混凝土分为粗粒式、中粒式、细粒式。

沥青混凝土和沥青碎石通常作为高等级公路的面层。沥青混凝土适用于高速公路和一、二级公路面层的表面层及中面层，沥青碎石适用于底面层。

三、沥青混凝土面层的厚度

表4-2对路面各结构层的最小厚度进行了表述，对于设置在半刚性基层上的沥青面层整体（包括表面层、中面层、底面层）来说，在不同的公路等级、交通量及组成、气候条件等影响下，其总厚度是有要求的，见表4-4。

半刚性基层上的沥青层推荐厚度   表4-4

公 路 等 级	沥青层推荐厚度（cm）	公 路 等 级	沥青层推荐厚度（cm）
高速公路	12 ~ 18	三级公路	2 ~ 4
一级公路	10 ~ 15	四级公路	1 ~ 2.5
二级公路	5 ~ 10		

第三节　水泥混凝土路面

水泥混凝土路面是一种高级路面。它是以水泥混凝土面板和基层、垫层所组成的路面形式，也称刚性路面。这种路面应用广泛，主要适用于公路、城市道路、港口码头、机场、停车场等。随着科技的进步，水泥混凝土路面的种类也越来越多。除了常用的普通水泥混凝土路面外，钢筋混凝土路面、钢纤维混凝土路面、碾压混凝土路面、多孔吸音混凝土路面等形式也逐渐得到广泛应用。

与其他路面相比，水泥混凝土路面具有以下优点。

1. 强度高

水泥混凝土路面具有较高的抗压强度、抗弯拉强度和抗磨耗能力。

2. 稳定性好

水泥混凝土路面的温度稳定性、水稳定性均较好，特别是它的强度会随时间的延长而逐渐提高，不存在沥青路面所谓的"老化"现象。

3. 耐久性好

水泥混凝土路面的强度高、稳定性好，经久耐用，使用年限一般可达20 ~ 40年，而且能通行履带式车辆等各种运输工具。

4. 养护费用小

与沥青混凝土路面相比，水泥混凝土路面的养护工作量和费用均较少。虽然它的一次投入大，但使用年限长，分摊于每年的工程费用较少，从长远角度考虑，其经济效益比较明显。

5. 有利于夜间行车

水泥混凝土路面色泽鲜明，能见度好，对夜间行车有利。

水泥混凝土路面的缺点是：水泥用量多，一次性投资大，而且由于水泥水化形成强度需要一段时间，一般在完工半个月以上才能开放交通。为防止热胀冷缩产生不规则裂缝，一般情况下，在水泥混凝土路面上设置许多横向和纵向接缝，致使行车产生跳动，影响了舒适性。接缝是水泥混凝土路面的薄弱点，如处理不当，将会渗水，导致路面板边和板角的破坏。另外，当水泥混凝土路面破坏后，开挖很困难，修补工作量大，还会影响交通。

一、水泥混凝土路面构造

（一）土基

土基是混凝土路面的基础，虽然水泥混凝土路面的刚度比较大，但如果土基的稳定性不好，产生不均匀沉陷，会使面板在荷载作用下断裂。因此要求土基必须密实、稳定、均匀，且地面水和地下水必须拦截或排出路基以外，使路基长期处于干燥或中湿状态，以保证足够的强度和稳定性。

（二）基层

基层修筑在土基上并位于混凝土面板之下，它的作用是给混凝土面板提供均匀稳定的支撑，防止出现唧泥、冻胀及板底脱空等情况，以保证混凝土路面的整体强度，延长路面的使用寿命。基层应具有足够的刚度和稳定性，且表面平整。基层材料应根据交通等级、当地条件和经济性等因素选用贫混凝土、沥青混合料、水泥稳定土、石灰稳定工业废渣、级配碎（砾）石等。

（三）水泥混凝土面板

水泥混凝土面板直接承受自然因素和行车荷载作用，并直接体现使用功能的好坏，应具有较高的强度和稳定性。表面平整耐磨，并具有一定的粗糙度，应达到规定的抗滑标准。

由于一年四季气温的变化，混凝土面板会产生不同程度的膨胀和收缩。在一个昼夜中，白天气温升高，混凝土面板顶面温度较底面温度高，这种温差会造成面板中部突起；在夜间气温降低，混凝土面板顶面温度较底面温度低，使面板的周围和角隅翘起。这些变形会受到面板和基层之间的摩阻力和黏结力，以及面板自重和车轮荷载等的约束，致使面板内产生过大应力，造成面板断裂或拱胀破坏。为防止因温度变化引起胀缩力和温差使面板产生的翘曲应力，以及土基的不均匀沉陷引起面板的开裂，不得不在水泥混凝土路面纵横方向建造许多接缝，把整个路面分割成许多板块。接缝的构造按平面的位置可分为横缝和纵缝。与路线平行的接缝称为纵缝，与路线垂直的接缝称为横缝。

1. 纵缝及其构造

纵缝必须与路中线平行,分为纵向缩缝和纵向施工缝。纵缝的间距应根据摊铺宽度、路面总宽、车道分隔线和硬路肩位置综合确定,一般不能超过4.5m。

（1）纵向缩缝

当一次铺筑宽度大于4.5m时,应设置纵向缩缝。纵向缩缝采用假缝形式,锯切的槽口深度应大于施工缝的槽口深度。采用粒料基层时,槽口深度应为板厚的1/3;采用半刚性基层时,槽口深度为板厚的2/5。其构造如图4-2所示。

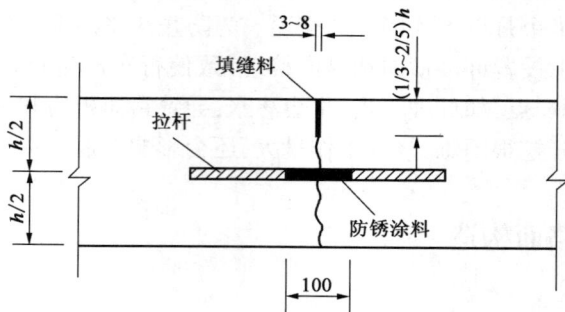

图4-2 纵向缩缝构造图（尺寸单位:mm）

（2）纵向施工缝

由于施工条件等原因,当一次铺筑宽度小于路面宽度和硬路肩(如果有)的总宽度,需要分两次以上浇筑时,则应设置纵向施工缝,位置应与车道线一致,如图4-3所示。纵向施工缝采用平缝形式,上部应锯切槽口,深度为 30～40mm,宽度为 3～8mm,槽内灌塞填缝料。

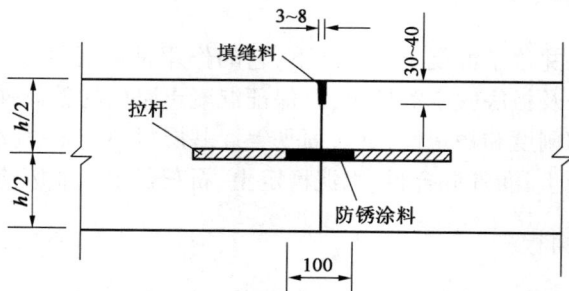

图4-3 纵向施工缝构造图（尺寸单位:mm）

2. 横缝及其构造

横缝分为横向缩缝、横向胀缝和横向施工缝。

（1）横向缩缝

横向缩缝是为了减少混凝土的收缩应力和温度翘曲应力而设置的,一般采用假缝形式。在重或特重交通的公路上,由于荷载的重复作用和轴载大,板间容易出现错台,所以需设置传力杆,如图4-4所示。

缩缝的上部设置槽口,在浇筑混凝土后,用切割机进行切割,宽度为 3～8mm,缝深一般为板厚的1/4～1/5。为防止槽口内的水分渗入和杂质嵌入,须填塞填缝料。当设传力杆时,传

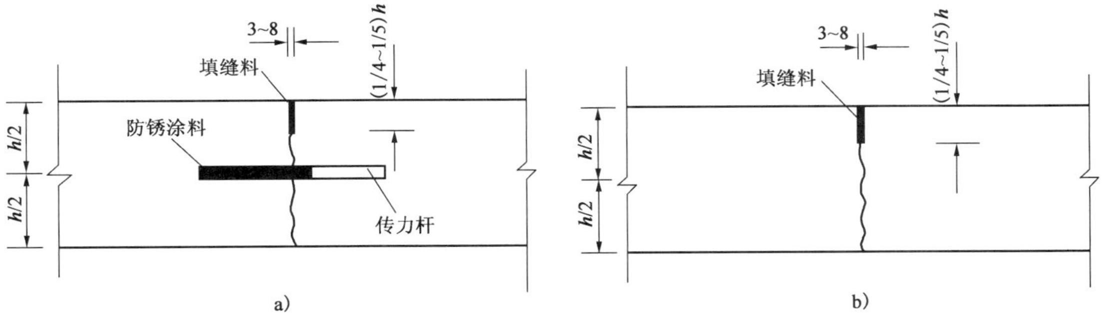

图 4-4　横向缩缝构造图(尺寸单位:mm)

a)设传力杆假缝型;b)不设传力杆假缝型

力杆长度 1/2 以上要涂沥青。

（2）横向胀缝

在胀缝处混凝土板完全断开,因此又称为真缝。胀缝设置的目的是为给混凝土板的膨胀提供伸长余地,从而避免产生过大的压力。其设置视集料的膨胀性大小、当地年温差和施工季节来综合确定,如图 4-5 所示。

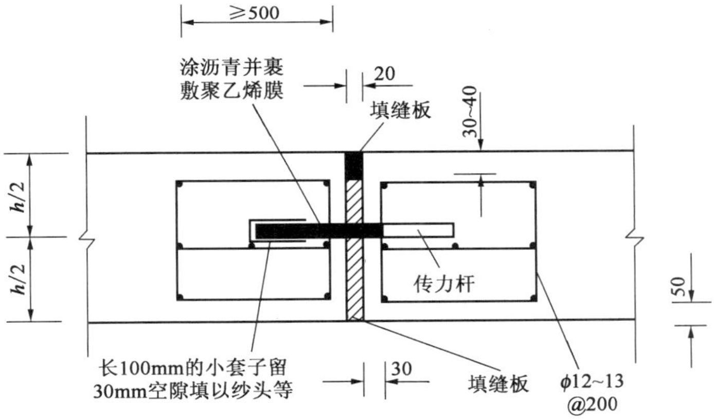

图 4-5　胀缝构造图(尺寸单位:mm)

胀缝必须贯穿到底,缝壁垂直,缝宽 20 ~ 25mm,在板厚中央设置传力杆。传力杆一半以上应涂沥青或加塑料套。

（3）横向施工缝

当每日施工结束或摊铺中断时间超过 30min 时,应设置横向施工缝。横向施工缝尽可能少设,最好设置在胀缝或缩缝处。横向施工缝应与路中线垂直,如图 4-6 所示。

二、水泥混凝土路面的厚度和平面尺寸

水泥混凝土路面面板采用矩形,纵缝间距可按路面宽度和每条车道宽度而设定。

普通混凝土、钢筋混凝土、碾压混凝土或钢纤维混凝土面层板一般采用矩形。其纵向和横向接缝应垂直相交,纵缝两侧的横缝不得相互错位。

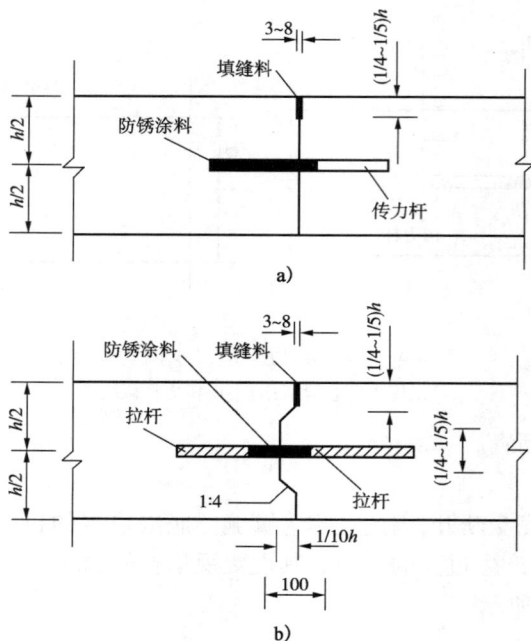

图 4-6　横向施工缝构造图（尺寸单位：mm）
a）设传力杆平缝型；b）设拉杆企口缝型

纵向接缝的间距按路面宽度在 3～4.5m 范围内确定。碾压混凝土、钢纤维混凝土面层在全幅摊铺时，可不设纵向缩缝。横向接缝的间距按面层类型和厚度选定：普通混凝土面层一般为 4～6m，面层板的长宽应小于 1.3m，平面尺寸应小于 25m²；碾压混凝土或钢纤维混凝土面层一般为 6～10m；钢筋混凝土面层一般为 6～15m。表 4-5 为水泥混凝土路面设计时交通等级的划分。

水泥混凝土路面交通分级与设计寿命　表 4-5

交 通 等 级	设计车道标准轴载累计作用次数 N_e（10^4）	设计使用年限（年）
特重	＞2 000	30
重	100～2 000	30
中等	3～100	20
轻	＜3	20

注：标准轴载是指根据等效损坏原则，将路面上行驶车辆的前、后轴载作用次数换算为重 100kN 的轴作用的次数。

第四节　中、低级路面与基层

一、块石路面及基层

用不同形状和尺寸的石块砌筑的路面结构层，称为块石路面或基层。

块石路面的特点是坚固耐用，清洁少尘，养护维修方便。由于块石路面施工主要靠手工操作,有些石块还要进行加工和琢制,难以实现机械化,因此耗费劳力多、效率低。根据这些特点,块石路面不能大规模使用,一般适用于山区急弯陡坡路段、铁路与公路平面交叉口、少部分旅游景区内的道路,以及有地下管线的城市道路。

块石根据形状、尺寸和加工的粗琢程度不同,可分为整齐块石、半整齐块石和不整齐块石。形状近似于立方体或长方体,底面与顶面大致平行。

块石路面基层采用锥形块石、片石或圆石铺砌,并用碎石填缝压实。块石的强度不低于三级,表面平整。坚实稳定的基层是保证块石路面质量的关键。基层应铺筑在砂或砂砾垫层上。

二、级配碎(砾)石路面及基层

级配碎(砾)石结构层采用未筛分的轧制碎石和石屑按照一定的比例配合,逐级填充空隙,并借助黏土的黏结力,经过压实后,形成密实结构。这种结构的路面平整度好,施工时容易压实,维修方便,可就地取材,造价低廉。但耐磨性差,易扬尘,水稳定性差。

级配碎(砾)石结构所用石料应具有足够的强度,用于面层的碎(砾)石强度不能低于Ⅲ级,用于基层的碎(砾)石强度不低于Ⅳ级,其中针片状含量不得超过20%。砂要尽量选用粗砂或中砂。土的塑性指数用于面层时应选用15~25;用于基层时,可适当降低,但土中不得含有腐殖质、草根、杂质等。

三、半刚性基层

半刚性基层是用无机结合料(如水泥、石灰)与土、矿料(如碎石、砂、石屑等)或工业废渣(如粉煤灰、矿渣等)按一定比例混合,经压实而形成的稳定的结构层。这类结构强度高,板体性好,但会干缩开裂,不耐磨,不宜用作面层,只能作为基层使用。半刚性基层有石灰稳定土、水泥稳定土、水泥稳定碎石、石灰粉煤灰碎石(简称二灰碎石)等组合形式。

第五节　路面防滑

一、路面粗糙度与摩阻系数

从宏观上讲,要求路面整体平整,不能有高低不平或坑洼以及波浪一样的起伏。但从微观上讲,并不是要求路面表面像镜面一样光滑,而是凹凸不平的,因为光滑的路面面层对行车安全十分不利。微观上所说的路面面层的凹凸不平即指路面粗糙度。

在强大的压力下,汽车轮胎表面变形与路面表面的凹凸完全密合,当车轮与路面之间有相对运动的倾向时,根据作用力与反作用力的原理,两者就会表现出相互阻止作用,这就是轮胎与路面的摩阻力。路面粗糙度越好,在轮重压力下,轮胎与路面的摩阻力就会越大。

车轮与路面间的摩阻力由两部分组成,一是车轮与路面间的摩擦力;二是橡胶轮胎变形与路面凹凸密合时所产生的阻力。它有纵横两个方向,横向摩阻力可以阻止车轮在路面上侧向滑移,保证汽车在平曲线超高斜坡面上行驶时,车轮不致发生横向滑动。纵向摩阻力可以阻止汽车驱动轮空转或滑移,由于纵向摩阻力的作用,当汽车驱动轮在路面上转动时,借助纵向摩阻力在路面上的切向反作用力推动汽车前进。

车轮与路面的摩阻力与路面材料的性质和路面结构类型有关。一方面,在同样的车轮荷载下,路面面层结构类型不同,车轮与路面间的摩阻力也不相同;另一方面,摩阻力与车轮载重有关,同一类型路面上,车轮载重越大,车轮与路面之间摩阻力越大。车轮载重的力的方向垂直于路面,摩阻力方向平行于路面,可用下式表达两者之间的物理关系。

$$\varphi = \frac{N}{Z} \tag{4-1}$$

式中:φ——车轮与路面间的摩阻系数;

Z——车轮载重,kN;

N——车轮与路面间的摩阻力,kN。

车轮与路面间的摩阻系数充分表示各种类型路面的摩阻特性,各种类型路面在不同状态下的摩阻系数见表4-6。

车轮与路面摩阻系数表 表4-6

路 面 类 型	路 面 状 态			
	干燥	潮湿	泥泞	冰滑
水泥混凝土	0.5 ~ 0.7	0.4 ~ 0.5		
沥青混凝土	0.5 ~ 0.7	0.35 ~ 0.45		
中、低级路面	0.4 ~ 0.6	0.2 ~ 0.4	0.15 ~ 0.25	0.05 ~ 0.15
沥青表面处治	0.3 ~ 0.5	0.1 ~ 0.3		

二、影响摩阻系数的因素

1.路面因素

路面结合料和集料的性质、用量及外表特征,对路面粗糙度及其摩阻系数都有重要影响。在设计和施工中,应严格控制结合料的用量,尤其是沥青路面,如结合料用量过大,面层表面凹凸程度减小,粗糙度减小。在集料方面,表面粗糙且多棱角的碎石比表面光滑的砾石好,耐磨的集料(如玄武岩和花岗岩)比石灰岩等不耐磨碎石好,坚硬不易风化的砂岩也具有比较好的粗糙度和耐磨性。对于水泥混凝土路面,施工时切不可将面层用水泥砂浆抹光,要进行拉毛,做成粗糙的表面。

2.行车因素

车轮与路面间的摩阻系数与行车速度也有明显的关系。我们已经知道橡胶轮胎变形与路面凹凸密合时所产生的阻力是摩阻力的重要组成部分。当汽车在路面上静止时,两者之间的结合最完全、彻底,表现出的摩阻力最大。当车轮滚动行驶时,这种结合就不那么充分,两者之间的摩阻力也随之降低。所以,同一类型路面在车速低时,摩阻系数大;车速越高,则摩阻系数下降得越多。由此可见,高等级公路的路面应有较大的摩阻系数。

3.路面潮湿或积水的影响

路面潮湿时,路表面上有一层很薄的水膜,相当于使车轮与路面间隔着一层润滑剂,水膜将路面上的凹凸填平,使两者结合的密合程度受到严重影响,这种现象称为"水垫"。当路面仅潮湿或无明显的水滞留时,车轮可以将一部分水膜挤开,但当路面有水的滞留,车轮无法将水膜挤出,则轮胎与路面被水膜完全隔离。"水垫"使车轮与路面间的摩阻力锐减,可能致使汽车驱动、制动和转向失灵。

4.气候因素

在炎热夏季,沥青路面的沥青材料经阳光照射,路面结构层会产生软化,如果沥青的热稳定性不好,而且沥青用量又偏多,就要降低车轮与路面的摩阻系数。

另外,摩阻系数还与轮胎的花纹、材料有关。例如:细而浅的轮胎花纹在坚硬路面上有比较好的摩阻性能,宽而深的轮胎花纹在土路面上有比较好的摩阻性能。从轮胎材料上比较,合成橡胶比天然橡胶的摩阻系数高。

三、路面防滑措施

1.加铺磨耗层

已建成的路面,如果因结合料的物理性质发生变化,或者因行车磨损而致使集料表面圆滑,都可使路面的摩阻系数达不到安全行车的要求,这时可以采取加铺磨耗层的措施,提高路面的摩阻系数。例如,在沥青混凝土旧路面上加铺沥青粗砂,或者在中级路面上加铺耐磨碎石的沥青表面处治等措施,都可以得到满意的摩阻系数。

2.改善原有路面的粗糙度

(1)撒铺碎石嵌缝料

对于用量偏多或热稳定性较差的沥青混合料面层,在夏季高温时期,可铺撒一层或两层0.5~1.5cm尺寸的碎石,必要时再撒一层石屑。

(2)压入热拌沥青碎石

对于已建成的细粒式沥青混凝土面层,可用经过预制的沥青碎石在旧面层上摊铺成薄层,趁热碾压入面层,形成粗糙的表面,提高路面的粗糙度。

(3)水泥混凝土路面表面凿毛

对于已建成的水泥混凝土路面,如因施工不当或使用年限过长而致使原有纹理光滑,可采用人工或机械凿毛的方法,增加其表面的粗糙度,提高路面的摩阻系数。

第六节　路面施工

由前述可知,路面的种类多种多样,各自的施工方法不尽相同,下面仅就沥青混凝土、沥青碎石、水泥混凝土路面及半刚性基层的施工方法作简单介绍。

一、沥青混凝土、沥青碎石路面

（一）施工准备

（1）对进场原材料进行质量检验。进场原材料包括沥青、集料、矿粉及其他外加剂、纤维等，这些材料的相关内容已在前面进行过讲述。经选定的材料在施工过程中应保持稳定，不能随意变更。

（2）拌和厂的选址与布置。场地内各项设施和布置应协调，区域划分明确，料场位置既要便于运输，又要便于向搅拌设备供料。

（3）施工机械的检查。施工机械检查包括对拌和运输设备、摊铺设备、碾压设备、洒油设备等各种施工机具作全面检查，经调试后证明这些机具施工状态良好，机械数量足够，施工能力配套，且重要的机械配有备用。

（4）修筑试验段。沥青路面在大面积施工前，采用计划适用的机械设备和混合料的配合比铺筑试验路段。通过试验路段的铺筑，确定合适的拌和时间与温度、摊铺温度与速度、压实机械的合理组合、压实温度和压实方法、松铺系数、合适的作业段长度，验证混合料配合比等，明确人员的岗位职责，最后提出标准的施工方法。

（二）施工阶段

1. 沥青混合料的拌制

沥青混合料必须在沥青拌和厂（场、站）采用拌和机械拌制。拌和厂设置在空旷、干燥、运输条件良好的地方。沥青混合料可采用间歇式拌和机或连续式拌和机拌制。各类拌和机都设有防止矿粉飞扬散失的密封装置及除尘设备，并配有检测拌和温度的装置，如图 4-7 所示。

图 4-7　间歇式拌和设备

沥青混合料的拌和，必须依据相应规范严格控制各种材料的用量及加热温度，其拌和时间以混合料拌和均匀、所有矿料颗粒全部裹覆沥青结合料为宜。拌和好的混合料应均匀一致、无花白料、无结团成块、无严重的粗细料分离现象。出厂的沥青混合料逐车使用地磅称重并检测温度合格后方可出厂。施工各阶段的温度控制见表 4-7。

沥青混合料施工温度表　　　　　　　　　表 4-7

沥青加热温度(℃)		160～170
矿料温度(℃)		采用间歇式拌和机,集料加热温度比沥青高 10～30
混合料出场温度(℃)		150～170
混合料运输到现场温度(℃)		不低于 150
摊铺温度(℃)	正常施工	不低于 140
	低温施工	不低于 160
碾压温度(℃)	正常施工	不低于 135
	低温施工	不低于 150
碾压终了的表面温度(℃)		钢轮压路机不低于 80
		轮胎压路机不低于 85
		振动压路机不低于 75

注:表中的温度要求为采用 50 号石油沥青的混合料施工温度要求。

2. 沥青混合料的运输

沥青混合料应采用大吨位的自卸汽车运输,车厢内应清扫干净,运输时用篷布覆盖,用以保温、防雨和防污染。连续摊铺过程中,运料车应在摊铺机前 10～30cm 处停下,挂空挡,靠摊铺机推动前进。

3. 沥青混合料的摊铺

混合料运至工地之前,清理好下承层(即前一层),进行施工放样,洒铺透层沥青。将拌和好的混合料装入自卸车运至工地。将运至工地的沥青混合料卸在摊铺机的料斗上,立即进行摊铺,如图 4-8 所示。摊铺时,根据试验段确定的松铺系数及相关摊铺机的各项参数进行摊铺。最后由一台摊铺机全幅摊铺,这样可以消灭施工接茬,避免质量缺陷。当不能一次全宽摊铺时,可由两台摊铺机呈梯队同时作业,梯队间距不宜过大,一般为 10～30m,两台摊铺带相接处,必须有一部分搭茬(重叠),宽度在 5～10cm。

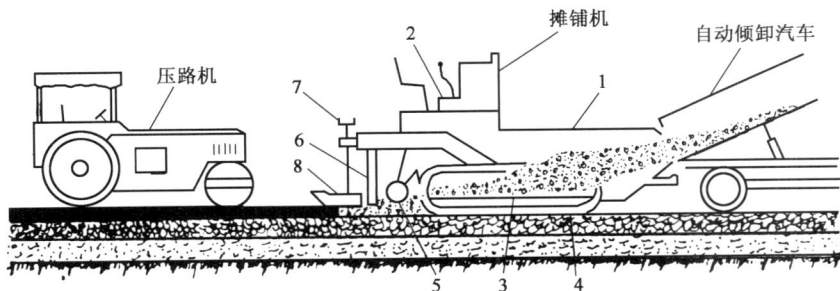

图 4-8　沥青混合料摊铺机作业示意图
1-料斗;2-驾驶台;3-送料器;4-履带;5-螺旋摊铺器;6-振捣器;7-厚度调节杆;8-摊平板

4. 混合料的压实成型

沥青混合料摊铺整平后,应及时进行碾压。沥青混合料碾压过程可分为初压、复压和终压三个阶段进行碾压。常用的压路机有钢筒式压路机、轮胎式压路机及振动压路机。沥青混合料压实宜采用钢筒式静态压路机与轮胎压路机或振动压路机组合的方式。

（1）初压

初压的目的是整平和稳定混合料,同时为复压创造有利条件,压实时注意其平整性。从外侧向中心碾压,相邻碾压带重叠 1/3 ~ 1/2 轮宽。用轻型钢筒式压路机或振动压路机(关闭振动装置)碾压两遍,使混合料得到初步稳定。

（2）复压

初压之后紧接着进行复压,复压的目的是使混合料密实、稳定、成型,是碾压过程中最重要的阶段,混合料能否达到规定的压实度,关键取决于这一阶段。复压宜采用重型的轮胎压路机,也可以采用振动压路机或三轮钢筒式压路机。采用轮胎压路机时,总质量不宜小于 15t,轮胎充气压力不小于 0.5MPa,相邻碾压带重叠 1/3 ~ 1/2 轮宽;采用钢筒式压路机时,总质量不宜小于 12t,相邻碾压带重叠 1/2 后轮宽;采用振动压路机时,振动频率宜为 35 ~ 50Hz,振幅宜为 0.3 ~ 0.8mm,相邻碾压带重叠 10 ~ 20cm。碾压遍数由试验段确定,不宜少于 4 遍,碾压至无显著轮迹。

（3）终压

终压紧接在复压之后,可选用双轮钢筒式压路机或关闭振动的振动压路机碾压 2 ~ 4 遍,以消除碾压过程中产生的轮迹,并确保路面的平整度。

在当天碾压尚未冷却的沥青混合料层面上,不得停放任何机械设备或车辆。

二、水泥混凝土路面

（一）水泥混凝土路面材料

水泥混凝土面板是由碎石、砂、水泥和水混合经拌和铺筑而成,为保证路面优良的使用品质,各种材料必须满足一定的技术要求。

1. 水泥

水泥是形成路面强度的主要材料,特重、重交通路面宜采用旋窑或普通硅酸盐水泥。中、轻交通的路面可采用矿渣硅酸盐水泥。

2. 集料

集料包括碎(砾)石和砂,必须质地坚硬、耐磨、洁净、尺寸大小配比符合要求,对于碎(砾)石,其最大粒径不应超过 40mm;砂用天然砂,最好为中砂,也可使用细度模数为 2.0 ~ 3.5 的砂。

3. 水

拌制和养护混凝土使用的水以饮用水为宜,对于非饮用水,应检验其硫酸盐含量和 pH 值,符合要求时也可使用。

4. 其他材料

其他材料如外加剂、钢筋、接缝材料等均应符合相关规定。

（二）施工准备

（1）根据公路等级的不同,水泥混凝土路面施工可采用不同的机械装备进行。例如:滑模摊铺机、轨道摊铺机、三辊轴机组、小型机具、碾压混凝土机械、计算机自动控制强制拌和楼（站）,见表4-8。

与公路等级相适应的机械装备　　　　　　　　表4-8

摊铺机械装备	高速公路	一级公路	二级公路	三级公路	四级公路
滑模摊铺机	√	√	√	◆	○
轨道摊铺机	◆	√	√	√	√
三辊轴机组	○	◆	√	√	√
小型机具	×	○	◆	√	√
碾压混凝土机械	×	○	√	√	◆
计算机自动控制强制拌和楼（站）	√	√	√	◆	○
强制拌和楼（站）	×	○	◆	√	√

注:1.符号含义:√表示应使用;◆表示有条件使用;○表示不宜使用;×表示不得使用。
　　2.各等级公路均不得使用体积计量、小型自落滚筒式搅拌机,严禁使用人工控制加水量。

（2）开工前,建设单位组织设计、施工、监理单位进行技术交底,施工单位根据实际情况进行施工组织设计,对各岗位技术人员和各种技术工人进行培训等工作。

（3）搅拌场应设置在摊铺路段的中间,场地内部布置要协调,各种材料要储备充足并不受污染。

（4）摊铺前应对相关设备和材料进行检查,按《公路水泥混凝土路面施工技术规范》（JTG/T F30—2014）相应规定进行。

（5）对基层进行全面检查,当基层产生纵、横向断裂、隆起或碾坏时,应采取有效措施彻底修复。

（三）水泥混凝土的拌制与运输

符合要求的材料按照设计配合比,经过准确地称量后送入搅拌机。搅拌机的生产能力要满足施工需要,根据不同的搅拌机械确定不同的拌和时间,拌和物出料温度控制在 10～35℃。拌和料应均匀一致,一台拌和楼每盘之间或各拌和楼之间,拌和物的坍落度最大允许偏差不能过大。

水泥混凝土的运输要选配车况良好,载质量为 5～20t 的自卸车,总运输能力比拌和能力略有富余。运输过程中,防止漏浆、漏料和污染路面,减小颠簸,防止混合物离析,一般情况下运输距离不大于 20km。

（四）水泥混凝土路面的铺筑

根据施工机械的不同,水泥混凝土路面的铺筑有不同的方法。除滑模机械铺筑外,其余铺筑方式均需在铺筑前在下承层上按要求安装模板。

1. 滑模机械铺筑

滑模机械铺筑一般适用于二级及以上等级公路。摊铺时,不需要在基层上安装模板,而是把模板固定在摊铺机上,随着摊铺机的前进,模板逐渐向前滑动,同时完成摊铺、振捣、成型等工序。摊铺时应注意:摊铺机应缓慢、匀速、连续不间断作业,摊铺速度控制在 0.5 ~ 3.0m/min。摊铺过程中应随时调整松方高度板控制进料位置,振捣频率控制在 6 000 ~ 11 000r/min。摊铺过程中采用自动抹平板装置进行抹面。摊铺结束后,在施工缝部位设置传力杆。

2. 三辊轴机组铺筑

三辊轴机组铺筑适用于二级及以下等级公路。铺筑作业时,布料与摊铺的速度应相适应,坍落度为 10 ~ 40mm,松铺系数为 1.12 ~ 1.25。当混合物布料长度大于 10m 时,开始振捣作业,振捣至表面不露粗集料,液化表面不再冒气泡并泛出水泥浆为止。面板振实后,随即安装纵缝拉杆。三辊轴整平机在一个作业单元长度(20 ~ 30m)内,采用前进振动、后退静滚方式,滚压 2 ~ 3 遍。

3. 轨道摊铺机摊铺

轨道摊铺机的摊铺方式适用范围较广。摊铺时,首先在基层上安装轨道和钢模板,然后将运送卸下的混凝土用轨道摊铺机配备的螺旋布料器进行布料,并在机械自重的作用下对路面进行初压,同时用插入振捣棒组进行振捣,抹平板随轨道摊铺机作业行进可在振捣后滑动并完成表面修整。摊铺时,坍落度控制在 20 ~ 40mm 之间。施工钢筋混凝土时,采用两台摊铺机两次布料。第一次布料完成后,将钢筋网安装好后进行第二次布料。轨道摊铺机配备振捣棒组,布料之后,采用适用的振捣方式进行振捣。

4. 小型机具铺筑

小型机具铺筑只能用于三级及以下混凝土拌和物摊铺前,对模板的位置及支撑稳固情况、传力杆、拉杆的安设进行检查。人工布料时,混凝土坍落度控制在 5 ~ 20mm,松铺系数为 1.1 ~ 1.25。振捣时,振捣棒在每一处的持续时间,以拌和物全面振动液化,表面不再冒气泡和泛水泥浆为止,并不少于 30s。在振捣棒已完成振实的部位,振动板开始纵横交错两遍以全面振实。面板振实后,每车道配备一根滚杠,拖动滚杠往返进行整平。

(五)面层抗滑构造施工与养生

1. 抗滑构造施工

摊铺完毕或精整平表面后,适用钢支架拖挂 1 ~ 3 层叠合麻布、帆布或棉布,洒水湿润后作拉毛处理。抗滑沟槽制作宜选用拉毛机械或人工施工,在混凝土表面泌水完毕 20 ~ 30min 内及时进行。特重和重交通混凝土路面宜采用硬刻槽,当抗压强度达到 40% 时开始,硬刻槽后随机将路面冲洗干净,并恢复路面养生。

2. 养生

混凝土路面铺筑完成或软作抗滑构造完毕后立即开始养生。养生包括养生剂养生和覆盖养生两种。

(1)养生剂养生:机械摊铺的水泥混凝土路面采用喷洒养生剂。采用该方式养生,喷洒养生剂时,应喷洒均匀,成膜厚度应足以形成完全密闭水分的薄膜。

（2）覆盖养生:用保湿膜、土工毡、土工布、麻袋、草袋、草帘等覆盖物保湿养生并及时洒水,以保持混凝土表面始终处于潮湿状态,在昼夜温差大于10℃以上的地区或日平均温度小于等于5℃施工的混凝土路面,采取保温保湿措施养生。

混凝土养生初期,严禁人、畜、车辆通行,在达到设计强度的40%后,行人方可通行。在路面养生期间,平交道口搭建临时便桥。面板达到设计弯拉强度后,方可开放交通。

三、半刚性基层

（一）石灰（水泥）稳定土（含碎石）基层

石灰（水泥）稳定土（含碎石）按施工方法不同可分为路拌法施工和中心站集中厂拌法施工。

1. 路拌法施工

路拌法施工工艺流程如图4-9所示。

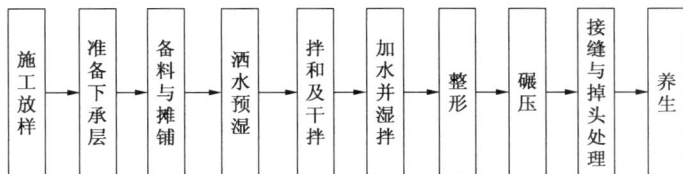

图4-9　石灰（水泥）稳定土路拌法施工工艺流程

2. 中心站集中厂拌法施工

高速公路和一级公路,应采用专用稳定土集中厂拌机械拌制混合料。在正式拌制混合料之前,必须先调试所用设备。拌试时,按事先做好的各种材料的比例供料。将拌成的混合料尽快运送到摊铺现场,用沥青混凝土摊铺机或稳定土摊铺机摊铺混合料。拌和机与摊铺机的生产能力应相互匹配。摊铺之后先用轻型两轮压路机在摊铺机后及时碾压,后用重型振动压路机、三轮压路机或轮胎压路机继续碾压密实。碾压完成并经压实度检查合格后,应立即开始养生。

水泥稳定土可采用湿砂进行养生,砂层厚度为7～10cm,铺匀砂后须立即洒水,并在整个养生期保持砂的潮湿状态,也可采用洒水车经常洒水进行养生的方法。养生期一般不少于7d。石灰稳定土每次洒水后用两轮压路机将表层压实,养生期一般也不少于7d。养生期间除洒水车外,应封闭交通。如采用了覆盖措施,应限制车速不得超过30km/h,并禁止重型车通过。

（二）石灰粉煤灰碎石基层

1. 路拌法施工

路拌法施工工艺流程如图4-10所示。

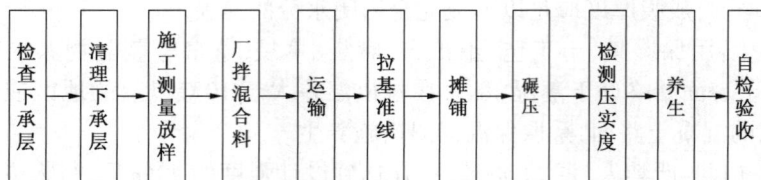

图 4-10　石灰粉煤灰碎石基层路拌法施工工艺流程

2. 中心站集中厂拌法施工

中心站集中厂拌法施工工艺流程如图 4-11 所示。

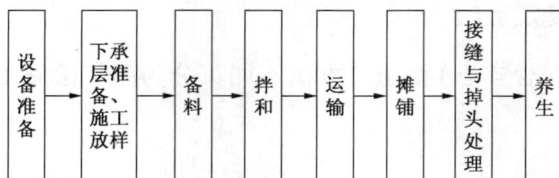

图 4-11　石灰粉煤灰碎石基层中心站集中厂拌法施工工艺流程

石灰粉煤灰碎石基层碾压完成后第二天或第三天开始养生,应始终保持表面潮湿,养生期一般为 7d,也可采用泡水养生法,养生期为 14d。在养生期间,除洒水车外,应封闭交通。

复习思考题

1. 路面应具备的性能有哪些?
2. 简述路面的结构及层次划分。
3. 按技术条件划分,路面等级可分为几级? 请分别举例。
4. 自然因素对路面的影响有哪些?
5. 反映沥青性质的主要指标有哪些?
6. 沥青路面有哪几种主要形式,请分别进行简述。
7. 水泥混凝土路面为什么设置纵缝和横缝?
8. 影响路面摩阻系数的因素有哪些? 路面防滑措施有哪些?
9. 简述沥青混凝土的施工方法。

第五章
CHAPTER FIVE

桥 梁

第一节　概述

　　桥梁不仅是一个国家文化的象征,更是生产发展和科学进步的写照。改革开放以来,我国公路建设进入了以高速公路为标志的快速发展阶段,公路投资力度不断增大,而在公路建设中,桥涵是重要的组成部分,不管是从数量还是造价上,桥梁都占有着重要的比例。

　　我国1954年发掘的西安半坡村(约公元前4000年)的新石器时代氏族村落遗址,是我国目前已发现的最早出现桥梁的地方。根据史料记载,在距今约3000年的周文王时期,我国就已在宽阔的渭河上架设过大型浮桥。公元35年东汉光武帝时,出现了架设在长江上的第一座浮桥。

　　古代桥梁所用材料,多为木、石、藤、竹之类的天然材料。锻铁出现以后,开始建造简单的铁链吊桥。由于当时的材料强度较低,受限于人们力学知识不足,所以古代桥梁的跨度都很小。而木、藤、竹类材料容易腐烂,致使能保留至今的古代桥梁多为石桥。

　　在秦汉时期,我国已经广泛修建石梁桥。世界上现存最长的、工程最艰巨的石梁桥是位于福建泉州的万安桥,始建于1053～1059年,桥长800多米。于1240年建造的福建漳州虎渡桥,是一座梁式石桥,长约335m,最大的石梁长达23.7m,由三根石梁组成,重达200多t,是人们利用潮水涨落浮运架设而成的。

　　通过出土的文物可证明,在东汉中期我国已经开始建造拱桥,富有民族风格的古代石拱桥技术,无论是结构的巧妙构思还是艺术造型的丰富多彩,都驰名中外。位于河北省的赵州桥(又称安济桥)是我国古代石拱桥的杰出代表。除此之外,还有其他著名的石拱桥包括北京的卢沟桥、苏州的枫桥等。我国古代桥梁的建筑,无论在其造型艺术、施工技巧、历史积淀及文化蕴涵还是在人文景观等方面,都曾为世界桥梁建筑史谱写了光辉的篇章。

　　中华人民共和国成立初期修复并加固了大量旧桥,随后在第一、二个五年计划期间,又修建了不少重要桥梁,使桥梁建设取得了迅速发展。在1957年,我国的第一座长江大桥——武汉长江大桥建成,结束了万里长江无桥的历史。在 1969 年,我国又成功地建成了南京长江大桥,这是我国自行设计、制造、施工并使用国产高强钢材的现代大型桥梁,是我国桥梁史上的一个重要标志。

在 20 世纪 80 年代之前,我国还没有一座真正意义上的现代化大跨径悬索桥和斜拉桥。进入 20 世纪 90 年代后,伴随着全球大规模公路建设的展开,我国积极吸纳了当今世界结构力学、材料学、建筑学的最新成果,使公路桥梁建设得到极大发展,在长江、黄河等大江大河和沿海海域,建成了一大批有代表性的世界级桥梁。目前,在 192 万千米的公路上,有各类桥梁 32 万多座、约 1 337.6 万延米,其中长度超过千米的特大型桥梁有 717 座。在跨径前 10 位的世界各类桥型中,斜拉桥我国就占了 6 座,悬索桥我国就内地占了两座,完成了由桥梁大国向桥梁强国的历史性跨越,桥梁也成为展示我国综合国力的窗口之一。

全部由中国人自己设计、施工、监理、管理,所用建筑材料和设备绝大部分也由我国自行制造或生产的润扬大桥是我国第一座由悬索桥和斜拉桥构成的特大型组合桥梁,其主桥为单孔双铰钢箱梁悬索桥,主跨径 1 490m,目前位居世界第三,可通行 5 万吨级巴拿马型货轮。润扬大桥建设条件复杂,技术含量非常高,施工难度特别大,被国际桥梁专家称为"中国奇迹"。

已经建成的主跨跨径达 1 088m 的苏通长江公路大桥创造了斜拉桥型的多项世界之最。在世界同类型桥梁中,苏通大桥的主塔最高、群桩基础规模最大、斜拉索最长、跨径最大。浙江舟山西堠门跨海大桥主跨跨径在目前的悬索桥中位居世界第二位。目前我国有 8 座斜拉桥、5 座悬索桥、5 座拱桥和 5 座梁桥分别在世界同类型桥梁中,按跨径排序居前 10 位。我国公路桥梁建设技术水平已跻身世界先进行列。杭州湾跨海大桥全长 36km,是目前世界上第三长公路跨海大桥。此外,还有东海大桥、崇明岛过江通道、深港西部通道、珠港澳大桥等一批世界级桥梁正在建设中或进行前期工作中,它们的建成将会再次吸引世界的目光,并极大地丰富世界桥梁宝库。

第二节　桥梁的基本组成和分类

一、桥梁的基本组成和尺寸

(一)基本组成

图 5-1 和图 5-2 分别表示公路上所用的梁桥及拱桥的结构图式。从图中可见,一般桥梁由上部结构和下部结构组成。

1.上部结构

上部结构又称桥跨结构,其包括承重结构和桥面系,是路线遇到障碍(如河流、山谷等)而中断时跨越障碍的建筑物。它的作用是承受车辆荷载,并将车辆荷载通过支座传递给墩台。

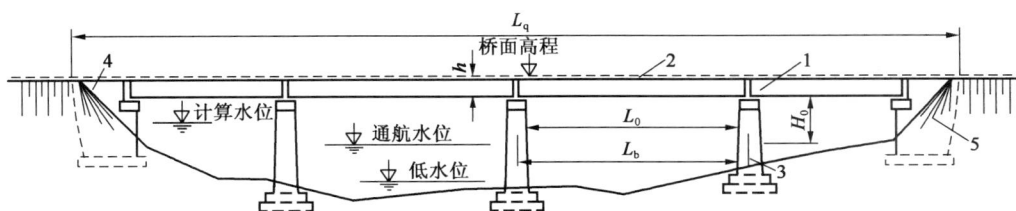

图 5-1　梁桥基本组成部分
1-主梁;2-桥面;3-桥墩;4-桥台;5-锥坡

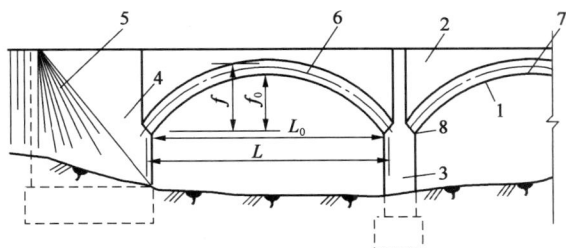

图 5-2　拱桥基本组成部分
1-拱圈;2-拱上结构;3-桥墩;4-桥台;5-锥形护坡;6-拱轴线;7-拱顶;8-拱脚

2. 下部结构

下部结构包括桥墩和桥台,是支承上部结构的建筑物。它的作用是支承上部结构并将结构重力和车辆荷载传给地基。桥台还与路堤相衔接,以抵御路堤土压力,防止路堤填土的滑坡和坍落。桥墩和桥台中使全部荷载传至地基的底部地基部分,通常称为基础。它是确保桥梁能安全使用的关键。由于基础往往深埋于土层之中,并且需在水下施工,故也是桥梁建筑中比较困难的一个部分。

一座桥梁中在桥跨结构与桥墩或桥台的支承处所设置的传力装置,称为支座。它不仅要传递很大的荷载,并且要保证桥跨结构能产生一定的变位。

3. 附属结构

附属结构包括桥头路堤锥形护坡、护岸、导流结构等。锥形护坡的作用是防止路堤填土向中间坍塌,并抵御水流的冲刷。它一般是用石头砌筑的。

河流中的水位是变动的,枯水季节的最低水位称为低水位;洪峰季节河流中的最高水位称为高水位。桥梁设计中按规定的设计洪水频率计算所得的高水位,称为设计洪水位。

(二)基本尺寸

桥梁的基本尺寸主要是指长度和高度两个方向的尺寸,如图 5-1 和图 5-2 所示。

1. 长度尺寸

(1)净跨径:对于梁式桥,是指设计洪水位上相邻两个桥墩(或桥台)之间的净距,用 l_0 表示;对于拱式桥,是指每孔拱跨两个拱脚截面最低点之间的水平距离。

(2)总跨径:是多孔桥梁中各孔净跨径的总和,也称桥梁孔径(L),它反映了桥下宣泄洪水的能力,用以反映建设规模。

(3)计算跨径:对于具有支座的桥梁,是指桥跨结构相邻两个支座中心之间的距离,用 l 表示。对于拱式桥,是拱跨两拱脚截面重心点之间的水平距离。不设支座的为上、下部结构相交面中心间的水平距离。桥跨结构的力学计算是以 l 为基准的。

(4)标准跨径:梁桥为桥墩中线或台背前缘间的距离;拱桥为净跨径;用 L_k 表示。

(5)桥梁全长:简称桥长,是桥梁两端两个桥台的侧墙或八字墙后端点之间的距离,以 L_q 表示。

2.高度尺寸

(1)桥梁高度

桥梁高度简称桥高,是指桥面与低水位之间的高差或桥面与桥下线路路面之间的距离,以 H 表示。桥高在某种程度上反映了桥梁施工的难易性。

(2)桥下净空高度

桥下净空高度是设计洪水位或计算通航水位至桥跨结构最下缘之间的距离,以 H_0 表示。它应保证能安全排洪,并不得小于对该河流通航所规定的净空高度。

(3)建筑高度

建筑高度是桥上行车道顶面至桥跨结构最下缘之间的距离,以 h 表示。它不仅与桥跨结构的体系和跨径大小有关,而且还随行车部分在桥上布置的高度位置而异。公路定线中所确定的桥面高程,与通航净空顶部高程之差,又称为容许建筑高度。显然,桥梁的建筑高度不得大于其容许建筑高度,否则就不能满足桥下的通航要求。

(4)净矢高

净矢高是指拱桥从拱顶截面下缘至相邻两拱脚截面下缘最低点之连线的垂直距离,以 f_0 表示。

(5)计算矢高

计算矢高是指从拱顶截面形心至相邻两拱脚截面形心之连线的垂直距离,以 f 表示。

(6)矢跨比

矢跨比是拱桥中拱圈(或拱肋)的计算矢高 f 与计算跨径 l 之比(f/l),也称拱矢度,它是反映拱桥受力特性的一个重要指标。

此外,我国《标准》中规定,当标准设计或新建桥涵跨径≤50m 时,宜采用标准跨径 L_k。对于梁式桥,它是指两相邻桥墩中线之间的距离,或墩中线至桥台台背前缘之间的距离;对于拱式桥,则是指净跨径。根据《标准》规定,桥涵的标准跨径有:0.75m、1m、1.25m、1.5m、2m、2.5m、3m、4m、5m、6m、8m、10m、13m、16m、20m、25m、30m、35m、40m、45m、50m。

3.宽度尺寸

桥面净宽是指两侧人行道内缘间的宽度。它包括桥面行车道宽度、中间带宽度和慢行道宽度。

二、桥梁的分类

(一) 按桥梁主要承重构件的受力情况分类

1. 梁式桥

梁式桥的主要承重构件是梁(板),在受竖向荷载作用下无水平反力,桥跨结构主要承受弯矩的作用,桥墩和基础受竖向力。根据桥梁跨径的大小、地质情况、材料情况等因素,一般可分为简支梁桥、连续梁桥、悬臂梁桥,如图 5-3 所示。

(1) 简支梁桥

简支梁桥是公路桥梁中最常见的一种梁式桥形式,属静定结构,且相邻桥孔各自单独受力,故最宜设计成各种标准跨径的装配式构件。一般采用一个固定支座和一个活动支座将梁支撑在墩台上,梁身承受正弯矩(使梁身下部受拉,上部受压的弯矩)。每一片梁与桥墩或桥台组成一个桥跨,相邻桥跨之间没有关系。鉴于多孔简支梁桥各跨的构造和尺寸化一,从而就能简化施工管理工作,并降低施工费用,如图 5-3a)所示。

(2) 连续梁桥

连续梁桥是由几个跨梁连接成的一个整体,即几跨连成一联,每联由一个固定支座和几个活动支座将梁支撑在墩台上。梁身中部受正弯矩,每个支座处受负弯矩(使梁身下部受压,上部受拉的弯矩),由于在荷载作用下支点截面产生负弯矩,从而显著减小了跨中的正弯矩,这样不但可减小跨中的建筑高度,而且能节省钢筋混凝土,跨径增大时,这种节省将十分显著。但由于连续梁桥属超静定结构,故对地基要求较高,否则,在墩台基础发生不均匀沉陷时,在桥跨结构内会产生附加内力,如图 5-3b)所示。

(3) 悬臂梁桥

悬臂梁桥的特点是梁有悬臂的部分,两个悬臂之间的部分称为挂梁。一端悬出的称为单悬臂梁桥,两端悬出的称为双悬臂梁桥。在受力上,悬臂处产生负弯矩,根部产生正弯矩,与连续梁相仿,可节省材料用量。悬臂梁桥属于静定结构,墩台基础发生不均匀沉陷时,桥跨结构内不会产生附加内力,如图 5-3c)所示。

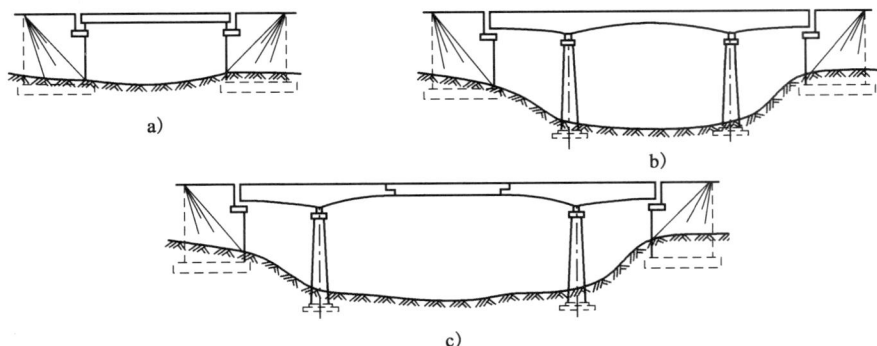

图 5-3　梁式桥示意图
a)简支梁桥;b)连续梁桥;c)悬臂梁桥

2. 拱桥

拱桥的桥跨结构是拱，即两端支撑在墩台上的曲梁，如图5-4所示。这种结构在竖向荷载的作用下，桥墩或桥台还要承受水平推力，所以下部结构和地基必须能经受住很大的水平推力。拱桥截面形式有圆弧形、抛物线形、悬链线形等。拱桥的跨越能力很大，外形也比较美观，但施工相对较困难。根据承重结构的不同位置，如果是车辆在主要承重结构之上行驶的拱桥，则称为上承式拱桥，如图5-4a)所示；如果是车辆在主要承重结构之下行驶的拱桥，则称为下承式拱桥，如图5-4b)所示；图5-4c)则为中承式拱桥。

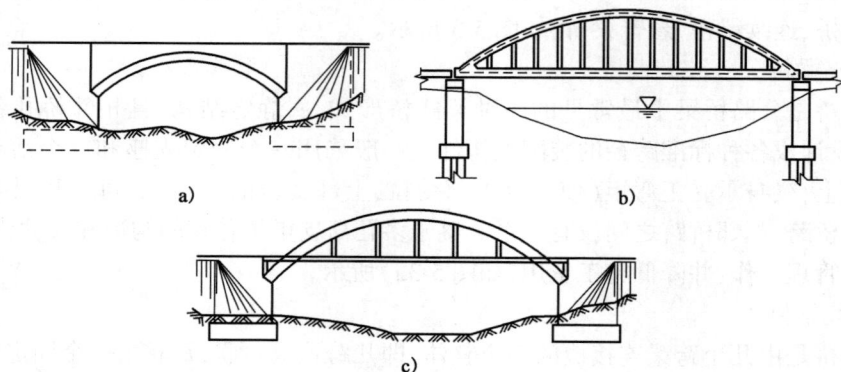

图5-4　拱桥示意图
a)上承式拱桥；b)下承式拱桥；c)中承式拱桥

3. 刚架桥

刚架桥是上部结构与桥墩固结在一起，具有很大的刚性的桥梁形式。在立面上呈"T"形。在竖向荷载作用下，梁部主要受正弯矩，上部结构与桥墩固结处为负弯矩，桥墩不但受竖向力作用，还要受到弯矩。其受力状态介于梁桥与拱桥之间，如图5-5所示。

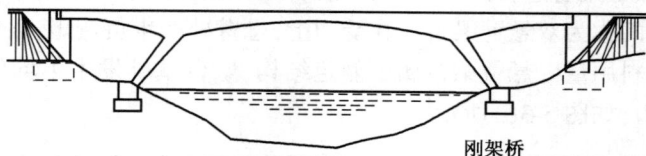

图5-5　刚架桥示意图

4. 吊桥

吊桥(也称悬索桥)主要由桥塔、锚碇、主缆、吊索、加劲梁及鞍座等部分组成，如图5-6所示。加劲梁在吊索的悬吊下，相当于多个弹性支承上的连续梁，弯矩显著减小；吊索将主梁的重力传递给主缆，承受拉力；桥塔将主缆支起，主缆承受拉力，并被两侧的锚碇锚固；桥塔承受主缆的传力，主要受轴向压力，并将力传递给基础。

吊桥结构受力性能好，其轻盈悦目的抛物线形、强大的跨越能力，深受人们的欢迎。

5. 组合体系桥梁

（1）斜拉桥

斜拉桥由斜索、塔柱和主梁组成，用高强钢材制成的斜索将主梁多点吊起，并将主梁的荷载传至塔柱,再通过塔柱传至基础。常用的斜拉桥有三跨双塔式、独塔式等结构形式,如图 5-7 所示。

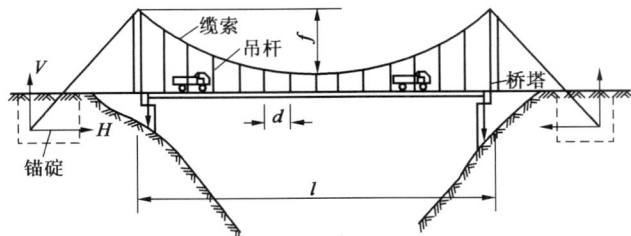

图 5-6　吊桥示意图

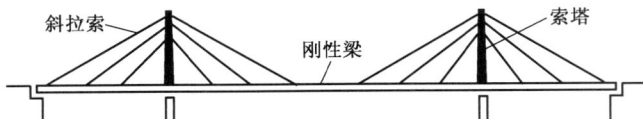

图 5-7　斜拉桥示意图

（2）梁、拱组合体系

梁、拱组合体系有系杆拱、木桁架这种拱、多跨拱梁结构等,它们是利用梁的受弯与拱的承压特点组成联合结构。其中梁和拱都是主要承重物,两者相互配合,共同受力,如图 5-8 所示。

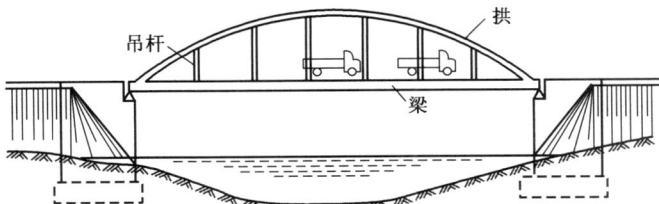

图 5-8　系杆拱桥简图

（二）其他分类方法

（1）桥梁按其全长和跨径的不同,分为特大桥、大桥、中桥、小桥。《标准》规定的划分标准如表 5-1 所示。

桥梁涵洞分类　　　　　　　　　　　　　　　　　　　表 5-1

桥涵分类	多孔跨径总长 $L(\mathrm{m})$	单孔跨径 $L_k(\mathrm{m})$
特大桥	$L > 1\,000$	$L_k > 150$
大桥	$100 \leqslant L \leqslant 1\,000$	$40 \leqslant L_k \leqslant 150$
中桥	$30 < L < 100$	$20 \leqslant L_k < 40$
小桥	$8 \leqslant L \leqslant 30$	$5 \leqslant L_k < 20$
涵洞	—	$L_k < 5$

注:1. 单孔跨径系指标准跨径。
　　2. 梁式桥、板式桥的多孔跨径总长为多孔标准跨径的总长;拱式桥为两端桥台内起拱线间的距离;其他形式桥梁为桥面系车道长度。
　　3. 管涵及箱涵不论管径或跨径大小、孔数多少,均称为涵洞。
　　4. 标准跨径:梁式桥、板式桥以两桥墩中间线距离或桥墩中线与台背前缘间距为准;拱式桥和涵洞以净跨径为准。

（2）按承重结构物材料，划分为圬工桥（包括砖、石、混凝土）、钢筋混凝土桥、预应力混凝土桥、钢桥和木桥等。目前我们常用的是钢筋混凝土桥、预应力混凝土桥以及石拱桥。

第三节　桥梁总体设计

一、设计的基本要求和设计资料

1. 桥梁设计的基本要求

我国桥梁设计必须遵循"安全、实用、经济、美观"的基本原则。

（1）使用上的要求

桥梁设计必须满足车辆畅通无阻、安全和舒适的要求；要根据桥梁所在地区的国民经济发展情况既要满足当前交通量的需求，又要顾及将来交通量增长的要求；既要满足运输的要求，又要满足农田排灌的要求；在通航的河道上，应满足航运的要求；要考虑养护和维修方面的要求。

（2）设计上的要求

桥梁设计应积极采用新结构、新技术、新材料、新工艺，认真学习国外的先进技术，充分利用国际最新科学技术成就，结合我国具体情况不断创新，提高建桥水平。

（3）施工上的要求

桥梁的结构应便于制造，在运输和安装过程中应具有足够的强度、刚度和稳定性。

（4）经济上的要求

桥梁的设计方案必须进行技术经济比较。一般来说，应使桥梁的造价最低、材料消耗最少。然而，绝不能只以建筑造价作为全面衡量桥梁经济性的指标，除此之外，还要考虑到桥梁的使用年限、养护和维修费用等因素综合进行评价。

（5）美观上的要求

在满足上述要求的前提下，尽可能使桥梁具有优美的建筑外形，并与周围的景物相协调。合理的轮廓是美观的重要因素，不应把美观片面地理解为豪华的细节装饰。

2. 设计资料的调查

（1）调查桥梁的使用要求

调查桥上的交通种类、车辆荷载等级、交通量及其增长率和行人情况，据此确定设计荷载标准、车道数目、行车道宽度及人行道宽度。

（2）选择桥位

原则上，一般大、中桥桥位应服从路线的总方向，路桥综合考虑。一是从整个路线或路网要求看，在降低桥梁建养费用的同时，也要避免产生或减少因车辆绕行而增加的费用；二是从桥梁本身的经济性和稳定性出发，要求桥位要选在河道顺直、水流稳定、河面较窄、地质良好、冲刷较小的河段上，以降低建养费用，同时避免因冲刷过大造成桥梁倒塌。在条件许可的情况下,尽量使桥梁与河流正交,以免增加桥梁长度而提高造价。

对小桥来说,原则上,桥梁位置要服从路线走向,当遇到不利的地形、地质和水文条件时,应采取适当的技术措施,尽可能不改变路线走向。

一般大、中桥应选择 2~5 个桥位,进行综合比较,选择最合理的桥位。

(3)测量桥位附近的地形和河床断面

包括测量桥位处的地形、地物,并绘成平面地形图;测量河床断面上地形变化点处的桩号、高程,绘制河床断面图,供设计和施工使用。

(4)调查地质资料

按相关标准规定和要求,采用适当的方法获得所需的地质资料,如:根据桥梁分孔情况确定钻孔数量和位置,并将钻孔资料绘成地质剖面图,作为基础设计的依据。

(5)调查和收集水文资料

水文资料用以确定桥面高程、跨径和基础埋深。内容包括:

①河道性质:河床及两岸的冲刷和淤积,河道的自然变迁及人工规划,判断是否为季节性河流。

②测量桥位处河床断面、河床比降,调查河槽各部分的形态、高程和粗糙率,计算流速、流量等,通过计算确定设计水位处的平均流速和流量,结合河道性质可以确定桥梁所需要的最小总跨径,选择通航孔的位置和墩台基础形式及埋置深度。

③调查了解洪水位的多年历史资料,通过分析推算设计洪水位。

④向航运管理部门了解和协商确定设计通航水位和净空等,根据通航要求与设计洪水位,确定桥梁的分孔跨径与桥跨底缘设计高程。

⑤调查桥位附近的气象和地震情况,例如:风向、风速及有记载的地震资料。

⑥其他资料:劳动力资源、建材供应情况、电力供应情况、当地运输条件、施工场地等。

根据调查、勘测所得的资料,可以拟出几个不同的桥梁比较方案。方案包括:不同的桥位、不同的结构形式、不同的材料、不同的分孔和跨径等,通过综合比较,从中选出最合理的方案。

二、桥梁设计程序

根据国家基本建设程序的要求,我国大、中桥梁的设计已形成了科学的包括技术、经济及组织工作在内的设计程序。它分为前期工作及设计阶段,前期工作包括编制预可行性研究报告和可行性研究报告。大、中桥一般采用两阶段设计,即初步设计、施工图设计;小桥一般采用一阶段设计。

1.前期工作

前期工作主要是预可行性研究报告与可行性研究报告的编制,两者应包括的内容及目的基本是一致的,只是研究的深度不一样。预可行性研究报告着重研究建设上的必要性和经济上的合理性;可行性研究报告则是在预可行性研究报告审批后,在必要性和合理性得到确认的基础上,着重研究工程上和投资上的可行性。前期工作的重点在于论证建桥的必要性、可行性,并确定建桥的地点、规模、投资控制等宏观问题和重大问题。

2. 初步设计

由计划部门下达的设计任务书是进行初步设计的依据,任务书中规定了桥位、建桥标准、建桥规模。

初步设计的主要工作内容包括：

(1)进一步开展水文、勘测工作

通过进一步的水文工作提供基础设计和施工所需要的水文资料;进行初勘,建立以桥位中心线为轴线的控制三角网,提供桥址范围内 1 : 2 000 的地形图。

(2)桥型方案比较

一般应进行多个方案比较,各个方案均要提供桥型方案布置图,图上必须标明桥跨布置,上、下部结构形式及工程数量。对推荐方案还要提供上、下部结构的结构布置图,以及一些主要的及特殊部位的细节构造图,各类结构都需要经过验算并提出可行的施工方案。

(3)施工组织设计

对推荐的桥型方案要编制施工组织设计,包括主要结构的施工方案、施工设备清单、建材供应、施工安排及工期等。

(4)概算

根据工程量、施工组织设计及标准定额编制概算,各个桥型方案都要编制相应的概算,以便进行不同方案工程费用的比较。

按照规定,初步设计概算不能大于前期工作已批准的估算的 10%,否则方案应重新编制。

3. 施工图设计

(1)进行施工钻探,以满足施工的需要。

(2)根据批准的初步设计,进行结构分析计算,绘制施工图,计算工程数量。

(3)根据施工设计资料编制工程预算。

三、桥梁的纵断面和横断面设计

1. 桥梁的纵断面设计

桥梁纵断面设计的内容包括确定桥梁的总跨径、桥梁的分孔、桥梁的高度、基础埋置深度、桥面高程和桥头引道的纵坡等。

桥梁的总跨径和桥梁的高度应能满足桥下洪水的安全宣泄。

桥梁的分孔与许多因素有关,最经济的跨径就是使上部结构和下部结构的总造价最低。因此,当桥墩较高或地质不良、基础工程较复杂而造价较高时,桥梁跨径就选得大些;反之,当桥墩较矮或地质较好时,跨径就可小些。在实际设计中,应对不同的跨径布置进行方案比较,选择最经济的跨径和孔数。在通航的河流上,首先应以考虑桥下通航的要求来确定孔径。

桥梁高度的确定,应结合桥型、跨径大小等综合考虑,同时还应考虑以下几个问题：

(1)桥梁的最小高度应保证桥下有足够的流水净空高度。

(2)在通航河流上,必须设置一个或几个保证桥下有足够通航净空的通航孔。通航孔的最小净高应根据不同航道等级所规定的桥下净空尺寸确定。

（3）设计跨越路线（铁路或公路）的立体交叉桥时，应保证桥下通行车辆的净空高度。

2. 桥梁横断面设计

桥梁横断面设计，主要是确定桥面净宽和与此相适应的桥跨结构横断面的布置。

为了保证车辆和行人可以安全通过，应在桥面以上垂直于行车方向保留一定限界的空间，这个空间称为桥面净空。它包括净宽和净高，其尺寸应符合公路建筑界限的规定，如图 5-9 所示。

桥面净宽包括行车道宽度和侧向宽度。桥梁所在公路的等级和性质决定行车道宽度。

高速公路上的桥梁不宜设人行道。一、二、三、四级公路上桥梁的桥上人行道和自行车道的设置，应根据需要而定，并应与前后路线布置协调。人行道、自行车道与行车道之间，应设护栏或路缘石等分隔设施。一条自行车道的宽度应为 1.0m；当单独设置自行车道时，不宜小于两条自行车道的宽度。人行道的宽度宜设为 1.0m；大于 1.0m 时，按 0.5m 的级差增加。漫水桥和过水路面可不设人行道。

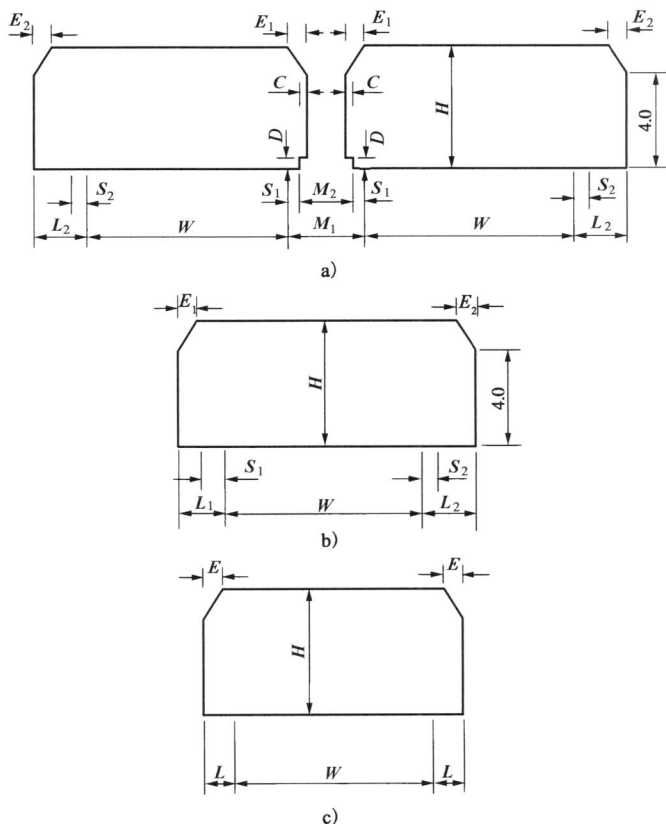

图 5-9　建筑界限（尺寸单位：m）

a）高速公路、一级公路（整体式）；b）高速公路、一级公路（分离式）；c）二、三、四级公路

图 5-9 中的字母的意义：

W——行车道宽度；

L_1——左侧硬路肩宽度;

L_2——右侧硬路肩宽度;

S_1——左侧路缘带宽度;

S_2——右侧路缘带宽度;

L——侧向宽度;二级公路的侧向宽度为硬路肩宽度。三、四级公路的侧向宽度为路肩宽度减去0.25m;设置护栏时,应根据护栏需要的宽度加宽路基;

C——当计算行车速度>100km/h时为0.5m,≤100km/h时为0.25m;

D——路缘石高度,一般≤0.25m;高速公路可不设路缘石;

M_1——中间带宽度;

M_2——中央分隔带宽度;

E——建筑限界顶角宽度,当L≤1m时,$E=L$;L>1m时,$E=1$m;

E_1——建筑限界顶角宽度,当L_1<1m时,$E_1=L_1$,或S_1+C<1m,$E_1=S_1+C$;当L_1≥1m或 S_1+C≥1m时,$E_1=1$m;

E_2——建筑限界顶角宽度,$E_2=1$m;

H——净空高度(简称净高),一条公路应采用同一净高,高速公路、一级公路、二级公路的净高应为5m;三级公路、四级公路的净高应为4.50m。

为了满足桥面上排水的需要,桥面应根据不同类型的桥面铺装,设置从桥面中央倾向两侧的1.5%～3.0%的横坡;人行道设置向行车道倾斜1%的横坡。

四、桥型选择的影响因素

桥型的选择,必须满足安全、实用、经济、美观和环保的原则,结合到每一个具体的结构形式,它又与地质、水文、地形等因素有关。因此,在选择桥型时,必须综合考虑各方面的影响因素,确定最合理的桥型方案。

影响桥型选择的因素有很多,按这些因素的特点、作用和地位,可以将其分为独立因素、主要因素和限制因素。

1.独立因素

桥梁的长度、宽度和通航孔大小等是桥型选择的独立因素,在计划部门下达的设计任务书中已作了具体规定,设计部门无权随意改动。

2.主要因素

所选桥型是否经济是桥型选择时必须考虑的主要因素,是无论何时何地修建桥梁都必须考虑的条件。

3.限制因素

地质、地形、水文、航运、气候等条件是桥型选择的限制因素。

地质条件影响桥型(基础类型)和工程造价。地形、水文条件将影响到桥型、基础埋置深度、水中桥墩数量等,这些也影响到工程造价。比如,在高山峡谷、水流湍急的河道建造单孔桥应避免修建水中桥墩比较合理;而在水下基础施工困难的地方,适当地将跨径增大,避开困难的水下工程,可取得良好的经济效益。采用标准跨径的桥涵宜采用装配式结构。

第四节 作用

公路桥涵设计采用的作用分为永久作用、可变作用、偶然作用和地震作用四类。

一、永久作用

永久作用是指在设计基准期内始终存在且其量值变化与平均值相比可以忽略不计的作用，或其变化是单调的并趋于某个限值的作用。永久作用包括结构重力、预加力、混凝土收缩和徐变、水浮力及基础变位作用等。

二、可变作用

可变作用是指在设计基准期内其量值随时间而变化，且变化值与平均值相比不可忽略不计的作用。可变作用主要包括汽车荷载、人群荷载、汽车冲击力、汽车离心力等形式。

由于篇幅原因，本节将重点介绍可变作用中的汽车荷载和人群荷载。

1. 汽车荷载

（1）汽车荷载分为公路—Ⅰ级和公路—Ⅱ级两个等级。汽车荷载由车道荷载和车辆荷载组成。桥梁结构的整体计算采用车道荷载，桥梁结构的局部荷载、涵洞、桥台和挡土墙压力等的计算采用车辆荷载，车道荷载与车辆荷载的作用不得叠加。

（2）各级公路桥涵设计的汽车荷载等级应符合表 5-2 的规定。

各级公路汽车荷载等级 表 5-2

公路等级	高速公路	一级公路	二级公路	三级公路	四级公路
汽车荷载等级	公路—Ⅰ级	公路—Ⅰ级	公路—Ⅰ级	公路—Ⅱ级	公路—Ⅱ级

注：1. 二级公路作为集散公路且交通量小、重型车辆少时，其桥涵的设计可采用公路—Ⅱ级汽车荷载。

2. 对交通组成中重载交通比重较大的公路桥涵，宜采用与该公路交通组成相适应的汽车荷载模式进行结构整体和局部验算。

（3）车道荷载的计算图示如图 5-10 所示。

计算跨径 L_0(m)	$L_0 \geq 5$	$5 < L_0 < 50$	$L_0 \geq 50$
P_k(kN)	270	$2(L_0+130)$	360

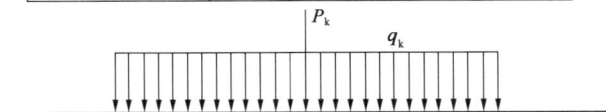

图 5-10 车道荷载

公路—Ⅰ级车道荷载的均布荷载标准值为 $qk = 10.5 \text{kN/m}$，集中荷载标准值 P_k 按照图 5-11 选取。计算剪力效应时，上述集中荷载标准值应乘以系数 1.2。

注:计算跨径 L_0,设支座的为相邻两支座中心间的水平距离;不设支座的为上、下部结构相交,中心间的水平距离。

公路—Ⅱ级车道荷载的均布荷载标准值 q_k 和集中荷载标准值 P_k 按公路—Ⅰ级车道荷载的 0.75 倍采用。

车道荷载的均布荷载标准值应满布于使结构产生最不利效应的同号影响线上,集中荷载的标准值只作用于相应影响线中一个影响线峰值处。

公路—Ⅰ级和公路—Ⅱ级汽车荷载采用相同的车辆荷载标准值,其主要技术指标如表5-3所示。

车辆荷载主要技术指标   表 5-3

项　　　目	单　　　位	技术指标
车辆重力标准值	kN	550
前轴重力标准值	kN	30
中轴重力标准值	kN	2×120
后轴重力标准值	kN	2×140
轴距	m	$3 + 1.4 + 7 + 1.4$
轮距	m	1.8
前轮着地宽度及长度	m	0.3×0.2
中、后轮着地宽度及长度	m	0.6×0.2
车辆外形尺寸(长×宽)	m	15×2.5

车辆荷载的立面、平面尺寸如图5-11所示。

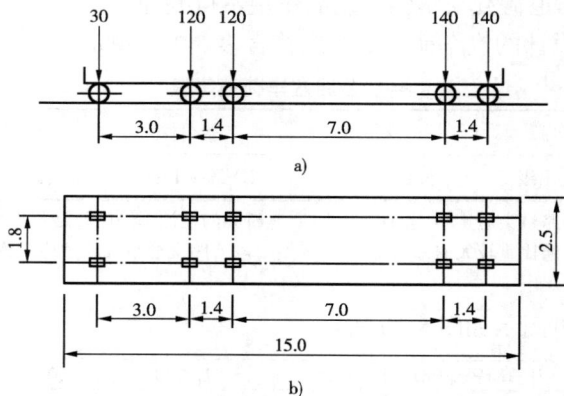

图 5-11　车辆荷载的立面、平面尺寸(尺寸单位:m;荷载单位:kN)
a)立面布置;b)平面尺寸

桥涵设计车道数应按照标准规定选取。横桥向布置多车道汽车荷载时,应考虑汽车荷载的折减;布置一条车道汽车荷载时,应考虑汽车荷载的增加。横向车道布载系数应满足现阶段标准的要求,多车道布载效应不得小于两车道布载的荷载效应。大跨径桥梁应按标准规定考虑车道荷载纵向折减。

2.人群荷载

公路桥梁设有人行道的桥梁,应同时计入人群荷载。

(1)人群荷载标准值应按表 5-4 的规定采用,对跨径不等的连续结构,以最大计算跨径为准。

人群荷载技术指标 表 5-4

计算跨径 L_0 (m)	$L_0 \leqslant 50$	$50 < L_0 < 150$	$L_0 \geqslant 150$
人群荷载(kN/m^2)	3.0	$3.25 = 0.005L_0$	2.5

(2)非机动车、行人密集的公路桥梁,人群荷载标准为上述标准值的 1.15 倍。

(3)专用人行桥梁,人群荷载标准值为 3.5kN/m^2。

三、偶然作用

偶然作用包括船舶或漂流物的撞击作用及汽车的撞击作用。这种荷载在设计使用期内不一定出现,但一旦出现,其持续时间较短而危害较大。

船舶的撞击作用的设计值宜按专题研究确定,也可参照相应的规范标准取值;有漂流物的水域中的桥梁墩台,设计时应考虑漂流物的撞击作用;对于桥梁结构,必要时可考虑汽车的撞击作用。

四、地震作用

公路桥梁地震作用应符合现行《公路工程抗震规范》(JTG B02—2013)和《公路桥梁抗震设计细则》(JTG/T B02-1—2008)的规定。

第五节 桥梁上部结构构造

桥梁的组成基本上是一样的,但由于桥梁分为不同类型,因此它们又各具特色。本节主要对钢筋混凝土梁桥和拱桥分别进行简单介绍。

一、梁桥上部结构

按照施工方法的不同,梁桥分为整体式和装配式两类。整体式是上部结构在桥位上整体现场浇筑而成。其特点是结构整体性好、刚度大,但因需现场浇筑,施工速度慢、工业化程度低。装配式是利用运输和起重设备将预制的独立构件运到桥位现场,进行起吊、安装、拼接。

(一)梁的横断面形式

梁桥的上部结构根据截面的形式,一般分为板梁桥、肋板式梁桥和箱形梁桥。

1. 板梁桥

板梁桥简称板桥,其承重结构就是矩形截面的混凝土梁板,如图 5-12 所示。其主要特点是构造简单、施工方便且建筑高度小,但跨径不能太大,一般情况下,简支板桥的跨径只在 10m 以下。根据力学特性,可对矩形板桥进行优化设计,做成留有圆洞的空心板或将下部稍加挖空的矮肋式板,以减轻自重,增大跨径。为方便施工,也可将梁板制成由几块预制的实心板条拼接起来,形成装配式,如图 5-13 所示。

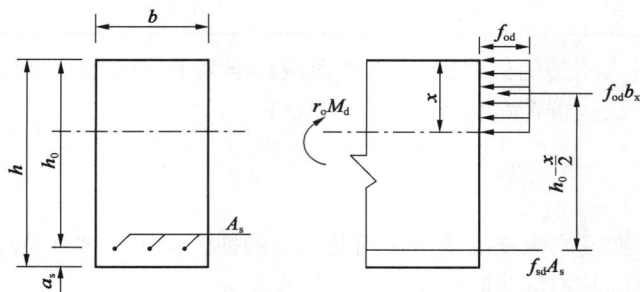

图 5-12　矩形板横断面

预制空心板截面中间形式很多,图 5-13 为几种常用的空心板截面形式。挖成单个较宽的孔洞,其挖空体积最大,重量也最轻,但在顶板内要布置一定数量的横向受力钢筋。图 5-13a)的顶板略呈微弯形,可以节省一些钢筋,但模板较图 5-13b)复杂。图 5-13c)空心板为两个正圆孔,当用无缝钢管作芯模时施工方便,但其挖空体积较小,自重较大。图 5-13d)的芯模由两个半圆及两块侧模组成,挖空体积较大,自重小,适用性好。

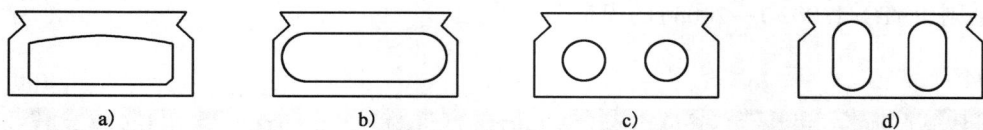

图 5-13　改进的板桥横断面

2. 肋板式梁桥

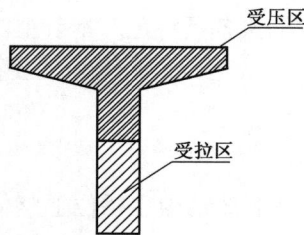

图 5-14　肋梁式 T 形截面

在横断面内形成明显肋形结构的梁桥称为肋板式梁桥。在这种桥上,梁肋与顶部的钢筋混凝土桥面板结合在一起作为承重结构,如图 5-14 所示。这种形式显著减轻了结构自重,跨越能力较板桥有了很大提高,一般中等跨径(13～15m)的梁桥采用这种形式。为施工方便,一般情况下,将梁预制成"T"形断面的单个梁(简称 T 梁),然后进行安装拼接(简称装配式 T 形梁桥)。在每一片 T 梁上通常设置待安装就位后相互连接用的横隔梁,以保证全桥的整体性。

3. 箱形梁桥

横断面呈一个或几个封闭箱形的梁桥称为箱形梁桥。与肋板式梁桥不同的是,箱形梁桥不但跨越能力较大,而且抗扭刚度也特别大,一般用于较大跨径的悬臂梁桥和连续梁桥,如

图 5-15 所示。其中,箱梁可分为单室或多室的整体式以及多室装配式箱梁。

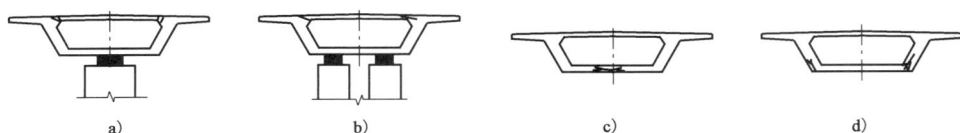

图 5-15　箱形梁桥横断面

(二) 梁桥上部构造

梁桥的上部结构一般有钢筋混凝土梁(板)和预应力混凝土梁(板)两种。

1. 钢筋混凝土简支梁桥

图 5-16 是一孔混凝土简支梁桥的上部构造图。从图中可以看出,简支梁上部结构由主梁、横隔梁、桥面板、桥面系以及支座等部分组成。

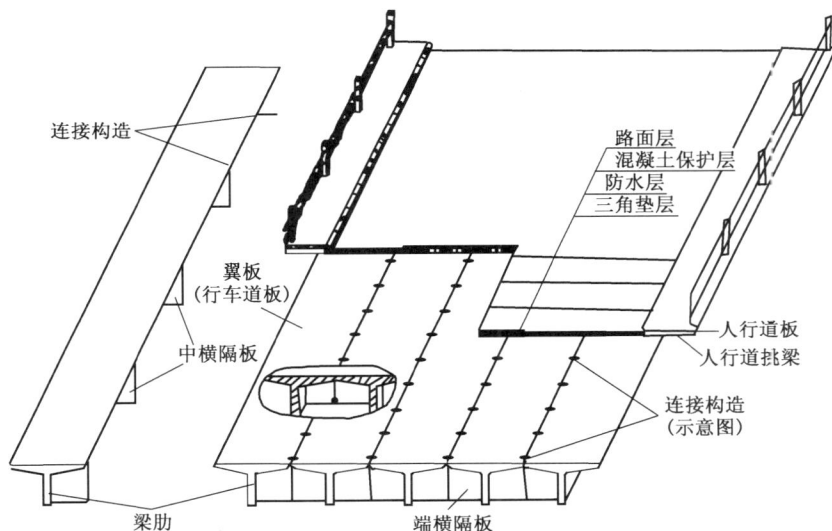

图 5-16　装配式简支梁桥概貌

(1) 主梁

主梁是上部结构的主要承重构件。装配式简支梁桥的每片主梁都是预制的独立构件,主梁两端分别用固定支座和活动支座支撑于桥梁墩台上。其横断面形式见上述。以标准跨径 20m 装配式 T 梁为例,其主梁的纵、横断面图如图 5-17 所示。

① 主梁的间距

主梁间距大小不但与钢筋和混凝土的材料用量、构件的安装重力有关,而且与桥面板的刚度也有关。一般来说,对于跨径较大的桥,适当地加大主梁间距,可减少钢筋和混凝土的用量。但构件重力的增大也使吊运和安装工作难度增加。主梁间距一般在 1.5 ~ 2.2m 之间。

② 主梁钢筋布置

装配式 T 形梁的主梁钢筋包括主钢筋、弯起钢筋(也称为斜钢筋)、箍筋、架立钢筋和防收

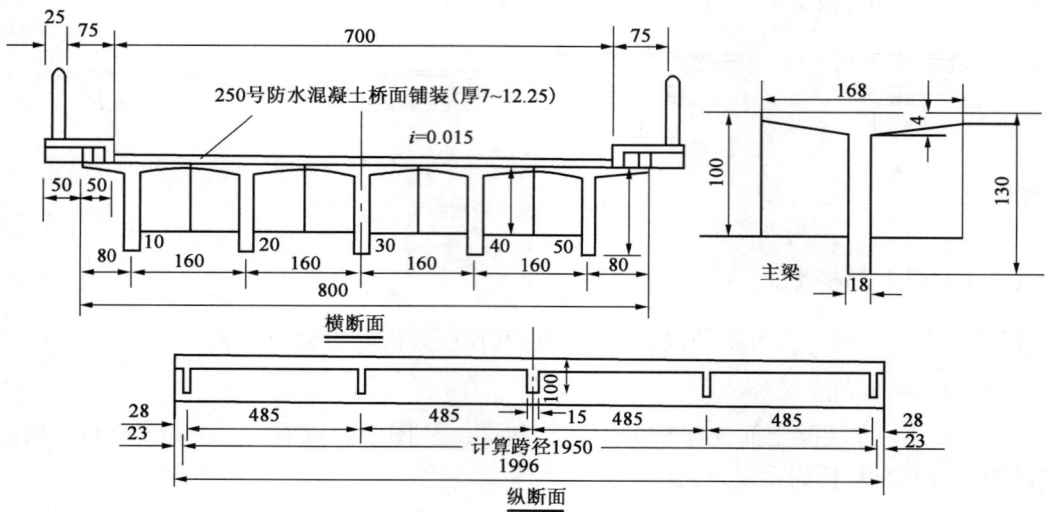

图 5-17 装配式 T 梁设计图（尺寸单位：cm）

缩钢筋。由于纵向主钢筋的数量多，常采用多层焊接钢筋骨架。

主钢筋设在梁的下缘，随着弯矩值的变化向支点逐渐减小。主钢筋可在跨间适当位置切断或弯起。为保证主梁在梁端有足够的钢筋，伸过支点截面的钢筋数量不应少于主钢筋总数量的 20%，且不少于两根。主梁中每片骨架的纵向钢筋根数一般为 3～7 根，竖直排焊的总高度不宜大于梁高的 0.15～0.2 倍。伸过支点截面的钢筋应弯成直角顺梁端延伸到顶部与架立钢筋焊接。

斜钢筋的作用是抵抗剪力及主拉应力。当主钢筋弯起数量不足时，可在主钢筋和架立钢筋上加焊斜钢筋。斜钢筋与梁的轴线一般呈 45°角。弯起钢筋应按圆弧弯折，圆弧半径（主钢筋轴线）不小于 $10d$（d 为钢筋直径）。弯起钢筋的数量（包括根数和直径）由斜截面抗剪强度计算确定，而弯起钢筋的弯起点位置还需满足桥涵设计规范的有关要求。

箍筋的作用也是抵抗剪力，其间距不应大于梁高的 3/4 和 50cm，直径不小于 6mm，且不小于主钢筋直径的 1/4。在主梁和横梁交叉处不设箍筋，在支座附近箍筋宜加密或采用四肢箍筋，并在支座部位的梁底部加设钢筋网。

架立钢筋布置在梁的上缘，主要起固定斜钢筋和箍筋的作用，并使梁内全部钢筋形成骨架。

防收缩钢筋是防止梁肋侧面因混凝土收缩等原因而产生裂缝。其钢筋面积 $Ag = (0.001\,5～0.002)bh$（b 为梁肋宽度，h 为梁高）。钢筋直径为 6～10mm，靠近下部布置得密些，靠近上部布置得疏些。

翼缘板内的受力钢筋沿横向布置在板的上缘，以承受悬臂的负弯矩。在顺桥向还应设置分布钢筋。

（2）横隔梁

横隔梁起着联系各主梁，增强全桥整体性的作用，保证作用在桥面的荷载对各主梁有良好的横向分配。一般在跨中、支座处设置横隔梁。跨中横隔梁对各主梁的荷载分配起主要作用，支座处的横隔梁对保证装配式梁桥在运输、安装过程中的稳定性和主梁的抗扭能力是必要的。

横隔梁一般做成肋板截面形式,肋宽一般为 0.12~0.2m,高度可取主梁高度的 3/4 左右,也有做成和主梁一样高的。

（3）桥面系

桥面系通常包括桥面铺装、防水和排水设施、伸缩缝、人行道、缘石、栏杆和灯柱等构造,如图 5-18 所示。它是桥梁直接提供使用的部分。

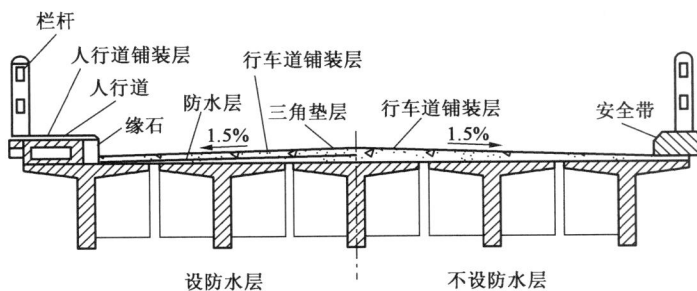

图 5-18 装配式 T 梁桥桥面系横断面图

①桥面铺装

桥面铺装位于翼板之上,其功能是保护属于主梁整体部分的行车道板,使其不受车辆轮胎（或履带）的直接磨耗,防止主梁遭受雨水侵蚀,分散车辆的集中荷载。桥面铺装的类型很多,常用的有普通混凝土或沥青混凝土铺装、防水混凝土铺装、具有贴式防水层的水泥混凝土或沥青混凝土铺装。

②排水设施

钢筋混凝土结构在水长时间浸入的情况下,其细微裂纹和大孔隙中会渗入水分,在结冰时会因为膨胀导致混凝土发生破坏,即使不发生冰冻,钢筋也会锈蚀。所以,为防止雨水滞积于桥面并渗入梁体而影响桥梁的耐久性,除在桥面铺装内设置防水层外,应将桥上的雨水迅速引导排出桥外。通常,当桥面纵坡大于 2% 且桥长大于 50m 时,宜在桥上设置泄水管,如图 5-19 所示。泄水管尽可能竖直向下设置,以利排水。对于一些小跨径的桥梁,为了简化构造和节省材料,可以直接在行车道两侧安全带或缘石上预留横向孔,并用管将水排出桥外。

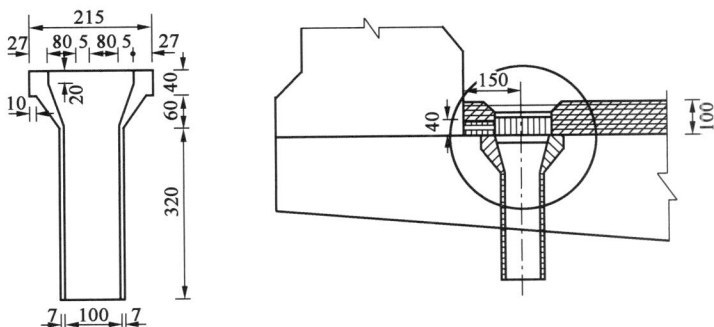

图 5-19 泄水管布置图（尺寸单位:cm）

③伸缩缝

为保证桥跨结构在气温变化、活载作用、混凝土收缩与徐变等影响下自由变形，需要在桥梁两端或梁间等位置设置横向的伸缩缝（也称变形缝），伸缩缝的构造有简有繁。伸缩缝不但要保证主梁的自由变形，而且要使车辆能够在伸缩缝处平顺地通过，并能防止雨水、垃圾等渗入、阻塞。常用的伸缩缝有钢板伸缩缝、橡胶伸缩缝、TST 弹塑体伸缩缝。

④桥面连续

为了减少多孔桥伸缩缝数量，改善行车条件，一般采用桥面连续，根据气温变化情况，往往每隔 50～80m 设一道伸缩缝，相邻伸缩缝之间的桥面形成一联。在桥面连续处，增加铺装层钢筋，混凝土连续浇筑，使桥面连续，成为整体。

⑤人行道

当桥梁修建在城市道路或一般公路上时，因为有行人通过，就需要在桥梁的两侧设置人行道，专供行人使用，以使人车分离，保证安全。人行道的宽度根据当地调查情况决定，形式一般有非悬臂式和悬臂式两种。其中，悬臂式是依靠锚栓获得稳定。

⑥支座

支座是将上部构造的荷载传递到墩台上，同时保证结构自由变形。钢筋混凝土和预应力混凝土梁桥在桥跨结构和墩台之间均须设置支座，其作用是：

a. 传递上部结构的支承反力，包括永久荷载和可变荷载引起的竖向力和水平力。

b. 保证结构在可变荷载、温度变化、混凝土收缩和徐变等因素作用下的自由变形，以使上、下部结构的实际受力情况符合结构的静力图式。

梁桥支座一般分为固定支座和活动支座两种。固定支座既要固定主梁在墩台上的位置并传递竖向压力和水平力，又要保证主梁发生挠曲时在支承处能自由转动。活动支座只传递竖向压力，但它要保证主梁在支承处既能自由转动又能水平移动。

梁桥支座，通常可以用油毛毡、钢板、橡胶或钢筋混凝土等材料来制作。梁桥支座结构类型甚多，应根据桥梁跨径的长短、支点反力的大小、梁体变形的程度及对支座结构高度的要求等，视具体情况加以选用。

2. 装配式预应力混凝土简支 T 形梁桥

（1）主梁构造

主梁间距大多采用 1.6m。对于跨径较大的预应力混凝土简支梁桥，主梁间距也可以适当加大，但横向应采用现浇混凝土连接。主梁高度为跨径的 1/25～1/15。主梁梁肋的宽度，由于预应力混凝土梁内有效压应力和弯起力筋的作用，肋中的主拉应力较小，一般按构造要求确定，即满足预应力筋的保护层要求和便于浇筑混凝土，可取 0.14～0.16m。在梁高较大的情况下，过薄的肋对剪力和稳定性是不利的，此时肋宽不宜小于肋高的 1/15。为了承受梁端部每个锚具的局部压力，在梁端约 2m 范围内，梁肋宽度逐渐加宽到下翼宽度。T 形梁的下缘布置预应力筋，应做成马蹄形，其面积不宜过小，一般应占总面积的 10%～20%。马蹄形宽度为肋宽的 2～4 倍。

（2）主梁梁肋钢筋构造

装配式预应力混凝土 T 形梁的主梁钢筋包括预应力筋，其他非预应力钢筋如箍筋、水平防收缩钢筋、锚固端加固钢筋网、力筋定位钢筋网和架立钢筋等。

①预应力钢筋布置

在装配式预应力混凝土简支 T 形梁桥中,力筋在一定区段内逐渐弯起,有以下三个目的:

a. 简支梁的弯矩从跨中向支点逐渐减小,故预应力筋的偏心距也逐渐减小,否则上缘的拉应力过大,为此,必须将部分力筋弯起,以减小支点的负弯矩。

b. 临近支点的区段剪力很大,可用弯起力筋所产生的竖向分力来抵消它。

c. 分散梁端预压应力和便于布置锚具。

②非预应力钢筋的布置

非预应力混凝土 T 形梁和钢筋混凝土梁一样,应按规定布置箍筋、防收缩钢筋、架立钢筋等。还应在马蹄中设置闭合钢筋,间距不大于 15cm(梁肋内箍筋间距不大于 25cm)。

二、拱桥上部结构

(一)拱桥的基本特点

拱桥在我国具有悠久历史,是使用十分广泛的一种桥梁。拱桥与梁桥的区别,不仅在于外形上的不同,更重要的是两者在受力性能上存在着本质差别。梁桥在竖向荷载作用下,支承处仅仅产生竖向支承反力,而拱式结构在竖向荷载作用下,支承处不仅产生竖向反力,还产生水平推力。正是这个水平推力的存在,拱圈中的弯矩比相同跨径梁的弯矩小很多,而使整个拱圈主要承受压力。这样,拱桥不仅可以利用钢、钢筋混凝土等材料来修建,而且还可以根据拱桥的这个受力特点,充分利用抗压性能较好而抗拉性能较差的圬工材料(石料、混凝土、砖等)来修建。这种由圬工材料修建的拱桥又称为圬工拱桥。

拱桥的主要优点是:①跨越能力大。在全世界范围内,目前已建成的钢筋混凝土拱桥的最大跨径为 420m,石拱桥为 155m,钢拱桥达 518m。②能充分做到就地取材,降低造价,并且与钢桥和钢筋混凝土梁式桥相比,可以节省大量的钢材和水泥。③耐久性好,养护及维修费用少,承载潜力大。④外形美观。拱桥在建筑艺术上,是通过选择合理的拱式体系及突出结构上的线条来达到美的效果。⑤构造较简单,尤其是圬工拱桥,有利于普及和广泛采用。

拱桥的主要缺点是:①自重大,水平推力也较大,增加了下部结构的工程量,对地基条件要求高。②对于多孔连续拱桥,为了防止其中一孔破坏而影响全桥,还要采取特殊的措施,如设置单向推力墩以承受不平衡的推力。③在平原地区修建拱桥,由于建筑高度较大,使桥两岸接线的工程量增大,亦使桥面纵坡加大,对行车不利。④圬工拱桥施工需要劳动力较多,建桥工期较长。

拱桥虽然存在以上缺点,但由于它的优点突出,在条件许可的情况下,修建拱桥往往仍是经济合理的,因此,在我国公路桥梁建设中,拱桥得到了广泛应用。

(二)拱桥的主要类型及其适用范围

拱桥的形式多种多样,构造各有差异,可以按照不同的方式对拱桥进行分类。

1. 按主拱圈所使用的材料划分

按主拱圈(肋、箱)所使用的建筑材料可分为圬工拱桥、钢筋混凝土拱桥和钢拱桥。

2. 按拱上建筑的形式划分

（1）实腹式拱上建筑

实腹式拱上建筑由拱腹填料、侧墙、护拱、变形缝、防水层、泄水管以及桥面组成，如图5-20所示。实腹式拱上建筑构造简单，施工方便，填料数量较多，恒载较重，所以一般适用于小跨径的板拱桥。拱腹填料用来支撑桥面，并有传递荷载和吸收冲击力的作用。

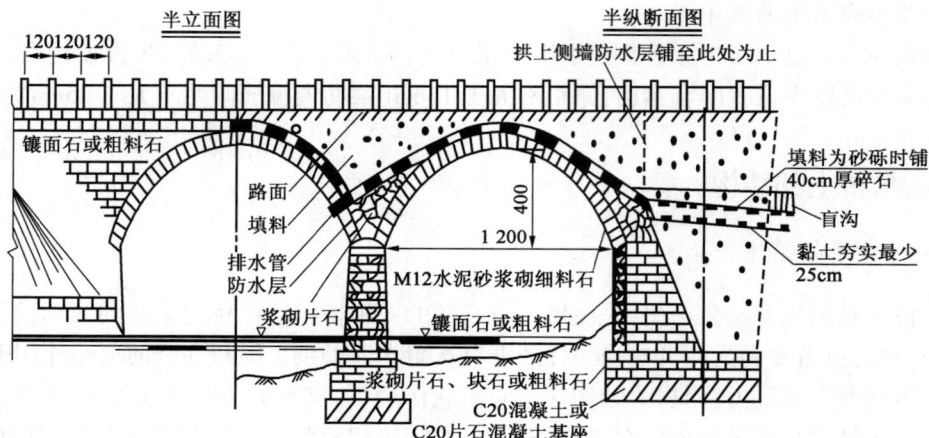

图5-20 实腹式拱上建筑（尺寸单位：cm）

侧墙设置在拱圈两侧，作用是围护拱腹材料，通常采用浆砌片石或块石，如有特殊美观要求时，可采用料石镶面。

拱圈一般都设护拱，它是在拱脚的拱背上用低强度等级砂浆片石砌筑而成的。由于护拱加厚了拱脚截面，增强了拱圈的受力。

（2）空腹式拱上建筑

空腹式拱上建筑由多孔腹孔结构和桥面组成。腹孔按形式可分为拱式和梁式两种，如图5-21所示。拱式拱上建筑构造简单，外形美观，一般多用于圬工拱桥。腹孔对称布置在主拱圈上建筑高度所容许的一定范围内，一般每半跨的腹孔总长不宜超过主拱跨径的1/4～1/3。腹孔跨数或跨径随桥跨大小而改变。梁式拱上建筑可使桥梁构造型轻巧美观，减少拱上建筑的重量和地基的承压力。一般情况下，大跨径的混凝土拱桥采用这种形式。梁式拱上建筑腹孔结构又分为简支、连续和框架三种形式。

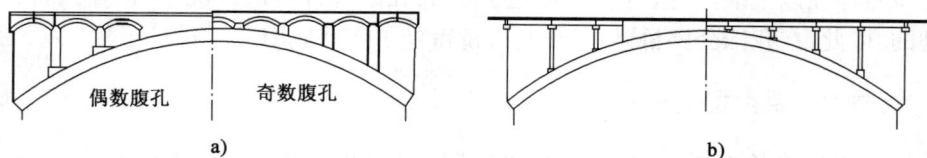

图5-21 空腹式拱上建筑
a）拱式；b）梁式

3.按主拱圈采用的拱轴线形式划分

按主拱圈采用的拱轴线形式可分为圆弧拱桥、抛物线拱桥和悬链线拱桥。

从施工方面来看,圆弧拱桥比抛物线拱桥和悬链线拱桥简单;从力学性能方面分析,悬链线拱桥比圆弧拱桥受力好,而对大跨径拱桥,为了改善拱圈受力,可以采用抛物线拱桥。

4.按结构受力体系划分

(1)三铰拱:属外部静定结构。由于温度变化、支座沉陷等原因引起的变形不会在拱内产生附加应力,当地基条件不良,又需要采用拱式桥梁时,可以采用三铰拱。但由于铰的存在,使其构造复杂,施工较困难,维护费用增加,而且降低了结构的整体刚度和抗震能力,因此主拱圈一般不采用三铰拱。三铰拱常用于公路空腹式拱桥拱上建筑的边腹拱。

(2)两铰拱:属外部一次超静定结构。由于取消了拱顶铰,结构整体刚度较三铰拱大。一般在墩台基础可能发生位移的情况下采用。

(3)无铰拱:属外部三次超静定结构。在自重及外荷载作用下,拱内的弯矩分布比两铰拱均匀,材料用量小。由于无铰,结构的刚度大、构造简单、施工方便、维护费用低,因此,在实际中使用最广泛。但由于无铰拱的超静定次数高,温度变化、材料收缩、结构变形,特别是墩台位移都会在拱内产生较大的附加内力,所以无铰拱一般适宜在地基良好的条件下修建。

5.按拱圈的横断面形式划分

拱圈的横断面形式多种多样,通常有以下几种,如图 5-22 所示。

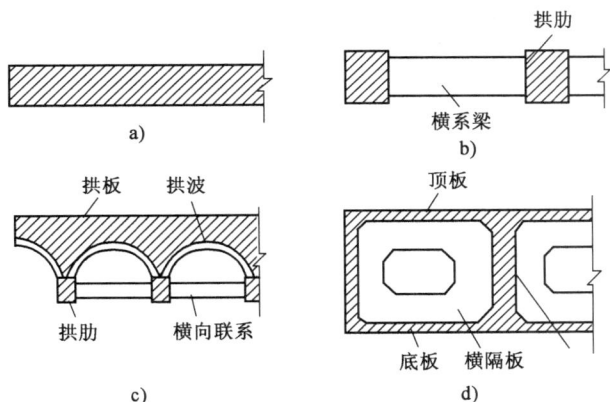

图 5-22　拱圈横断面形式
a)板拱桥;b)肋拱桥;c)双曲拱桥;d)箱形拱桥

(1)板拱

板拱桥的拱圈采用矩形实体断面,这种形式构造简单、施工方便,但结构自重较大,只有小跨径的圬工拱桥适合采用这种形式。

(2)肋拱

在板拱的基础上,将板拱划分成两条(或多条),形成分离的、高度较大的拱肋,肋与肋间由横系梁相连。这样节省了材料,减轻了自重。肋拱多用于大跨径拱桥。

（3）双曲拱

双曲拱桥的主拱圈在纵向和横向均呈曲线形,故称为双曲拱。它的优点是可节省材料,但它存在着缺点。目前双曲拱仅在低等级公路桥梁中采用。

（4）箱形拱

箱形拱桥的拱圈外形与板拱相似,由于截面挖空,使其材料节省,减轻了自重,有利于大跨径,由于其为闭口箱形断面,抗扭刚度大,横向整体性和结构稳定性都较好,适用于无支架施工。但箱形拱施工制作比较复杂,一般情况下,跨径在 50m 以上的拱桥采用箱形拱断面才合适。

（三）主拱圈的构造

1. 板拱

板拱的主拱圈通常都是做成实体的矩形截面。常用的板拱有等截面圆弧拱和等截面悬链线拱。按照砌筑拱圈的石料规格可以分为料石拱、块石板拱及片石拱。

用于拱圈砌筑的石料要求石质均匀、不易风化、无裂纹、石料标号不得低于 MU30。砌筑用的砂浆强度等级,对于大、中跨径拱桥,不得小于 M7.5;对于小跨径拱桥,不得小于 M5。在有条件的地方,可以用小石子混凝土代替砂浆砌筑拱圈,小石子粒径一般不得大于 20mm,以便于灌缝。采用小石子混凝土砌筑的石拱圈砌体强度要比用砂浆砌筑的高,而且可节约1/4 ~ 1/3 水泥。

石板拱桥具有悠久的历史,其构造简单、施工方便、造价低,是盛产石料地区中、小桥梁的主要桥型。根据设计的要求,石拱圈可以采用等截面圆弧拱、等截面或变截面的悬链线拱及其他拱轴形式的拱。

2. 肋拱

肋拱桥是由两条或多条分离的平行拱肋,以及在拱肋上设置的立柱和横隔梁支承的行车道部分组成。其适用于大、中跨径拱桥。由于肋拱较多地减轻了拱体重量,拱肋的恒载内力较小,活载内力较大,故宜用钢筋混凝土结构。

拱肋是肋拱桥的主要承重结构,通常是由混凝土或钢筋混凝土做成。拱肋的数目和间距以及拱肋的截面形式等,均应根据使用要求（跨径、桥宽等）、所用材料和经济性等条件综合比较选定。为了简化构造,宜采用较少的拱肋数量。

拱肋的截面可以选用实体矩形、工字形、箱形、管形等。

3. 箱形拱

大跨径拱桥的主拱圈可以采用箱形截面。为了采用预制装配的施工方法,在横向将拱圈截面划分成多条箱肋,在纵向将箱肋分段,预制各箱肋段,待箱肋拼装成拱后,再现浇混凝土把各箱肋连成整体,形成箱形拱截面。箱形拱的主要特点是:①截面挖空率大。挖空率可达全截面的50% ~60%,因此,与板拱相比,可节省大量圬工体积,减小了重量。②箱形截面的中性轴大致居中,对于抵抗正负弯矩具有几乎相等的能力,能较好地满足主拱圈各截面承受正负弯矩的需要。③由于是闭合空心截面,抗弯和抗扭刚度大,拱圈的整体性好,应力分布较均匀。④单条拱肋刚度较大,稳定性较好,能单箱肋成拱,便于无支架吊装。⑤预制构件的精度要求较高,吊装设备较多,适用于大跨径拱桥的修建。因此,对于大跨径拱桥,箱形截面是一种比较经济合理的截面形式。

箱形拱桥的主拱圈截面由多个空心薄壁箱组成,其形式有槽形截面箱、工字形截面箱和闭合箱。

4. 桁架拱桥

桁架拱由钢筋混凝土或预应力混凝土桁架拱片、横向联系和桥面系组成。桁架拱片是桁架拱桥的主要承重构件,横桥向桁架拱片的片数,应综合考虑桥梁的宽度、跨径、设计荷载、施工条件、桥面板跨越能力等因素来确定。

5. 刚架拱桥

刚架拱桥是在桁架拱、斜腿刚架等的基础上发展起来的一种新桥型,属于有推力的高次超静定结构,它具有构件少、自重轻、整体性好、刚度大、施工简便、经济指标较好、造型美观等优点,在我国得到了广泛应用。

刚架拱桥的上部由刚架拱片、横向联系和桥面系等部分组成。

6. 钢管混凝土拱桥

钢管混凝土拱桥,一方面提高了材料的强度,减轻了拱圈的自重;另一方面使拱圈本身成为自架设体系,劲性骨架便于无支架施工。因此,钢管混凝土拱桥成为拱桥的发展方向。钢管混凝土拱桥在我国的兴建方兴未艾,跨径在不断突破,形式在不断创新,技术在不断提高。

(四)拱桥的细部构造

1. 拱上填料、桥面和人行道

拱上建筑填料起着扩大车辆荷载分布面积的作用,同时还能减少车辆荷载的冲击作用。关于拱桥行车道部分的桥面铺装类型,目前采用较多的是沥青混凝土桥面和水泥混凝土桥面。

行车道两侧,应根据需要设置人行道和栏杆,其构造与梁桥相似。

2. 伸缩缝和变形缝

在活载作用、温度变化、混凝土收缩等因素的影响下,主拱圈将产生挠度,拱上建筑也随之变形,这时侧墙或腹拱圈与墩台连接处将形成裂缝。为了防止这种不规则裂缝的出现,应设置伸缩缝和变形缝。

伸缩缝的宽度一般为 2～3cm,缝内用沥青麻絮填塞。变形缝不留缝宽,设缝时用干砌或低强度等级砂浆砌缝或用油毛毡隔开。

人行道、栏杆、缘石和混凝土桥面,在腹拱铰的上方或侧墙有伸缩缝和变形缝处,均应设置贯通的伸缩缝和变形缝。

3. 桥面排水和防水设施

水分渗入砌体,易于溶解混凝土和砂浆中的游离石灰,在寒冷地区还会造成冻胀,因此,要求桥面雨水能迅速排除,而且要求使透过桥面铺装层渗入拱腹内的雨水也能及时排除。

(1)桥面排水

拱桥桥面的纵向排水和泄水管的布置与梁桥相同。

（2）防水设施

透过桥面铺装层渗入拱腹内的雨水，应由防水层汇集到预埋在拱腹内的泄水管排出。防水层和泄水管的铺设方式与拱上建筑形式有关。

实腹式拱桥，防水层应沿拱背护拱、侧墙铺设。单孔桥可不设泄水管，积水沿防水层流至两桥台后面的盲沟，然后沿盲沟流出路堤。对于多孔桥，可在1/4跨径处设泄水管。

泄水管可以用铸铁管、混凝土管和PVC塑料管。泄水管的内径一般为6～8cm，在严寒地区其内径应适当加大。施工时，将泄水管四周用水泥砂浆浇筑密实，并将防水层伸入喇叭口内少许，以防止渗漏。管节伸出拱圈10～15cm。

防水层在全桥范围内不宜断开，当通过伸缩缝或变形缝时应妥善处理，使其既能防水又可以适应变形。

防水层有粘贴式和涂抹式两种。前者用2～3层油毛毡与沥青胶交替贴铺而成，效果较好，但造价高；后者用沥青涂抹于砌体表面，施工方便，造价低廉，但效果较差。当要求较低时，也可在拱背上铺一层厚8～10cm的石灰三合土或浇筑厚2cm的防水砂浆。

第六节　桥梁墩台构造

墩台是桥梁的重要组成部分，它决定着桥跨结构在平面上和高程上的位置。它主要由墩台帽、墩台身和基础三部分组成，如图5-23所示。

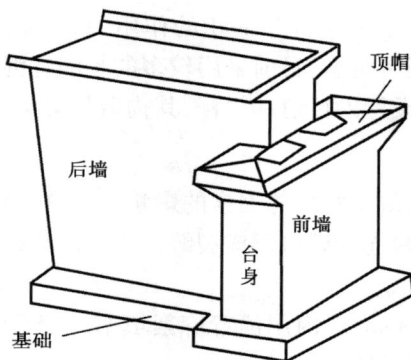

图5-23　重力式墩台

桥墩是指多跨（不少于两跨）桥梁的中间支承结构，是支承桥跨结构和传递桥梁荷载的结构物。桥台是设置在桥的两端、支承桥跨结构并与两岸接线路堤衔接的构造物，它既要承受桥梁边跨结构和桥台本身结构自重以及其上的车辆荷载，并将荷载传到地基上，又要挡土护岸，还要承受台背填土及填土上车辆荷载所产生的附加土侧压力。因此，不仅桥梁墩台自身应具有足够的强度、刚度和稳定性，而且对地基的承载能力、沉降量、地基与基础之间的摩擦力等有一定的要求。

一、桥墩一般类型

桥墩按其构造可分为实体墩、空心墩、柱式墩、排架墩、框架墩五种类型;按其受力特点可分为刚性墩和柔性墩;按其截面形状可分为矩形、圆形、圆端形、尖端形及各种截面组合成的空心墩;按施工工艺可分为就地砌筑或浇筑和预制安装桥墩。

1.实体桥墩

实体桥墩是指由一个实体结构组成的桥墩。实体桥墩按其截面尺寸或刚度及重力的不同又可分为实体重力式桥墩和实体轻型桥墩,如图 5-24、图 5-25 所示。

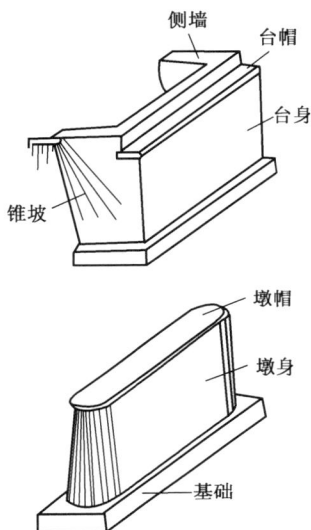

图 5-24　实体重力式桥墩

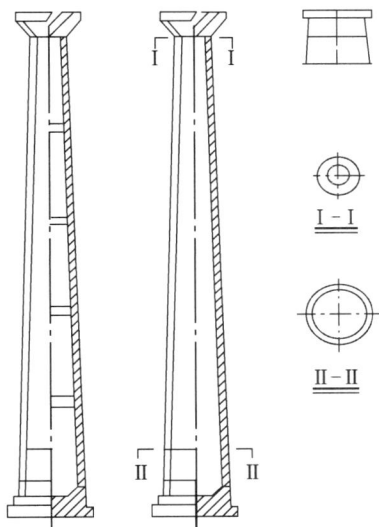

图 5-25　实体薄壁桥墩

实体重力式桥墩主要依靠自身重力来平衡外力,从而保证桥墩的稳定。它往往是用圬工材料修筑而成,具有刚度大、防撞能力强等优点。实体重力式桥墩适用于荷载较大的大、中桥梁或流冰、漂浮物多的河流中。其截面形式有圆形、矩形、尖端形等。

实体轻型桥墩可用混凝土、浆砌块石或钢筋混凝土材料做成。其中,实体式钢筋混凝土薄壁桥墩最为典型,其圬工体积小、自重小,一般用于中小跨径桥梁。

2.空心桥墩

空心桥墩有两种形式,一种为中心镂空式桥墩,另一种是薄壁空心桥墩。

中心镂空式桥墩,是在重力式桥墩的基础上镂空中心一定数量的圬工体积,使结构更经济,减轻桥墩自重,降低对地基承载力的要求。

薄壁空心桥墩系用强度高、墩身壁较薄的钢筋混凝土构筑而成的空格形桥墩。其最大特点是大幅度削减了墩身圬工体积和墩身自重,减小了地基负荷,因而适用于软弱地基桥墩。

3.柱式桥墩

柱式桥墩是目前公路桥梁中广泛采用的桥墩形式,特别是对于桥宽较大的城市桥或立交桥,这种桥墩不但能减轻自重、节约圬工材料,而且轻巧、美观。

柱式桥墩一般由基础之上的承台、柱式墩身和盖梁组成。常用的有单柱式、双柱式、哑铃式以及混合双柱式四种形式,如图 5-26 所示。

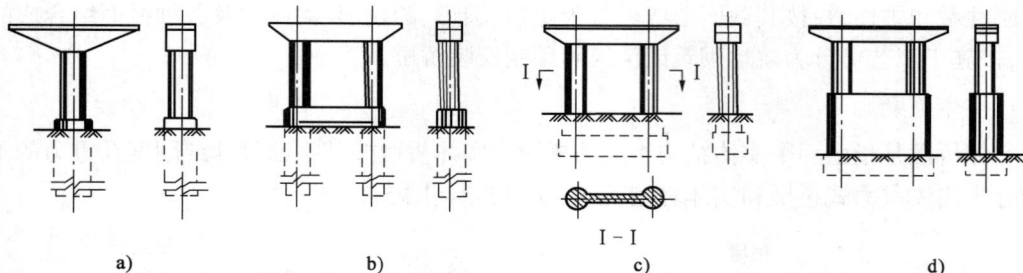

图 5-26　柱式桥墩

4. 柔性排架墩

柔性排架墩由单排或双排的钢筋混凝土柱与钢筋混凝土盖梁连接而成。其主要特点是:上部结构传来的水平力按各墩台的刚度分配到各墩台,作用在每个柔性墩的水平力较小,而作用在刚性桥墩上的水平力很大,因此,柔性墩截面尺寸得以减小。

5. 框架式桥墩

框架式桥墩采用钢筋混凝土或预应力混凝土等压挠或挠曲构件组成平面框架代替墩身,支承上部结构,必要时可做成双层或多层框架。这是较空心墩更进一步的轻型结构。V 形墩（图 5-27）、Y 形墩（图 5-28）等都属于框架墩的一种。

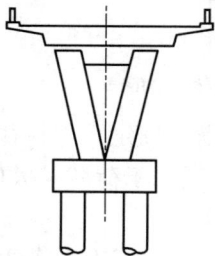

图 5-27　V 形框架墩　　　　图 5-28　Y 形框架墩

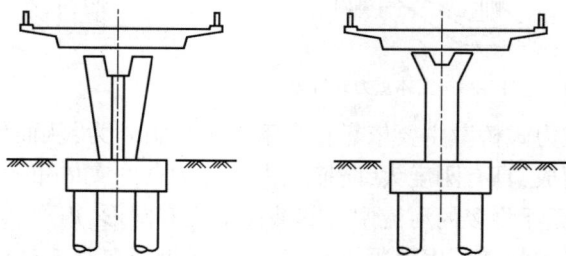

二、桥台一般类型

桥台通常按其形式可划分为重力式桥台、轻型桥台、框架式桥台、组合式桥台和承拉桥台。

1. 重力式桥台

重力式桥台一般采用砌石、片石混凝土或混凝土等圬工材料就地砌筑或浇筑而成,主要依靠自重来平衡台后土压力,从而保证自身的稳定。重力式桥台依据桥梁跨径、桥台高度及地形条件的不同有多种形式,常用的有 U 形桥台、埋置式桥台、拱形桥台、埋置衡重式高桥台等,如图 5-29、图 5-30 所示。

图 5-29 U 形桥台

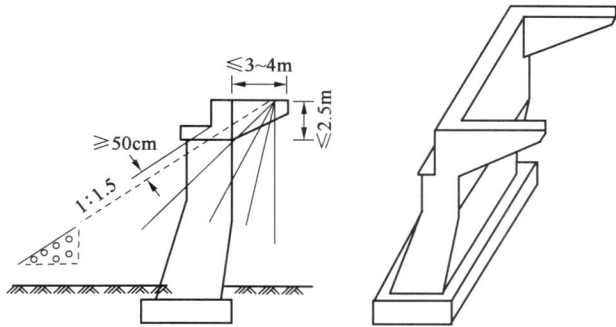

图 5-30 埋置式桥台

U 形桥台由台身(前墙)、台帽、基础与两侧翼墙组成,在平面上呈 U 字形。台身支承桥跨结构,并承受台后土压力;翼墙与台身连成整体承受土压力,并起到与路堤衔接的作用。U 形桥台适用于 8m 以上跨径的桥梁。

埋置式桥台,台身为圬工实体,台帽及耳墙采用钢筋混凝土。台身埋置于台前溜坡内,利用台前溜坡填土抵消部分台后填土压力,无须另设翼墙,仅由台帽两端的耳墙与路堤衔接。适用于填土高度在 10m 以下的中等跨径的多跨桥。

拱形桥台是由埋置式桥台改进而来,台身用石块或混凝土砌筑,中间挖空成拱形,以节省圬工。它适用于基岩埋藏浅或地质良好而有浅滩河流的多孔桥。

埋置衡重式高桥台,利用衡重台及其上的填土重力平衡部分土压力,在高桥中圬工较省。它适用于跨径大于 20m,高度大于 10m 的跨深沟及山区特殊地形的桥梁。

2. 轻型桥台

轻型桥台通常用圬工材料或钢筋混凝土砌筑。圬工轻型桥台只限于桥台高度较小的情况,而钢筋混凝土轻型桥台应用范围更广。从结构形式上划分,轻型桥台有薄壁型轻型桥台和支撑梁型轻型桥台。

薄壁型轻型桥台常用的形式有悬臂式、扶臂式、撑墙式和箱式,如图 5-31 所示。其主要特点是利用钢筋混凝土结构的抗弯能力来减少圬工体积从而使桥台轻型化。

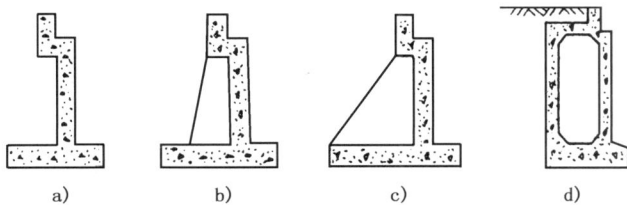

a)   b)   c)   d)

图 5-31 薄壁轻型桥台

支撑梁型轻型桥台一般设置在单跨或少跨的小跨径桥,就是在墩台基础间设置 3 ~ 5 根支撑梁。

3. 框架式桥台

框架式桥台由台帽、桩柱及基础或承台组成,是一种在横桥向呈框架式结构的桩基础轻型桥台。桩基埋入土中,所受土压力较小,适用于地基承载力较低,台身高度大于4m,跨径大于10m的梁桥。其构造形式有双柱式、多柱式、肋墙式、半重力式等。

桩式桥台指台帽置于立柱上,台帽两端设耳墙以便与路堤衔接,是一种结构简单、圬工数量小的桥台形式,适用于填土高度小于5m的情况,如图5-32所示。

当填土高度大于5m时,用少筋薄壁墙代替立柱支承台帽,即形成墙式桥台。

半重力式桥台与墙式桥台相似,只是墙更厚,不设钢筋。

4.组合式桥台

为使桥台轻型化,可以将桥台上的外力分配给不同对象来承担,如让桥台本身主要承受桥跨结构传来的竖向力和水平力,而台后的土压力由其他结构来承担,这就形成了由分工不同的结构组合而成的桥台,即组合式桥台。常见的组合式桥台有锚碇板式、过梁式、框架式以及桥台与挡土墙组合式等。

5.承拉桥台

某些情况下,桥台可以承受拉力,因而在进行设计时应考虑满足桥台受力要求。承拉桥台如图5-33所示。该种桥上部结构通常为单箱单室截面,箱梁的两个腹延伸至桥台形成悬臂腹板,它与桥台顶梁之间设氯丁橡胶支座受拉,悬臂腹板与台帽之间设氯丁橡胶支座支承上部结构。

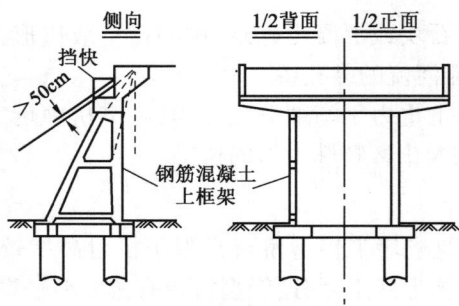

图5-32　框架柱式桥台　　　　　图5-33　承拉桥台

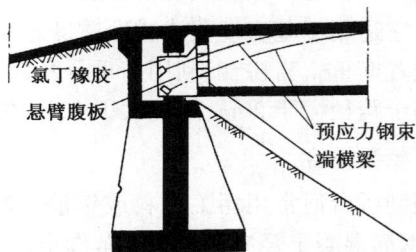

三、关于桥梁墩台形式的选择与发展

桥梁墩台形式的选择应按适用、经济、安全、美观的原则和因地制宜、就地取材、方便施工等基本要求进行,应结合实际地形、地质、水文等客观条件来具体确定合理形式。

第七节　桥梁施工

一、施工准备工作

在桥梁正式开工之前,必须做好一系列的准备工作。其主要内容有:

(1)组织有关人员对设计文件、图纸、资料进行认真细致的研究,了解设计意图,并到现场核对,必要时进行补充调查。核对和补充调查的内容包括:河流水文、两岸地形、河床地质、气候条件、材料供应、运输条件、劳动力来源、可利用的房屋和水电设施等。在熟悉图纸和了解设计意图的过程中,如发现图纸资料欠缺、错误和矛盾之处,应及时向设计单位提出,以求补全、更正。

(2)在充分调查研究的基础上,根据施工单位的具体情况,综合考虑各种因素,拟定施工方案。

(3)根据确定的施工方案,编制施工组织设计。其内容应比施工方案更加明确和详尽,大致包括下面几项内容:

①简要叙述工程结构特点、地质、水文、气候等因素对工程的影响和准备采取的措施。

②施工部署宜按统筹法将主要工程项目的施工工序和工程进度编成图表,对控制全桥进度的关键项目,应采取"集中力量打歼灭战"的方式解决。开工后若因故发生变动,应及时调整。

③主要施工方法和技术措施。根据工程特点和施工单位的具体情况,简要叙述主要工程的施工方法和保证工程质量、施工安全、节约材料以及推广采用新工艺、新技术、新材料的技术措施。

④施工场地布置包括用地范围,临时性生产、生活用房,预制场的地点和规模,各种材料的堆放场,水、电供应及设备,临时道路,大中型施工机械设备及其临时设施的布置等。

⑤施工图纸的补充包括设计文件和图纸中没有包括的施工结构详图,临时设施图等。

⑥编制施工预算应根据设计概(预)算,结合施工方案及施工单位、现场的具体情况,由施工单位编制,它比设计概(预)算更详细、更符合实际。它是建设单位和建设银行拨款的依据。

⑦编制主要材料、劳动力、机具设备的数量及供应计划。

(4)建立施工机构,配备适当的工作人员。

(5)进行施工放样测量。

(6)进行原材料和配合比试验。

二、钢筋混凝土桥的施工

钢筋混凝土桥的施工分为模板的制作、钢筋加工与制作、混凝土浇筑与养护等方面。

(一)模板的制作

模板分为木模板、钢模板、钢木结合模板和土模板。在桥梁建筑中最常用的模板是木模板,木模板的优点是制作容易。钢模板是用钢板代替木模板,钢模板的优点是周转次数多,浇筑的构件表面光滑。土模板的优点是节约木料。模板宜优先使用胶合板和钢模板。模板结构应简单,制作、装拆方便。

模板、支架和拱架的设计,应根据结构形式、设计跨径、施工组织设计、荷载大小、地基土类别及有关的设计、施工规范进行。

1.模板制作及安装要求

(1)钢模板制作

①钢模板宜采用标准化的组合模板,组合钢模板的拼装应符合现行国家标准《组合钢模

板技术规范》（GB/T 50214—2013）。各种螺栓连接件应符合国家现行有关标准的规定。

②钢模板及其配件应按批准的加工图加工，成品经检验合格后方可使用。

（2）木模板制作

①木模板可在工厂或施工现场制作，木模板与混凝土接触的表面应平整、光滑，多次重复使用的木模板应在内侧加钉薄铁皮。木模板的制作要严格控制各部分尺寸和形状，常用的接缝形式有平缝、搭接缝和企口缝等。平缝加工简单，只需将缝刨平即可，但易漏浆。嵌入硬木块的平缝，拼缝严密，所需工料不多，常被采用。企口缝结合严密，但制作较困难，且耗用木料较多，只有在要求模板精度较高的情况下才被采用。搭接缝具有平缝和企口缝的优点，也是常用的接缝形式之一。木模板的转角处应加嵌条或做成斜角。

②重复使用的模板应始终保持其表面平整、形状准确、不漏浆、有足够的强度和刚度。

（3）其他材料模板制作

①钢框覆面胶合板模板的板面组配宜采用错缝布置，支撑系统的强度和刚度应满足要求，吊环应采用 I 级钢筋制作，严禁使用冷加工钢筋，吊环计算拉应力不应大于 50MPa。

②高分子合成材料面板、硬塑料或玻璃钢模板，制作接缝必须严密，边肋及加强肋安装牢固，与模板成一整体，施工时安放在支架的横梁上，以保证承载能力及稳定性。

③圬工外模。土胎模制作的场地必须坚实、平整，底模必须拍实找平，土胎表面应光滑，尺寸准确，表面应涂隔离剂。

砖胎模与木模配合时，砖做底模，木做侧模，砖与混凝土接触面应抹面，表面抹隔离剂。混凝土胎模制作时应保证尺寸准确，表面抹隔离剂。

④土牛拱胎。在条件适宜处，可使用土牛拱胎。制作时应有排水设施，土石应分层夯实，密实度不得小于 90%，拱顶部分选用含水率适宜的黏土。土牛拱胎的尺寸、高程应符合设计要求。

（4）模板安装的技术要求

①模板与钢筋安装工作应配合进行，妨碍绑扎钢筋的模板应待钢筋安装完毕后安设。模板不应与脚手架连接（模板与脚手架整体设计时除外），避免引起模板变形。

②安装侧模时，应防止模板移位和凸起，基础侧模可在模板外设立支撑固定，墩、台、梁的侧模可设拉杆固定，浇筑在混凝土中的拉杆，应按拉杆拔出或不拔出的要求，采取相应的措施。对于小型结构物，可使用金属线代替拉杆。

③模板安装完毕后，应对其平面位置、顶部高程、节点联系及纵横向稳定性进行检查，签认后方可浇筑混凝土。浇筑时，发现模板有超过允许偏差变形值的可能时，应及时纠正。

④模板在安装过程中必须设置防倾覆设施。

⑤当结构自重和汽车荷载（不计冲击力）产生的向下挠度超过跨径的 1/1 600 时，钢混凝土梁、板的底模板应设预拱度，预拱度应等于结构自重和 1/2 汽车荷载（不计冲击力）所产生的挠度。纵向预拱度可做成抛物线或圆曲线。

（二）钢筋加工与制作

1. 钢筋的检查

钢筋进场后，应检查出厂质量证明书。对中、小桥所用的钢筋，使用前不进行抽检；对大桥所用钢筋,应进行抽检。

2. 钢筋的除锈去污

钢筋应有洁净的表面,使钢筋与混凝土间有可靠的黏结力。油渍、漆皮、鳞锈均应在使用前清除干净,除锈可采用钢丝刷、砂盘等工具进行清除。

3. 钢筋的画线配料

为了合理地利用钢材,加工前应做好用料的设计工作——配料。配料工作应以施工图纸每一根钢筋的下料长度和库存材料规格为依据,按不同直径和不同长度的各号钢筋顺序填记料单,按表列各种长度及数量进行配料,然后按型号规格分别切断弯制。

(三) 混凝土浇筑与养护

1. 混凝土材料

混凝土由水泥、细集料、粗集料和水拌和而成。

根据混凝土的特殊要求,可在浇注过程中掺入外加剂。外加剂一般采用普通减水剂、高效能减水剂、缓凝减水剂、引气减水剂、抗冻剂、膨胀剂、早强剂、阻锈剂、防水剂等。

2. 混凝土质量控制

实施混凝土质量控制应符合下列规定:

(1)通过对原材料的质量检验与控制、混凝土配合比的确定与控制、混凝土生产和施工过程各工序的质量检验与控制,以及合格性检验控制,使混凝土的质量符合规定。

(2)在施工过程中应进行质量检测,应用各种质量管理图表,掌握动态信息,控制整个生产和施工期间的混凝土质量,制订保证质量的措施,完善质量控制过程。

(3)必须配备相应的技术人员和必要的检验及试验设备,建立和健全必要的技术管理与质量控制制度。

3. 混凝土的养护

对于塑性混凝土,在浇筑完成后,应在收浆后尽快覆盖和洒水养护。对干硬性混凝土、炎热天气浇筑的混凝土,在浇筑完成后可加设棚罩,待收浆后再覆盖和洒水养护。

混凝土洒水养护时间,一般为7d,可根据空气的湿度、温度和水泥品种及外加剂的情况,酌情延长或缩短。气温低于5℃时不得洒水。

4. 混凝土冬季施工

当气温降至−3℃以下或一昼夜平均温度低于5℃时,应采用冬季施工法浇筑混凝土。

(1)一般措施。减少用水量和增加拌和时间,改进运输工具,在其周围设置保温装置,减少热量损失。

(2)原材料加热。一般情况下,将水加热即可。在严寒情况下,也可将集料加热。

(3)掺用早强剂。

(4)提高养护温度。

三、预应力混凝土桥的施工

(一)混凝土

用于预应力结构的混凝土,必须采用强度等级高的混凝土,《公路钢筋混凝土及预应力混凝土桥涵设计规范》(JTG D62—2004)规定:预应力混凝土构件的混凝土强度等级不宜低于C30;当采用碳素钢丝、钢绞线、热处理钢筋作预应力钢筋时,混凝土强度等级不宜低于C40。即钢材强度越高,要求混凝土的强度等级也相应提高。

预应力混凝土结构的混凝土,不仅要求高强度,还要求快硬、早强,以便及早施加预应力,加快施工进度,提高设备的利用率及模板等的周转率。

为了获得高强度和低收缩、徐变的混凝土,应尽可能采用高强度水泥,减少水泥用量,降低水胶(灰)比,选用优质坚硬的集料,并符合《公路桥涵施工技术规范》(JTG/T F50—2011)的有关规定。

(二)预应力钢筋

在预应力混凝土中,有预应力钢筋与非预应力钢筋(普通钢筋)之分。

预应力混凝土结构对预应力钢筋的要求是:

(1)必须采用高强钢材。因为不采用高强度预应力钢筋,就无法克服由于各种因素所造成的预应力损失,也就不可能建立有效的预应力。

(2)要有较好的塑性和良好的加工性能。高强度钢材塑性性能一般较低,为了保证预应力混凝土结构在破坏之前有较大的变形能力,必须保证预应力钢筋有足够的塑性性能;而良好的加工性能是指预应力钢筋经过焊接、镦粗等机械加工后不影响原有的力学性能和质量。

(3)具有良好的黏结性能。由于先张法构件是靠预应力筋与混凝土之间的黏结力来传递预应力的,因此,在预应力筋与混凝土之间必须具有可靠的黏结自锚强度,以防止预应力钢筋在混凝土中滑移。

(4)预应力钢筋的应力松弛损失要低,以便提高其有效预应力。

目前我国常用的预应力钢筋有钢丝、钢绞线、热处理钢筋、冷拉钢筋、冷拔低碳钢丝、精轧螺纹钢筋。

(三)预加应力的方法

预应力混凝土结构的产生,不仅使高强度钢材充分发挥了高强度的性能,还使得构件的抗裂性、刚度和耐久性得到提高。因此,预应力混凝土结构已在桥梁建设中得到了广泛应用。下面介绍预加应力的方法:

1.先张法

先张法是指先张拉钢筋,后浇筑构件混凝土的方法,即先在张拉台座上按设计规定的张拉力张拉筋束,并用锚具临时锚固,再浇筑构件混凝土,待混凝土达到要求强度(一般不低于设计强度的70%)后放张(即将临时锚固松开或将筋束剪断),通过筋束与混凝土之间的黏结作用将筋束的回缩力传递给混凝土,使混凝土获得预压应力。

先张法的优点是施工工序简单,筋束靠黏结力自锚,不必耗费特制的锚具,而临时固定所用的锚具都可以重复使用。在大批量生产时,先张法构件比较经济,质量也比较稳定。

先张法的缺点是一般只适合生产直线配筋的中小型构件,大型构件由于需配合弯矩与剪力沿梁长度的分布而采用曲线配筋,这使得施工设备和工艺较复杂,而且需配备庞大的张拉台座,同时构件尺寸大,起重、运输也不方便。

先张法生产预应力混凝土构件可采用台座法或机组流水线法。机组流水线法生产速度快,但需大量钢模和较高的机械化程度,一般只用于工厂内预制定形构件。台座法不需要复杂的机械设备,施工适用性强,应用广泛。

2.后张法

后张法是先浇筑构件混凝土,待混凝土结硬后再张拉筋束的方法,即先浇筑构件混凝土,并在其中预留穿束孔道(或设套管),待混凝土达到要求强度(一般不低于设计强度的70%)后,将筋束穿入预留孔道内,将千斤顶支承于混凝土构件端部,张拉筋束,使构件也同时受到反向压缩。待张拉到控制拉力后,即用特制的锚具将筋束锚固于混凝土上,使混凝土获得并保持其预压应力。最后,向预留孔道内压注水泥浆,以保护筋束不致锈蚀,并使筋束与混凝土黏结成为整体,并浇筑梁端封头混凝土。

后张法的优点是靠工作锚具来传递和保持预加应力,不需要专门的张拉台座,便于在现场施工配置曲线形预应力筋的大型和重型构件。因此,目前在公路桥梁上得到了广泛应用。

后张法的缺点是需要预留孔道、穿束、压浆和封锚等工序,所以施工工艺较复杂,并且耗用的锚具和预埋件等增加了用钢量和制作成本。

四、拱桥施工

拱桥的施工,从方法上大体可分为有支架施工和无支架施工两大类。有支架施工常用于石拱桥和混凝土预制块拱桥,而无支架施工多用于肋拱桥、双曲拱桥、箱形拱桥和桁架拱桥等,当然也有两者相结合的施工方法。本节主要介绍有支架施工。

拱架是拱桥在施工期间用来支承拱圈,保证拱圈能符合设计形状的临时构造物。因此,拱架不仅应具有足够的强度、刚度和稳定性,同时还应符合构造简单、施工方便的要求。

(一)拱架的形式和构造

1.按拱架形式划分

拱架按形式不同可分为满布式拱架、拱式拱架等。

(1)满布式拱架

满布式拱架由拱架上部、拱架下部和卸架设备(木楔或砂筒)三部分组成。

拱架上部包括模板、横梁、弓形木、斜撑、立柱和大梁等。由弓形木、斜撑、立柱和大梁组成拱形桁架。其形式有柱式、斜撑式和小扇形式等。

拱架下部(或称支架)一般由帽木、立柱、夹木和基础组成。根据支架形式的不同,满布式拱架可分为排架式和斜撑式两种。

（2）拱式拱架

拱式拱架常用的形式有夹合木拱架和三铰桁式拱架等。拱式拱架跨中一般不设支架,适用于墩高、水深、流急和在施工期间需要维持通航的河流。

2. 按所用材料划分

按所用材料不同可分为木拱架、钢拱架和土牛拱胎等。

（1）木拱架

木拱架目前在木材产地或木材供应充足地区的中小跨径拱桥施工中应用较多,这是因为它一次性投资少,制作和安装方便。木拱架的缺点是需要耗费大量木材。

（2）钢拱架

钢拱架有多种类型,应用广泛。其优点是不仅能节约大量木材,而且装拆及运输都很方便。钢拱架虽然用钢量多,一次投资费用大,但能多次重复使用,每次使用的折旧率低。因此,钢拱架仍比木拱架经济得多。钢拱架的主要缺点是弹性变形和由温度引起的变形都比木拱架大,且钢拱架和拱圈的线膨胀系数不相等,若拱圈分段的空缝位置设置不当,当温度变化较大时,容易使拱圈产生裂缝。

①工字梁钢拱架。工字梁钢拱架分为中间有木支架的钢木组合拱架和中间无木支架的活用钢拱架两种。

②钢桁架拱架。当跨径很大时,可做成拼装式桁架型钢拱架,它是由标准节段、拱顶段、拱脚段和连接杆等以钢销或螺栓连接而成。其优点是可采用常备式构件(又称万能杆件),在现场拼装,适应性强,运输安装方便。

（3）土牛拱胎

土牛拱胎是在桥下用土或砂、卵石填筑一个土胎(俗称土牛),并将其顶面做成与拱圈腹面相适应的曲面,然后在上面砌筑拱圈,待砌筑完成后将填土清除。在有水的河流中应在土牛底部设置临时涵洞。

（二）卸架设备

为了使拱圈在卸架时能够逐渐地、均匀地受力,在拱架上部和下部之间需设置卸架设备。常用的卸架设备有木楔和砂筒。

（三）拱圈砌筑

砌筑拱圈前必须对拱架进行全面检查,注意支撑是否稳定、杆件接头是否紧密,并校核模板顶面的高程。

拱圈砌筑要求尽快合龙成拱,以免拱架承受荷载过久,增大拱架持续变形。因此,在砌筑拱圈前要做好一切准备,一旦开始砌筑,就要一气呵成,不可中途停顿。

砌筑拱圈时,拱架随着荷载的增加而发生变形,合理的砌筑方法可使拱架受力均匀,变形也均匀。根据跨径大小,拱圈砌筑方法有连续砌筑法、分段砌筑法、分环砌筑法、多孔桥砌筑法。

五、桥梁检验

桥梁结构检验是对桥梁工作状态进行直接测试的一种检测手段,其目的是通过试验,判断桥梁结构的安全承载能力和使用条件,检查桥梁结构的施工质量,也有为处理工程事故而进行试验鉴定的。对于一些在理论上难以计算的部位,通过结构试验可达到直接了解其受力状态的目的。

1. 桥梁静载试验

桥梁结构的静载试验中,静荷载的作用形式很多,有集中荷载和均布荷载,有水平荷载和垂直荷载,但不管选用什么样的加载方式,选用的试验荷载图式应与结构计算的荷载图式相同或极为接近。

结构的承载能力和变形的性质与所受荷载的时间有关,因此,试验时必须正确选择加载程序。对短期试验,加载程序应分级递增或递减,一般加载的级距为标准荷载的20%,卸载的级距为标准荷载的50%。每级荷载间应有足够的级间间歇时间,一般不少于30min。卸载可适当减少,一般为10～15min。在标准设计荷载作用下,应有足够的满载间歇时间,对钢筋混凝土桥不少于12h。应当观测结构在加载作用后的残余变形和结构变形的恢复情况,它能有力说明结构的工作状态。观测残余变形应在一定的零载间歇时间后进行,对钢筋混凝土桥可取1.5倍满载间歇时间。在正式加载之前,必须进行预加载,通过预加载检查试验仪器的状态,预加载值一般取1～3级的分级荷载,但不得超过钢筋混凝土的开裂荷载。

2. 用回弹仪测定混凝土强度

回弹仪法是目前广泛采用的一种测定混凝土强度的无损检验方法。它是根据弹性模量与线性回弹值构成一定比例的原理,以线性回弹值反映混凝土表面的硬度,根据表面的硬度推求混凝土强度。

回弹仪法所测定的数值只反映混凝土表层厚度约3cm以内的情况,对测定值起决定性作用的厚度是1.5cm,因此,用这种方法不能十分真实地反映混凝土内部的质量,仅作为粗略测定短龄混凝土构件强度的一种简便快速的方法。

测定时必须有一定数量的测点,一般每一测区测16点,剔除三个最大值和三个最小值,余下取平均值,再根据事先测定的回弹值与混凝土强度的相关曲线及影响系数确定混凝土强度。

3. 钻取混凝土芯来判别混凝土质量

适用于水下混凝土质量的检测,如钻孔灌注桩等。

复习思考题

1. 桥梁主要由哪几部分组成?
2. 什么是桥梁的计算跨径和建筑高度?
3. 桥梁按主要承重构件的受力情况可分为哪几种形式?
4. 桥型选择的影响因素有哪些?
5. 桥梁设计的作用一般分几类?
6. 汽车荷载分哪两级?

7. 梁桥的上部结构根据截面的形式一般分为哪几种？

8. 桥面系通常包括哪些主要组成部分？

9. 简述拱桥的主要类型。

10. 重力式桥墩的主要特点是什么？

11. 简述预应力混凝土桥梁施工中,后张法的基本程序。

第六章
CHAPTER SIX

涵 洞

　　涵洞主要是为宣泄地面水流(包括小河沟)而设置的横穿路基的小型排水构造物。一般规定:单孔标准跨径 $L_K < 5m$ 和多孔跨径总长 $L < 8m$(圆管涵及箱涵不论管径或跨径大小、孔数多少)均称为涵洞。涵洞一般是按设计流量来选择孔径。其构造简单、造价较低。

一、涵洞的分类与选择

1. 按建筑材料分类

　　常用的有石涵、混凝土涵、钢筋混凝土涵、砖涵,有时也可用陶瓷管涵、铸铁管涵、波纹管涵、石灰三合土涵等,如图6-1所示。其各自的适用性和优缺点如表6-1所示。

不同材料涵洞的适用性和优缺点　　　　　　　　　　表6-1

种　　类		适　用　性	优　缺　点
常用	石涵	产石地区。可做成石盖板涵、石拱涵	节省钢筋、水泥,经久耐用,造价、养护费用低
	混凝土涵	可现场浇筑或预制成拱涵、圆管涵和小跨径盖板涵	节省钢筋,便于预制,但损坏后修理和养护较困难
	钢筋混凝土涵	用于管涵、盖板涵、拱涵;软土地基上可用箱涵	涵身坚固,经久耐用,养护费用少。管涵、盖板涵安装运输便利,但耗钢量较多,预制工序多,造价较高
	砖涵	平原或缺少石料地区。可做成砖拱涵,有时做成砖管	便于就地取材。但强度较低;当水流含碱量大或冰冻时,易损坏

续上表

种　类		适　用　性	优　缺　点
其他	陶瓷管涵	陶、瓷产地,定型烧制	强度较高;运输、安装时易碎
	铸铁管涵	工厂化生产的金属定型产品	强度很高;但长期受水影响,易锈蚀
	波纹管涵	小跨径暗涵	力学性能好;但施工管节接头不易处理,易锈蚀
	石灰三合土涵	可做成石灰三合土箍管涵或拱涵	强度较低,造价低;但遭水流冲刷极易损坏

a)

b)

c)

d)

图6-1　涵洞的类型

a)石拱涵;b)砖涵;c)钢筋混凝土涵;d)钢波纹管涵

2.按构造形式分类

按构造形式,可分为管涵(通常称圆管涵)、板涵、拱涵、箱涵。以上4种不同构造形式涵洞的常用跨径见表6-2,各种构造形式涵洞的适用性和优缺点,可参见表6-3。

不同构造形式涵洞的常用跨径　　　　　　　　　表6-2

构　造　形　式	跨(直)径(cm)	构　造　形　式	跨(直)径(cm)
圆管涵	50*、75、100、125、150	拱涵	100、150、200、250、300、400
盖板涵	75、100、125、150、200、250、300、400	箱涵	200、250、300、400、500

注:1.带"*"号仅为农用灌溉涵用。

2.盖板涵中石盖板时为75cm、100cm、125cm,其余均为钢筋混凝土盖板涵。

各种构造形式涵洞的适用性和优缺点 表6-3

构 造 形 式	适 用 性	优 缺 点
管涵	有足够填土高度的小跨径暗涵	对基础的适应性及受力性能较好,不需墩台,圬工量少,造价低
盖板涵	要求过水面积较大时,低路堤上的明涵或一般路堤的暗涵	构造较简单,维修容易;跨径较小时用石盖板,跨径较大时用钢筋混凝土盖板
拱涵	跨越深沟或高路堤时设置。山区石料资源丰富,可用石拱涵	跨径较大;承载能力较大;但自重引起的恒载也较大,施工工序较繁杂
箱涵	软土地基时设置	整体性强;但用钢量多,造价高,施工较困难

3. 按洞顶填土情况和孔数分类

按洞顶填土情况可分为明涵和暗涵两类。明涵是指洞顶填土高度小于50cm的涵洞,适用于低路堤、浅沟渠;暗涵是指洞顶填土高度大于50cm的涵洞,适用于高路堤、深沟渠。

涵洞按孔数分为单孔、双孔和多孔等。

4. 按水力性质分类

按水力性质分类是根据水流通过涵洞的可能状态,进行必要的判断,定出涵洞水力计算图式。涵洞水力计算图式可分为无压力式、半压力式和压力式三种。另外,当路基顶面高程低于横穿沟渠的水面高程时,也可设置倒虹吸管涵洞。关于无压力式、半压力式、压力式涵洞和倒虹吸管涵洞水流的外观描述和适用性如表6-4所示。

不同水力性质涵洞的分类 表6-4

水 力 性 质	外 观 描 述	适 用 性
无压力式	进口水流深度小于洞口高度,水流受侧向束挟,进口后不远处形成收缩断面;下游水面不影响水流出口,水流流经全涵保持自由水面	要求涵顶高出水面,涵前不允许壅水或壅水不高时
半压力式	水流充满进口,呈有压状态,但进口不远的收缩断面及以后的其余部分均为自由水面,呈无压状态	全涵净高相等,涵前允许一定的壅高,且略高于涵进口净高
有压力式	涵前壅水较高,全涵内充满水流,无自由水面。一般出口被下游水面淹没,但升高进水口(流线型),且涵底纵坡小于摩阻坡度时,出口不会被下游水面淹没	深沟高路堤,不危害下游农田、房屋前提下,涵前允许较高壅水
倒虹吸管	进出水口设置竖井,水流充满全部涵身	横穿路线的沟渠水面高程基本等于或略高于路基高程

二、涵洞形式的选择

(一) 设计选用原则

桥涵应根据所在公路的使用任务、性质和将来的发展需要,按照适用、经济、安全和美观的原则进行设计。桥型的选择应符合因地制宜、就地取材、便于施工和养护的原则。

公路桥涵应适当考虑农田排灌的需要。靠近村镇、城市、铁路及水利设施的桥涵,应结合各有关方面的要求,适当考虑综合利用。

（二）选择涵洞形式应考虑的主要因素

1. 地形、地质、水文和水力条件

（1）选择涵洞还是选择小桥

当跨越常年有水但流量较小,或仅暴雨时产生水流的河沟,并且水流中漂浮物少,上游泥沙运动量较小,路堤高度满足壅水高度的要求,能够满足需宣泄的设计流量时,宜采用涵洞（包括明涵和暗涵）。当河沟地处陡峭深谷或冲积堆上,漂浮物多或有泥石流运动,需宣泄的设计流量较大时,宜采用小桥。

（2）按水力性质选择涵洞计算图式

一般新建涵洞以采用无压力式涵洞为主。为了提高宣泄设计流量,在不造成淹没上游农田、村庄的前提下,允许涵前较大壅水高度时,可采用压力式或半压力式涵洞。压力式涵洞在设计施工中,必须保证涵身不漏水,即不能让水渗入路基,影响路基的强度和稳定性。压力式涵洞进水口采用升高式（或流线型）,可提高宣泄设计流量,但水流速度加大,必须加固涵洞基础或增设涵底铺砌,保证进出水口、基底及附近路基不被冲毁。半压力式涵洞因水位起落变化引起水流不稳定（水力图式相应变化）,因此不常用。

（3）选择构造形式

当设计流量在 $10m^3/s$ 左右时,一般宜采用圆管涵。但当路堤高度过低,圆管涵顶填土高度不足时,宜采用盖板涵（先考虑采用暗涵,当盖板涵顶填土高度不足时,再考虑采用明涵）。

设计流量在 $20m^3/s$ 以上时,宜采用盖板涵。但当设计流量更大时,特别是当路堤较高时,宜采用拱涵。

涵洞基础对涵洞质量影响很大。砖管、拱涵都要求有较坚实的地基基础,其他类型的涵洞也要求基础不能有过大沉陷,而且沉陷必须均匀。

涵洞位置应尽量避免在地基松软、坚硬不均匀或地质条件不良地段设置。当地基过分松软无法避让时,应采取对地基加固或对基础加强的处理措施,也可以采用钢筋混凝土箱涵,选择时应对各种可行的处理方案进行技术和经济比较后确定。

（4）过水路面和混合式过水路面选用比较

三、四级公路跨越季节性小河,在交通允许一定限度的中断时,可考虑修建过水路面或带有涵洞的混合式过水路面。

平时干涸无水,暴雨后洪峰涨落迅速,主槽不明显,洪水时河滩较宽,河床地质情况较好,路线纵坡较平缓,可选用过水路面。若平时水流流量较小,主槽较明显,水流集中,则可选用混合式过水路面。

过水路面受水流冲刷不易养护,洪水时行车不安全,所以宜尽量少用。当考虑采用过水路面方案时,应与改为路线升高建涵方案作经济比较后确定。

2. 经济造价

因地区不同,涵洞的造价往往差异很大。涵洞造价主要取决于材料价格,其次是材料的运输费用和当地的人工、机具费用。

在盛产石料的山区,一般选用石涵比较经济;在缺乏石料的地区,当设计流量较小时,选用圆管涵或钢筋混凝土盖板涵比较经济;当设计流量较大时,选用钢筋混凝土盖板涵或拱涵比较经济。

宣泄同样设计流量的圆管涵,单孔比多孔经济。单孔钢筋混凝土盖板涵比多孔钢筋混凝土圆管涵经济。采用无压力式圆管涵时,一般不宜超过 3 孔。

路堤越高,涵洞越长。当路堤填土高度超过 5～6m,若设计流量较小时,采用圆管涵比较经济;若设计流量较大时,选择涵洞还是小桥,应作方案的技术经济比较后确定。

3. 材料选择和施工条件

选用涵洞材料时要因地制宜,尽可能就地取材。在石料丰富的地区,应充分利用石料修建石涵。在产陶、瓷器的地区,可选用符合载重要求的陶瓷管涵。对于一些不常用的材料,应经过试验鉴定后方可使用。在考虑就地取材的同时,应综合考虑运输条件。

涵洞设计要方便施工。一段线路上不宜采用过多的涵洞类型,尽可能定型化,便于集中预制,以节省模板和保证质量。设计预制件时,要考虑运输条件和安装方便性,尽可能采用机械化预制和安装,加快施工进度。

4. 养护维修

选择涵洞类型时,为了便于养护,孔径不宜过小,洞身不宜过长。

冰冻地区不宜采用小孔径管涵和倒虹吸管涵洞。为了农田灌溉必须采用时,须在冻期前将管内积水排除,并将两端进出口封闭。

在不至于造成淤塞的情况下,农田灌溉用涵洞的跨径可采用 0.5m;一般涵洞跨径应不小于 0.75m。

第二节　涵洞构造

涵洞是由洞身及洞口建筑组成的排水构造物。

洞身是涵洞的主要部分。洞身的作用是承受活载压力和土压力等并将其传递给地基,它应具有保证设计流量通过的必要孔径,同时本身要坚固而稳定。

洞口建筑连接着洞身及路基边坡,应与洞身较好地衔接并具备良好的宣泄水流条件。洞口包括进水口和出水口两个基本部分。

为使水流能安全地通过涵洞,减弱对前后涵底的冲刷,需对涵底和进出水口河床进行一定范围的加固铺砌,必要时应在涵洞前后加设调治构造物和消能设施。

一、洞身构造

(一) 洞身及组成

按涵洞构造形式和组成部分不同,洞身也有不同的形式。现将常见的洞身形式分述如下。

1. 圆管涵（包括倒虹吸圆管涵）

圆管涵洞身主要由各分段圆管节和支承管节的基础垫层组成，如图 6-2 所示。当整节钢筋混凝土圆管无铰时，称为刚性管节；当沿横截面圆周对称加设 4 个铰时，称为柔性管节。

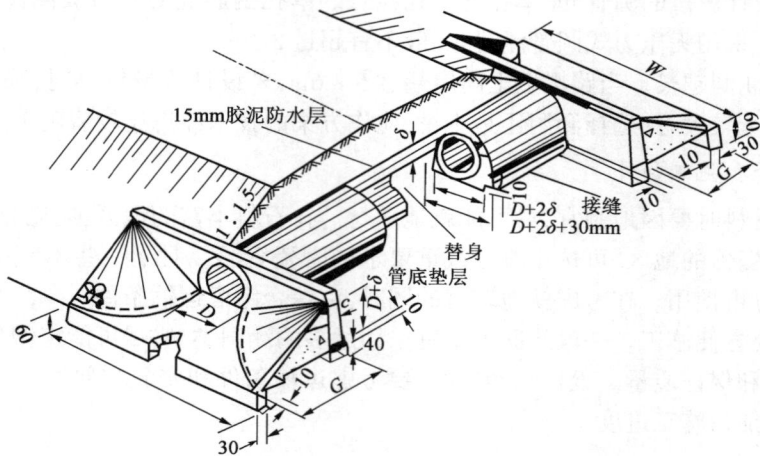

图 6-2　圆管涵洞身（尺寸单位：cm）

圆管涵常用孔径 d_0 为 50cm（农田灌溉时用）、75cm、100cm、125cm、150cm，对应的管壁厚度 δ 分别为 6cm、8cm、10cm、12cm、14cm。基础垫层厚度 t 根据基底土质确定，当为卵石、砾石、中粗砂及整体岩层地基时，$t=0$；当为亚砂土、黏土及破碎岩层地基时，$t=15cm$；当为干燥地区的黏土、亚黏土、亚砂土及细砂地基时，$t=30cm$。

2. 盖板涵

盖板涵洞身由涵台（墩）、基础和盖板组成。盖板有石盖板及钢筋混凝土盖板等。当跨径较小、洞顶具有一定填土高度时，可采用石盖板；当跨径较大时，宜采用钢筋混凝土盖板，如图 6-3 所示。

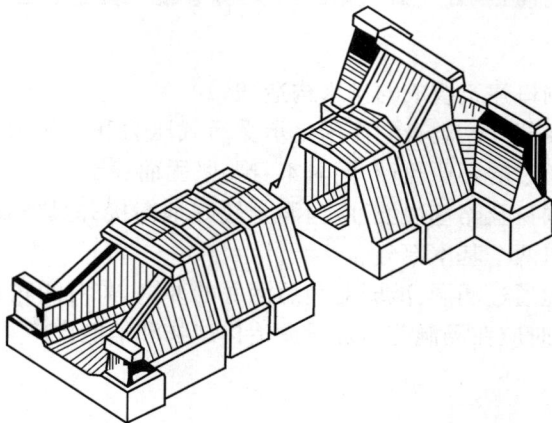

图 6-3　盖板涵洞身

石盖板涵常用跨径 L_0 为 75cm、100cm、125cm，盖板厚度 d 随洞顶填土高度与跨径而变，一般为 15～40cm。作盖板的石料必须是不易风化的、无裂缝的、强度较大的优质石板。石盖板涵由于其抗压性能较差,目前已很少使用。

钢筋混凝土盖板涵跨径为150cm、200cm、250cm、300cm、400cm,相应的盖板厚度 d 为15~22cm。当 L_0 达500cm以上时为小桥,相应的盖板厚度 d 可为25~30cm。

圬工涵台(墩)的临水面一般采用垂直面,而涵台背面采用垂直或斜坡面,涵台(墩)顶面一般做成平面。涵台顶面有时做成L形企口,使其在支承盖板的同时,借助盖板的支撑作用来加强涵台的稳定性。涵台(墩)的下部用砂浆与基础结成整体。钢筋混凝土盖板涵的涵台(墩)上部往往比台(墩)身尺寸略大,做成台(墩)帽。为了提高整体稳定性和抗震性,当跨径大于2m且涵洞较高时,可在涵底铺砌层之下基础之间,沿涵长每隔2m增设一根支撑梁,也可分别在盖板两端和台(墩)帽内预埋栓钉,使盖板与台(墩)加强连接。

石盖板涵的涵台(墩)墙身高 H_n (以原沟底面或铺砌层顶面至盖板顶面的高度计)一般为75~175cm,钢筋混凝土盖板涵的涵台(墩)墙身高 H_n 一般为75~450cm。

涵台(墩)基础可随地基土质不同采用整体式或分离式。采用分离式基础且涵内流速较大时,可在基础之间地面表层加以铺砌,使涵台(墩)基础免受冲刷破坏。基础底面的埋置深度(以距原沟底面或铺砌层顶面计)一般为100~140cm。

盖板涵的涵台(墩)宽度(a 及 b)和涵台(墩)基础宽度(a_1 和 b_1)的常用值如表6-5所示。

盖板涵涵台(墩)及基础宽度值 表6-5

盖板种类	涵台(墩)基础材料	涵台宽 a (cm)	涵墩宽 b (cm)	涵台基础宽 a_1 (cm)	涵墩基础宽 b_1 (cm)
石盖板	块石	40	40	50~60	60~80
钢筋混凝土盖板	块石	40~120	40~80	60~140	80~130
	混凝土	30~70	40~80	50~100	80~130

注: a 、 a_1 、 b 、 b_1 值随跨径 L_0 和墙身高 H_n 的增加而增大。

3. 拱涵

拱涵洞身主要由拱圈和涵台(包括涵台基础)两部分组成。若是两孔以上,还应增加涵墩(包括涵墩基础)。涵洞的横截面形式有半圆拱、圆弧拱、卵形拱,如图6-4所示。卵形拱不便施工,很少采用,应用最多的是圆弧拱涵洞。涵洞的横截面形式如图6-5所示。

拱涵的常用跨径 L_0 为100cm、150cm、200cm、250cm、300cm、400cm。拱涵的拱圈厚度 d 一般为25~35cm。圆弧拱的矢跨比 f_0/L_0 一般取1/3或1/4。拱涵的其他几何尺寸取值范围如下:台(墩)高 H_0 一般为50~400cm,台顶护拱宽度 a 为40~140cm,台身底宽 a_1 为70~260cm,墩身宽度 b 为50~140cm, a 、 a_1 、 b 的取值随着跨径 L_0 、台(墩)高 H_0 的增加而增大。

涵台基础视地基土质情况,采用整体式或分离式。整体式基础主要用于卵形涵及小跨径涵洞。对于松软地基上的涵洞,为了分散压力,也可用整体式基础。对于跨径大于2m的涵洞,宜采用分离式基础。

当采用分离式基础且涵内流速较高时,可在基础之间地面表层加以铺砌。有时为了较好地抵抗地基反力,避免基础可能的弯曲变形,可在基础之间设置反拱式涵底。若基础之间在10cm厚砂垫层上作石料铺砌或浇筑混凝土涵底,可在涵台基础与铺砌(涵底)间设纵向沉降缝,以免基础沉陷时铺砌(涵底)受到破坏,如图6-5所示。

基础底面埋置深度一般为1m,但地基土质较差时,可适当加深。当基础设在冻土层中时,除了以上要求之外,其基底最少应设置在冰冻线下25cm处。

a)   b)

c)

图6-4　涵洞的截面形式
a)半圆拱;b)卵形拱;c)圆弧拱

4.箱涵洞身

箱涵洞身可采用钢筋混凝土封闭薄壁结构,根据需要做成长方形断面或正方形断面,如图6-6所示。因施工较困难,造价较高,仅在软土地基上采用。

图6-5　涵洞纵向沉降缝

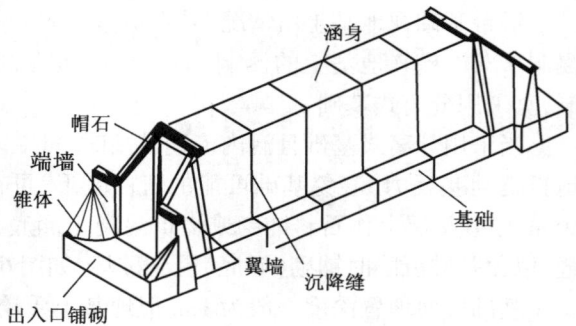

图6-6　箱涵洞身

箱涵的常用跨径 L_0 为 200cm、250cm、300cm、400cm、500cm,箱涵壁厚度 δ 一般为 22 ~ 35cm,垫层厚度 t 为 40 ~ 70cm,箱涵内壁面四个角处往往做成 45° 的斜面,其尺寸为 5cm × 5cm。

(二) 洞身接头的设置及处理

1. 洞身接头的设置

沿洞身的整个长度方向,在地基强度变化处;天然河沟床面纵坡较陡,涵洞洞底基础需分成几段不同坡度的变坡点处;基础和洞身同时分段,在阶梯形的分级处,洞身构造沿整个长度需要管节分开处均需设置接头。

2. 洞身接头处理的常用方法

涵洞沿纵向分段长度一般为 3 ~ 6m(圆管涵的管节长度由施工预制安装便利决定),每段之间以沉降缝分开,基础也同时分开。涵洞分段以后,可以防止由于荷载分布不均及基底土质性质不同引起的不均匀沉陷,避免涵洞断裂。

设置沉降缝的常用方法是在缝隙间填塞浸涂沥青的木板或浸涂沥青的麻絮,也有的顺沉降缝周围设置厚约 20cm、顶宽约 20cm 的黏土保护层。

压力式和倒虹吸管涵洞的洞身接头(包括竖井与洞身间的接头),除了按上述方法对沉降缝进行处理之外,还要设置防水层。

设置防水层的常用方法是用热沥青粘包两层油毡于管外壁;或用掺入麻刀的塑性黏土沿全管外敷(厚度为 20cm);也可在缝隙背面用防水水泥砂浆涂抹后,再在全部拱(或盖板)顶面及涵台外侧填筑约 15cm 厚的胶泥防水层。

二、洞口构造及其选择

(一) 洞口的作用

洞口建筑由进水口和出水口两部分组成。洞口应与洞身、路基衔接平顺,并起到调节水流和形成良好流态(流线)的作用,同时使洞身、洞口(包括基础)、两侧路基以及上下游附近河床免受冲刷。另外,洞口形式的选定,还直接影响着涵洞的宣泄能力和河床加固类型的选用。

涵洞与路线相交,可分为正交和斜交两种。当涵洞沿纵轴线方向与路线轴线方向相互垂直时,称为涵洞与路线正交;当涵洞纵轴线与路线轴线方向不相互垂直时(所夹锐角为 α),称为涵洞与路线斜交,涵洞标准图上所列常用斜交角 α 有 75°、60°、45° 三种。

(二) 正交洞口类型及适用性

洞口的建筑类型分为八字式、端墙式、锥坡式、直墙式、扭坡式、平头式、走廊式及流线型等,如图 6-7 所示。其中常用的有八字式、端墙式、锥坡式、走廊式和平头式。

1. 八字式

八字式洞口建筑为敞开斜置,两边八字形翼墙墙身高度随路堤的边坡而变。为缩短翼墙长度并便于施工，应将其端部建为矮墙。八字翼墙配合路基边坡设置，工作量较小，水力性能好，施工简单，造价较低，是最常用的洞口形式。

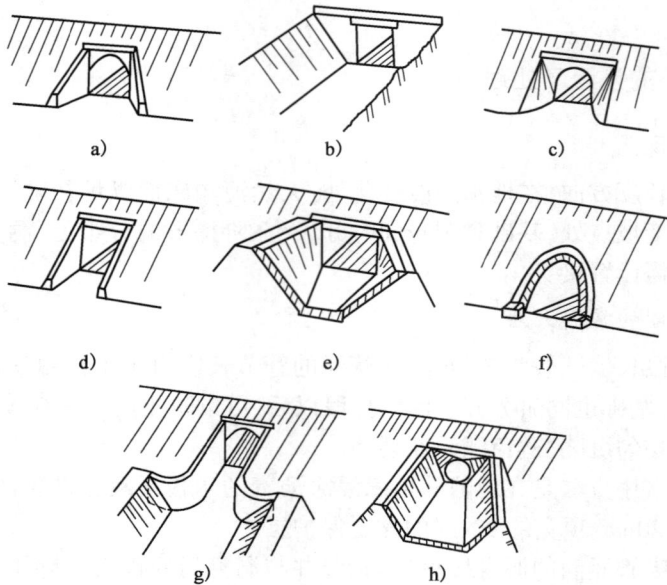

图 6-7 涵洞洞口各种类型
a)八字式；b)端墙式；c)锥坡式；d)直墙式；e)扭坡式；f)平头式；g)走廊式；h)流线型

八字式翼墙的敞开角（一边翼墙的迎水面与涵身轴线之间的夹角）按水力条件最适宜的角度，由试验得知，进口处为13°左右，出口处不宜大于10°（但习惯上用30°）。经验证明，其敞开角不宜过大，否则靠近翼墙端部时易发生涡流以致加大冲刷。因此，应根据具体的沟渠地形情况灵活设置，以利于合理地汇积和扩散水流，并使其顺畅地与原有沟渠相衔接。

2. 端墙式

端墙式（又称一字墙式）洞口建筑为垂直涵洞纵轴线、部分挡住路堤边坡的矮墙，墙身高度由涵前壅水高度而定，若兼作路基挡土墙时，应按挡土墙需要的高度确定。端墙式洞口构造简单，但水力性能不好，适用于流速较小的人工渠道或不易受冲刷影响的岩石河沟。

在人工渠道上，端墙应伸入渠道两侧边坡内一定距离。为防止涡流淘刷，必要时对靠近端墙附近的渠段进行砌石加固。

在土质很好的河沟上，当流速很小时，路堤边坡可直接以锥形填土在洞口两侧衔接。但端墙应伸入路堤边坡内一定距离，同时锥形填土需保持稳定。

3. 锥坡式

锥坡式洞口建筑是在端墙式的基础上对侧向伸出的锥形填土表面予以铺砌，视水流被涵洞的侧向挤束程度和水流流速的大小，可采用浆砌或干砌。这种洞口多用于宽浅河流及涵洞对水流压缩较大的河沟。锥坡式洞口圬工体积较大，不如八字式经济，但对于较大、较高的涵洞，这种结构形式因稳定性较好，是常用的洞口形式。

4. 直墙式

直墙式洞口可视为敞开角为零的八字式洞门。这种洞口要求涵洞跨径与沟宽基本一致，且无须集纳与扩散水流,适用于边坡规则的人工渠道,以及窄而深、河床纵断面变化不大的天然河沟。这种洞口形式,因翼墙短,且洞口铺砌少,较为经济。在山区进水口前,迎陡坡设置的急流槽后,配合消力池也常采用直墙式翼墙与之衔接。

5.扭坡式

扭坡式洞门主要用于盖板涵、箱涵、拱涵洞身与人工灌溉渠的连接。其设置目的是将原灌溉渠梯形断面的边坡通过洞口逐渐过渡为涵身迎水面的坡度(涵身迎水面往往是垂直的),这样可使水流顺畅,但施工工艺稍复杂。

6.平头式

平头式(又称领圈式)常用于混凝土圆管涵。因为需要制作特殊的洞口管节,所以模板耗用较多。但它较八字式洞口可省材料45% ~ 85%,而宣泄能力仅降低8% ~ 10%。平头式洞口适用于水流通过涵洞挤束不大和流速较小的情况。流速较大时,应对路堤边坡迎水面进行铺砌加固。另外,当需大批使用时,可考虑集中预制。

7.走廊式

走廊式洞口建筑是由两道平行的翼墙在前端展开成八字形或圆曲线形构成的。这种进水口建筑,使涵前的壅水水位在洞口部分提前收缩跌落,因此可以降低无压力式涵洞的计算高度或提高涵洞中的计算水深,从而提高涵洞的宣泄能力。

8.流线型

流线型洞口建筑,主要是指使涵洞进水口在立面上升高形成流线型,有时在平面上也做成流线型,使沿涵长向的涵洞净空符合水流进洞收缩的实际情况。

当流线型洞口用于压力式涵洞时,可使洞内满流,当用于无压力式涵洞时,可增大涵前水深,有效地提高涵洞的宣泄能力。

若涵洞采用普通进水口,当涵前水深高于洞顶、出水口水深低于洞顶时,流线方向与洞顶成尖锐角α,则水流进洞收缩水深之后,靠近洞顶处形成空隙,不能满流,因而泄流量大为减小。若涵前、涵后水深都超过洞顶,但又不十分高时,水流进洞后收缩水深,在涵内较长距离内水面断续脱离洞顶,出现相当大的真空吸力(称为气蚀),在洞顶上产生附加力,减少了宣泄流量。

常用的流线型洞口为升高式的盖板涵或箱涵,并配以八字墙(也可设曲线墙)。对于拱涵,为便于施工,采用进口加高节段的方法。当用于圆涵时,为便于施工,有的采用端部升高的形式,也有的采用比较简单的喇叭式。流线型涵洞虽然施工工艺比较复杂,但对于高路堤涵洞,尤其是路幅较宽、涵身较长的涵洞,从提高涵洞宣泄能力、节省造价方面来说是可取的。

各种洞口建筑类型的适用性和优缺点的归纳比较如表6-6所示。

各种洞口形式的适用性和优缺点比较 表6-6

洞口形式	适 用 性	优 缺 点
八字式	平坦顺直,纵断面高差不大的河沟。配合路堤边坡设置,广泛用于需收纳、扩散水流处	水力性能较好,施工简单,工程量较小

洞口形式	适 用 性	优 缺 点
端墙式	平原地区流速很小、流量不大的河沟、水渠	构造简单，造价低，但水力性能不好
锥坡式	宽浅河沟上，对水流压缩较大的涵洞。常与较高、较大的涵洞配合	水力性能较好，能增强高路堤的洞口、洞身稳定性，但工程量较大
直墙式	涵洞跨径与沟宽基本一致，无须集纳与扩散水流的河沟、人工渠道	水力性能良好，工程量小。在山区能配合急流槽、消力池使用，应用不广泛
扭坡式	涵身迎水面坡度与人工水渠，河沟侧向边坡不一致时采用	水力性能较好，水流对涵洞冲刷小，施工工艺较复杂
平头式	水流过涵侧向挤束不大，流速较小。洞口管节需大批使用，可集中生产时采用	节省材料，工艺较复杂，水力性能稍差
走廊式	需收纳、扩散水流的无压力式涵洞。涵洞孔径选用偏小时采用	水力性能较好，工程量比八字式多，施工较麻烦
流线型	需通过流速、流量较大的水流，路幅较宽，涵身较长，大量使用时采用	充分发挥涵洞孔径的宣泄能力，水力性能最好，但施工工艺复杂，材料用量较大

(三) 斜交洞口的处理

当涵洞与路线斜交时，其洞口建筑所采用的各种形式与正交时基本相同，如图 6-8 所示。根据洞身的构造不同，有以下两种处理方法。

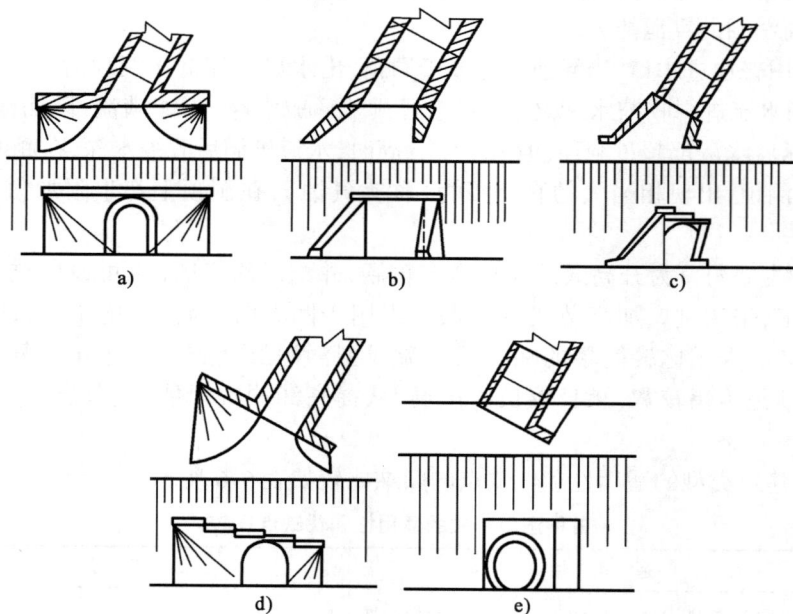

图 6-8　斜交涵洞的洞口布置

1. 斜交斜做

为求外形美观及适应水流条件,可使涵洞洞身端部与路线平行,此种做法称为斜交斜做。对于盖板涵和箱涵,运用斜交斜做法比较普遍。在这种情况下,除洞口建筑外,还须对盖板或箱涵涵身的两端另行设计,以适应斜边的需要。

2. 斜交正做

在圆管涵或拱涵中,为避免两端圆管或拱的施工困难,可采用斜交正做法处理洞口。即涵身部分与正交时完全相同,对洞口的端墙高度予以调整,一般将端墙设计成斜坡形或阶梯形。为使水流顺畅,宜配合路堤边坡对洞口建筑另行设计。

当斜交涵管采用平头式洞口时,其突出路基之外的三角台,则以铺砌护道边坡的方法予以加固。

(四)倒虹吸管涵洞的洞口形式及处理

公路上常用的倒虹吸管涵洞是竖井式,如图6-9所示。涵身断面形状一般有方形和圆形两种,前者常用于钢筋混凝土方涵或浆砌条石盖板涵,后者常用于钢筋混凝土管或混凝土管。除了钢筋混凝土方涵及管涵适用于较高水头之外,混凝土管、浆砌条石盖板涵等仅适用于3m以下水头。

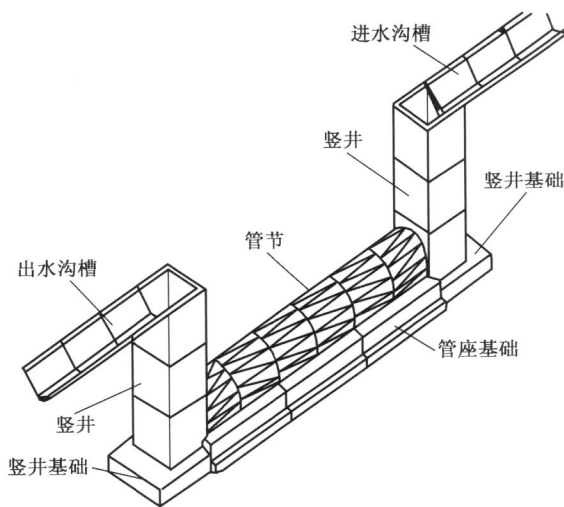

图6-9 倒虹吸管涵洞口

水流通过倒虹吸管要损失水头,用以克服倒虹吸管对水流的阻力。流速较大时,断面可以小些,能节省材料,且管内不致淤积,流速过低时,虽对控制水位有利,但增加了工程材料数量,涵内也容易淤积泥沙。一般管内流速以 1.5 ~ 2.5m/s 为宜。

倒虹吸管涵洞进出口的竖井一般设计成矩形,便于与涵身端部连接。竖井底部一般设置0.5m 深的沉沙池,以便沉积泥沙。

进出口应设计成与渠道平顺连接的渐变段,竖井应采取必要的防冲、防渗、拦污等措施。

为了便于管身维修,除直径较大的倒虹吸管涵洞的进出口外,应设有简单的拦水闸门或预留闸槽。

第三节 涵洞的施工要点及注意事项

一、钢筋混凝土管的预制

钢筋混凝土管应在工厂预制。新线施工时,可在适当地点设置混凝土圆管预制厂。预制钢筋混凝土圆管宜采用震动制管器法、离心法、悬辊法、立式挤压法。

钢筋混凝土管涵施工注意事项:

(1)管座混凝土应与管身紧密相贴,使圆管受力均匀。无基圆管的基底应夯填密实,并做好弧形管座。

(2)管节接头采用对头拼接,接缝不应大于1cm,并用沥青麻絮或其他具有弹性的不透水材料填塞。

(3)管节沉降缝必须与基础沉降缝一致。沉降缝宽2~3cm,应用沥青麻絮或其他具有弹性的不透水材料填塞。

(4)所有管节接缝和沉降缝均应密不透水。

(5)各管节应顺流水坡度呈平顺直线,当管壁厚度不一致时,应在内壁取平。

二、拱涵及盖板涵

1. 就地灌筑拱涵及盖板涵

(1)拱架和支架:

①钢拱架:可用角钢、钢板和钢轨等材料在工厂(场)制成装配式构件,在工地拼装使用。木拱架施工用量可参考有关手册。

②土牛拱胎(土模):用土牛拱胎代替拱架,在小桥涵中使用较多。这种方法能节省木料,既经济又安全。

根据河沟水流情况,土牛拱胎可做成全填土拱胎、设有透水盲沟的土拱胎、三角形木架土拱胎、木排架土拱胎等。

全填土拱胎施工步骤如下:拱胎填土应在边墙圬工达到设计强度的70%后,分层浇水夯填。每层厚度为0.2~0.5m,跨度小的可以厚一些,但亦视土质情况而定。

填土在端墙外伸出0.5~1m,并保持1:1.5边坡,填土将达拱顶时,分段用样板校正,每隔30cm挂线检查。

土胎面上应设保护层。保护层可以铺设油毡或抹一层15mm厚的水泥砂浆(1:4~1:6);较好的保护层用砖或块石砌约20cm厚,然后抹2cm黏土,再铺油毡,最好用白灰泥抹20cm(石灰:黏土:麻筋=1:0.35:0.03,重量比),抹后3d,即可浇筑混凝土。

对砌石拱圈,土牛拱胎上若不设保护层时,可用下述方法砌筑拱圈:在桥台筑好后,利用暂不使用的石料,把桥孔两端堵住,干砌一道宽 40~50cm,厚 20~40cm 的拱形墙(上面可抹青草泥)作为拱模,以便砌拱时挂线之用,然后在桥孔中间用土分层夯实填筑。

如洞身很长,超过 20m 或拱形复杂,可用木料做成三个合乎标准的拱模,两端及中间各置一个,两端的拱模可以支靠在石模上,中间的可按标准高度支于两旁桥台上并埋于土中,填筑土牛时不必将土牛的规定高度一次填足,可预留 2cm 空隙待砌拱石时边砌边填筑。

起拱线以上 3~4 层拱石不受拱胎支撑,可直接砌起。再往上砌时,因拱石的部分重量由拱胎支撑着,可用木板顺拱石灰缝按规定拱度放在拱石灰缝处的土牛上,木板下面用土石垫好,随即开始安砌这一层的拱石。砌好后把垫板取出,并将空隙用土填满捣实,再把垫板按规定拱度垫在上一层拱石砌缝处的土牛上,继续砌上一层拱石。如有较充分的木板,木板可不抽出周转,拱石砌至拱顶附近时,应先将这部分的土模夯打坚实。填到与标准拱模相差 3~5cm 为止,因土牛拱胎虽经夯实仍不够坚硬,当拱石放上去时极易压下,拱石的高度及位置都不太准确,因此需要在拱石下面的四角垫上片石,使拱石与土牛之间保持一定的空隙,以便校正拱石位置。拱石位置校正后,将其下面的空隙填砂捣实,然后在砌缝中灌以砂浆,这样可以保持不漏浆,同时挖去土牛后,灰缝中预填的砂子自然脱落,可省去勾缝时剔灰缝的麻烦。

在施工中有洪水到来的河沟中不能采用土牛拱胎法砌筑拱圈。

若用土牛拱胎灌筑盖板涵,其土牛填至桥台顶面高程即可,其施工方法与拱涵相同。

(2)就地灌筑混凝土拱圈外模的最小弧长,如表 6-7 所示。

拱圈外模最小弧长表　　　　　表 6-7

孔径(m)	1	1.25	1.5	2	2.5	3	4
最小外模弧长(每边)(cm)	65	75	85	105	125	140	180

注:外模弧长在 85cm 以上者,可适当分为 2~4 段,随混凝土灌注进度而加高,以便操作。

(3)拱架和支架的安装和拆除:拱架和支架应支立牢固、拆卸方便(可用木楔作支垫),纵向连接应稳定,拱架外弧应平顺。拱架不得超越拱模位置,拱模不得侵入圬工断面。拱架和支架安装完毕,应对其平面位置、顶部高程、节点联系及纵横向稳定性进行检查,不符合要求者,立即进行调整。

拱架和支架的拆除及拱顶填土,在具备下列条件之一时方可进行:

①拱圈圬工强度达到设计强度的 70% 时,即可拆除拱架,但必须达到设计强度方可填土。

②当拱架未拆除,拱圈强度达到设计强度的 70% 时,可进行拱顶填土,但应在拱圈达到设计强度后,方可拆除。

拱涵拆除拱架可用木楔,木楔用比较坚硬的木料对剖开而制成,并将剖面刨光。两块木楔的接触面的斜度为 1:6~1:10。在垫楔时应使上面一块的楔尖伸出下面一块楔尾外面一点,这样在拆架时敲击落木楔比较方便。木楔垫好后两端应钉牢。

拆卸拱架时应沿桥涵整个宽度,将拱架同时均匀降落,并从跨径中点开始,逐步向两边拆除。

(4)现浇混凝土涵洞台帽、台身、一字墙为整体式时,台身和基础可以连续浇筑,也可以不连续浇筑,八字式洞口或锥坡式洞口和涵台之间应是分离式的。混凝土涵台及基础分别浇筑时,基础顶面与涵台相接部分应拉成平面,基础、涵台及洞口建筑采用石砌时,应符合砌石工程要求。

（5）钢筋混凝土盖板,可预制安装或就地浇筑。采用就地浇注时,应一次连续浇注完毕,以避免施工接缝;当涵身较长时,可沿其长度方向分段进行,其施工接缝应设在涵身沉降缝处,采用预制安装时,应按图纸规定设置锚栓孔和吊环。预制盖板在移动中不得受振动,在施工中也不允许用锚栓孔吊装。斜板的涵台、台帽、基础,应按图纸指示的斜角进行修筑。按照斜角度预制钢筋混凝土盖板时,应检查斜交角的方向,以免发生反向错误。

（6）明涵预制盖板的邻板之间,应采用钢筋点焊的办法加以整体连接,板间接缝应用砂浆或小石子混凝土填充密实,图纸有要求将钢筋混凝土盖板用锚栓与涵台锚固在一起时,应按设计规定用的砂浆固定锚栓。明涵的台（墩）身和基础不得设置纵向接缝。台背填土必须在支撑梁（或涵底铺砌）及盖板安装完毕且砂浆强度达到70%以后方可进行;填土时,应两个涵台同时对称填筑进行回填。在盖板上面填土时,第一层的最小摊铺及碾压厚度分别不得小于30cm和20cm,并防止剧烈冲击。

（7）支撑梁的设计,应在安装或浇注盖板之前完成。

（8）箱形涵洞现场浇注时应满足以下要求:

①在浇注底板以前,应清除基座上的杂物。

②底板达到设计强度后,方可在底板上立模浇注侧板及顶板。

③浇注顶板时,须按图纸设置采光井。

④箱涵或明涵保证搭板与箱体连接,在浇注侧板上的牛腿时,应按图纸指示预埋锚固筋。

⑤严格按图纸所示的高程、纵坡和预拱度设置的垫层和基座以及立模和浇注混凝土。

2. 拱圈、盖板的预制和安装

（1）对预制构件结构的要求

①拱圈和盖板预制宽度应根据起重设备、运输能力决定,但应保证结构的稳定性和刚性,一般不小于1m。

②拱圈构件上应设吊装孔,以便起吊,吊孔应考虑设置平吊及立吊两种,安装后可用砂浆将吊孔填塞。盖板构件可设吊环,若采用钢丝绳绑捆起吊可不设吊环。

③拱圈和盖板砌缝宽为1cm。

④拼装宽度应与设计沉降缝吻合。

（2）预制构件常用模板

①木模:预制构件木模所用木材,应符合《公路桥涵施工技术规范》（JTG/T F50—2011）有关规定。在拼装前,应仔细选择木模厚度,并将模板表面刨光。木模接缝可做成平缝、搭接缝或企口缝。

当采用平缝时,应在拼缝内镶嵌塑料管或在拼缝外钉以板条内压水泥袋纸,以防漏浆。

②土模:为了节约木材、钢材,在构件预制时,可采用土模、砖模。土模分为三类:地下式、半地下式和地上式。

土模宜用亚黏土（$7 < I_p \leqslant 17$,I_p为塑性指数）,土中不应含杂质,粒径应小于1.5cm,土的湿度应适当,夯筑土模时含水率一般控制在20%左右,夏季含水率可高一些,冬季可低一些。

预制土模的场地必须坚实、平整。按照构件的放线位置进行拍底找平。为了减少土方挖填量,一般根据自然地坪拉线顺平,即如场地不好,含砂多,湿度大,可以夯打厚 10cm 灰土(2:8)后再行找平、夯实。

当预制工字形、T 形构件时,土模制作需用木胎。木胎宜用刚度大的模板料将表面刨光做成工具式,以利于配拆。木胎的外形大小,应按构件的设计尺寸,考虑土模表面抹面厚度,用于夯筑侧模时,木胎宽度和长度比构件设计尺寸放大 0.5~1cm,用于夯筑芯模时,下部芯模比构件尺寸缩小 0.5~1cm,上部芯模构件尺寸;木胎的高度,如按底模刮浆,上口抹灰考虑,宜比构件的高度低 0.5~1cm。

土模预埋铁件时,应注意以下几点:

a. 预埋螺栓时,露出构件外面的螺栓头,可插入土摸,伸入钢筋骨架的螺栓尾应和骨架钢筋焊牢。

b. 预埋铁板时,露出构件表面的铁板应紧贴土模,铁板四周打入铁钉,用铁钉帽挂住铁板。铁板上伸入钢筋的锚团脚应和骨架钢筋焊牢。

c. 预埋插铁时,若插铁伸出构件较短,可将露出部分插进土模,里面的一段和骨架钢筋扎牢或焊牢。若插铁伸出构件较长,不易插入土模时,可将插铁弯成 90°,紧贴于土模表面,拆模后再按要求直过来。

土模可与砖模、木模、钢丝网水泥模、钢模等定型模组成混合模。

(3)构件运输

构件达到设计强度后才能搬运(运输),常用的运输方法有:

①近距离搬运:可在成品下面垫放托木及滚轴沿着地面滚移,用 A 形架运输或用摇头扒杆起吊。

②远距离运输:可用扒杆或吊机装上汽车、拖车和平车等运输。

(4)构件安装

①检查构件及边墙尺寸,调整沉降缝。

②拱座接触面及拱圈两边均应凿毛(沉降缝除外)并浇水湿润,用灰浆砌筑。灰浆坍落度宜小一些,以免流失。

③拱圈和盖板装吊可用扒杆、链滑车或吊车进行。

④安装预制混凝土盖板,应注意下列事项:

a. 涵台强度达到设计强度的 70% 以上,方可安装盖板。

b. 安装好后,盖板上的吊装孔,应用砂浆或其他材料填塞。

c. 盖板安装前,应检查成品及边墙尺寸。

三、倒虹吸管涵

倒虹吸管施工时的注意事项:

(1)倒虹吸管涵施工方法与普通涵洞相同,但须特别注意管节接头密封,以免漏水。填土覆盖前应做灌水试验,符合要求后再填土。

(2)为防止冻裂,在冰冻期施工,应将管内积水抽出。

(3)倒虹吸管涵的进出水口在施工完毕后应加盖,以防人、畜掉入,发生事故。

复习
思考题

1.按建筑材料及构造形式,涵洞可分为哪几类?

2.圆管涵、盖板涵及拱涵的洞身分别由哪些部分组成?

3.洞口由哪两部分组成? 洞口的作用是什么?

4.简述八字式洞口。

5.钢筋混凝土管涵的施工注意事项有哪些?

第七章
CHAPTER SEVEN

隧　道

一、隧道的概念及作用

公路隧道是指道路从地下层内部或水底通过而修筑的建筑物。公路隧道一般可分为两大类：一类是修建在岩层中的，称为岩石隧道；另一类是修建在土层中的，称为软土隧道。岩石隧道修建在山体中的较多，故又称为山岭隧道；而软土隧道常常修建在水底和城市立交桥下，故称为水底隧道和城市道路隧道。埋置较浅的隧道，一般采用的是明挖法施工；埋置较深的隧道则多采用暗挖法施工。用作地下通道的有公路隧道、水底隧道、城市道路隧道、地下铁道、铁路隧道和航运隧道等。本章主要介绍的是公路隧道。

隧道在山岭地区可用于克服地形或高程障碍，改善线形，提高车速，缩短里程，节约燃料，节省时间，减少对植被的破坏，保护生态环境，还可以用于克服落石、塌方、雪崩和雪堆等带来的危害。在城市可减少用地，构成立体交叉，解决交叉路口的拥挤阻塞、疏导交通。在江河、海峡、港湾地区，可不影响水路通航。修建隧道既能保证路线平顺、行车安全，提高舒适性和节省运费，又能增加隐蔽性，提高防护能力和不受气候影响。

隧道是地下工程建筑物，为保持坑道岩体能够稳定、保证行车安全，通常需要修筑主体建筑物和附属建筑物。主体建筑物包括洞身衬砌和洞门，附属建筑物包括通风、照明、防排水，安全设备等。隧道的组成如图7-1所示。

洞身衬砌的作用是承受围岩压力，结构自重及其他荷载，防止围岩风化与崩塌及洞内的防水、防潮等。洞门的主要作用是防止洞口坍方落石、保持仰坡和边坡的稳定。通风照明、防排水、安全设备等的作用是确保行车能够安全、舒适。

隧道衬砌在结构计算理论和施工方法两方面与地面结构相比有很多不同之处。最主要的不同是，埋置在地层内的衬砌结构所承受的荷载比地面结构复杂。所以，在设计衬砌时，除计算复杂多变的围岩压力以外，还要考虑衬砌与围岩的相互作用。

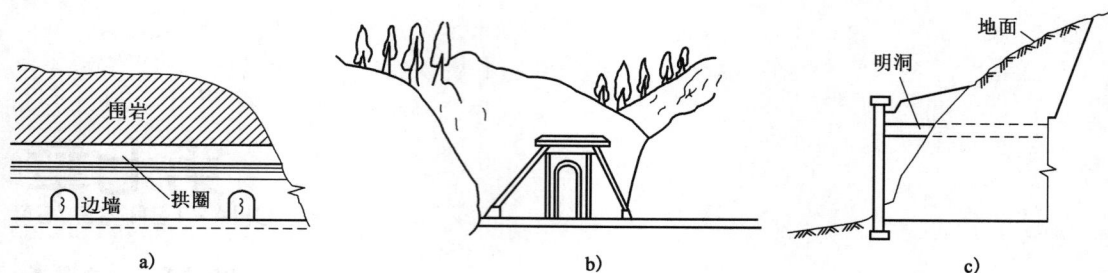

图 7-1　隧道的组成
a)洞身；b)洞门；c)明洞

　　隧道施工与地面建筑物也不同，空间有限，工作面积狭小，光线暗，劳动条件差，给施工增加了难度。

　　隧道在勘测设计时，地质条件是其重要依据之一。通常应在较大的范围内做详细的地质调查和水文地质调查，以便选择最佳的隧道位置、断面形状和施工方法。

二、隧道工程的发展简况

　　人类很早就知道将自然洞穴作为住处。当社会发展到能制造挖掘工具时，就开始出现了人工挖掘的隧道。

　　在我国有关地下人工建筑物的最早文字记载，出现在东周初期（约公元前 700 年）。《左传》中有"……掘地及泉，隧而相见……"的记载。最早用于交通的隧道为"石门"隧道，位于今陕西省汉中县褒谷口内，它是建于东汉明帝永平九年（公元 66 年）。用作通道的还有安徽亳县城内的古地下通道，建于宋末元初（约 13 世纪），是我国最早的城市地下通道。

　　在其他古代文明地区，有很多著名的古隧道，如公元前 2180～2160 年，在古巴比伦城幼发拉底河下修筑的人行隧道，是迄今为止已知最早用于交通的隧道。古代最大的隧道建筑物可能是拿不勒司与普佐利（今意大利境内）之间的婆西里勃隧道，它完成于公元前 36 年，至今仍然可以使用。它是在凝灰岩中凿成的垂直边墙无衬砌隧道。

　　近代隧道兴起于运河时代，1895～1906 年已出现了穿越阿尔卑斯山长 19.73km 的最大铁路隧道。目前最长的铁路隧道已达 53.85km。较为完善的水底道路隧道建于 1927 年，位于纽约哈德逊河底（Holland 隧道）。现在世界上的长大公路隧道（2km 以上）和长大水底隧道（0.5～2.0km）有将近百条，最长的是位于瑞士中部芦塞恩湖南侧的圣哥达（StGotthard）汽车专用隧道，全长共 16.3km。

三、我国隧道的发展现状及前景展望

　　进入 21 世纪以来，中国公路隧道年均增长率高达 20%，且有逐年加快的趋势，仅 21 世纪前十年，公路建设年均隧道里程就高达 555km，隧道建设与营运技术得到了长足发展。先后建成了沪蓉高速华蓥山隧道（4.706km）、二广高速雁门关隧道（5.235km）、福银高速美菰林隧道

（5.580km）、沪渝高速方斗山隧道（7.605km）和秦岭终南山公路隧道（18.02km）等一批标志性特长隧道工程。其中，秦岭终南山公路隧道已成为中国目前运营最长的公路隧道。至2014年年底，中国已有公路隧道12 404座，总长度为10 756.7km。2017年7月，中国第一条海底公路隧道在舟山正式开建。

目前，中国已成为世界上隧道工程建设规模最大、数量最多和难度最高的国家，这些特征不仅体现在隧道长度、埋深和断面尺寸的增长上，在建设难度和技术创新也达到了空前的高度，各种新材料、新工艺等不断涌现。随着中国公路交通路网不断向崇山峻岭、离岸深水延伸，越来越多的隧道工程将修建在高海拔、强风沙、高温高寒环境和高应力、强岩溶区域，包括越江跨海等水下隧道，亟需发展新材料、新工艺、新方法和新技术，为未来几十年公路隧道工程建设的持续发展提供了非常重要的技术支撑。我国城市化交通目前处于迅速发展阶段，大规模的公路、铁路等交通事业方兴未艾，公路隧道建设必将会有更大的发展。同时，随着国家经济的发展，对越江跨海隧道的需求也将会越来越大。

四、存在的问题

公路隧道是一门综合性学科，需要具备相当多的基础知识，除一般土木工程知识之外，还涉及工程结构、岩土、地下水、空气动力学、声学、光学、消防、环保、自动化控制、工程机械、通风除尘、供电照明、交通工程、维修服务、测量与监控、报警与急救、运营与管理等多种学科，无论是从科研到设计，还是从施工到管理等都仍存在着不少问题。主要表现在以下几点。

（1）隧道及地下工程理论强国薄弱。许多现代设计理论的依据仍来自于西方国家，设计模型、方法还有很多不足之处，数值分析软件开发的能力和国外相比仍然有很大的差距。

（2）隧道监控量测理论匮乏。一方面，对隧道施工监控量测仪器的研发投入较少，对隧道施工监测管理要求也不严格；另一方面，由于中国公路隧道建设起步较晚，在早期的发展过程中，重点主要集中在隧道结构设计、受力分析和施工方法方面，而忽视了对监控量测技术方面的研究。

（3）喷射混凝土回弹率较高，应加强对湿喷混凝土及喷射钢纤维混凝土的应用研究，做到完善施工工艺，改善施工条件，提高支护质量、速度及效果。

（4）对地下水探测技术落后，施工中防、排水技术亦较落后，隧道渗漏水现象严重；隧道渗漏水的理论研究成果有的不全面，有的未经过试验验证，在指导实际工程方面仍有不足。

（5）公路隧道内通风、照明、防灾、监控和运营管理等技术，以及数值模拟计算软件技术都比较落后，并且还缺乏综合性统筹。

（6）现有的隧道抗震计算方法适用范围有限；专门针对隧道结构物的抗震设计规范仍然缺少，亟待制定；在现行规范中，针对隧道结构抗减震措施的条文数量少、实用性和操作性也不强。

（7）盾构TBM刀具种类多、产品多、性能差异大、无统一标准，在技术创新方面能力较低，建议进一步加快盾构TBM刀具行业达到标准化、系列化和产业化。

第二节　公路隧道结构构造

公路隧道结构构造,主要由主体构造物和附属构造物两大类组成。主体构造物是为了保持岩体的稳定和行车安全而修建的人工永久建筑物,通常是指洞身衬砌和洞门构造物。洞身衬砌的平面、纵面和横断面的形状由道路隧道的几何设计确定,而衬砌断面的轴线形状和厚度是由衬砌计算决定。在山体坡面如果有发生崩坍和落石可能时,往往采取接长洞身或修筑明洞的措施。洞门的构造形式由多方面因素决定,如岩体的稳定性、通风方式、照明状况、地形地貌,以及环境条件等。附属构造物是主体构造物以外的其他建筑物,是为了运营管理、维修养护、给水排水,供蓄发电、通风、照明、通信和安全等修建的构造物。

一、隧道衬砌材料

隧道是埋藏在地下层深处的工程建筑物,其衬砌通常需要承受较大的围岩压力、地下水压力,有时还会受到化学物质的侵蚀,地处高寒地区的隧道往往还要受到冻害等。所以,一方面,要求用于隧道衬砌的材料应具有足够的强度、耐久性、抗渗性、耐腐蚀性和抗冻性等;另一方面,隧道是大型工程构造物,1m 长的隧道都需要大量建筑材料,因此工程量很大。所以,从经济观点看,衬砌材料应当是价格便宜,可就地取材,便于机械化施工的。在施工时,通常采用以下材料。

1. 混凝土

这种材料的优点是整体性好,既可以在现场浇注,也可以在加工场预制,而且可以机械化施工。其本身密实性较好,具有一定的抗渗性。如果在水泥中掺入密实性附加剂,可以提高混凝土的密实度,从而改善混凝土的防水性能。或者使用减水剂,提高混凝土的密实程度,改善混凝土的抗渗性能。根据需要,在混凝土中也可以加入其他附加剂,比如,低温早强剂、常温早强剂、速凝剂、缓凝剂、塑化剂和加气剂等,来满足使用和施工的需要。

配制混凝土还可以根据需要选择合适的水泥,例如:具备快硬、高强特性的有快硬硅酸盐水泥,具备快硬、早强特性的有硅酸盐膨胀水泥和石膏矾土膨胀水泥,具备抗渗防水特性的有大坝水泥和防水水泥,具备抗硫酸盐侵蚀的抗硫酸盐硅酸盐水泥、塑化水泥,以及加气水泥等。

在配制有抗冻要求的混凝土时,在寒冷地区,混凝土强度等级不小于 C40,在严寒地区,不宜低于 C50。

混凝土材料的缺点是灌注后不能立即承受荷载,需要进行养生,等其达到一定强度之后才能拆模,因此占用的模板和拱架较多。普通混凝土的耐侵蚀能力较差。

2. 钢筋混凝土

在隧道施工时,暗挖部分就地绑扎钢筋比较困难,通常不采用现浇钢筋混凝土。在明挖地段可以采用。在通过不良地质地段时,往往采用废旧钢轨或焊接钢筋骨架(花拱)灌注钢筋混凝土。所用混凝土强度等级为 C20。

3. 喷射混凝土

喷射混凝土是将混凝土干拌和料、速凝剂和水,用混凝土喷射机高速喷射到洁净的岩石表面凝结而成的。其密实性很高,能封闭围岩的裂隙。密贴于岩石表面,早期强度高,能很快地起到支护作用,是一种理想的衬砌材料。

4. 锚杆与喷锚支护

锚杆是用机械方法加固围岩的一种材料,其种类很多,通常可分为机械型锚杆和黏结型锚杆。当围岩不够稳定时,还可以张挂金属网。在设置锚杆再加喷混凝土时,即为"喷锚支护"。

5. 石料

在隧道衬砌中,不得使用有裂隙和风化的石料,石料标号不应低于 MU30,用于砌筑的砂浆标号为 M10。石衬砌材料的优点是材料来源广泛,可以就地取材。砌好后能较早地承受荷载,可以节省很多水泥和模板。其缺点是砌缝多,容易漏水,在施工时,主要靠手工操作,费工费时,并且需要大量熟练工人,目前还不能进行机械化施工。现在已很少采用石料衬砌,但洞门挡墙、挡土墙、路缘石和人行道盖板等仍可使用。超挖部分可以使用片石混凝土回填。

6. 装配式材料

在软土地区修筑隧道时,常用盾构法施工,其衬砌材料往往采用装配式材料,如钢筋混凝土大型预制块,有加筋肋的铸铁预制块。在修筑棚式明洞(简称棚洞)时,又可用预制板或梁装配板式棚洞或梁式棚洞。用新奥法施工时,为了做到防水、防落石和美观,还可以加设离壁式结构。常用的材料有波纹钢拱式大型装配预制件,有时也可以用玻璃钢代替钢材等。

二、隧道洞身衬砌类型

山岭隧道与软土隧道、水下隧道相比较,由于其受力、施工方法等存在差异,在结构形式上也有很大差别。即使是山岭隧道,也因人们对围岩压力和衬砌结构所起作用的认识有了一定的发展,而使其结构形式发生很大变化。

(一)直墙式衬砌

直墙式衬砌形式通常用于岩石地层垂直围岩压力为主要计算荷载,水平围岩压力很小的情况。一般适用于 V、IV 类围岩,有时也可用于 III 类围岩。对于道路隧道内直墙式衬砌结构的拱部,可以采用割圆拱、坦三心圆拱或尖三心圆拱方式。三心圆拱指拱轴线由三段圆弧组成,若其轴线形状比较平坦($r_1 > r_2$)时,称为坦三心圆拱,若其形状较尖($r_2 > r_1$)时,称为尖三心圆拱,若 $r_1 = r_2 = r$ 时,即为割圆拱,如图 7-2 所示。

如果围岩完整性比较好,在 V 类围岩中,边墙可以采用连拱或柱,称为连拱边墙或柱式边墙,如图 7-3 所示。

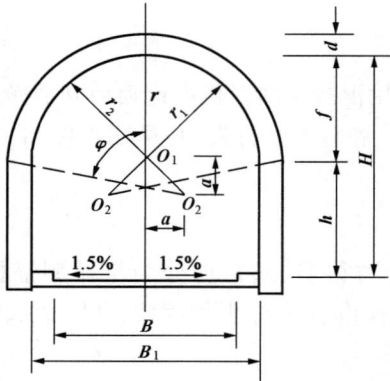

图 7-2   直墙式衬砌

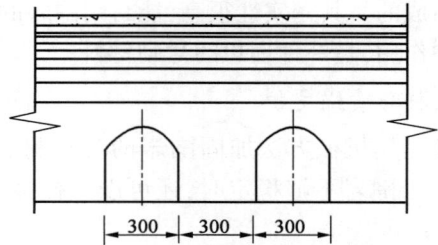

图 7-3   连拱边墙及柱式边墙(尺寸单位:cm)

为了节省圬工,在 V 类围岩中,可以采用大拱脚薄边墙衬砌,如图 7-4 所示。当具备喷混凝土条件时,边墙可以用喷混凝土代替。该法是个局限性很大的方法,最大的问题是大拱脚支座施工困难,在非均质岩层中很难用钻爆法做出整齐、稳定的支座。所以,在这种较好质量围岩中,不如优先考虑喷锚支护。

(二)曲墙式衬砌

通常在Ⅲ类以下围岩中,水平压力较大,为了抵抗较大的水平压力,因此把边墙也做成曲线形状。当地基条件较差时,为防止衬砌沉陷,抵御底鼓压力。使衬砌形成环状封闭结构,可以设置仰拱,如图 7-5 所示。

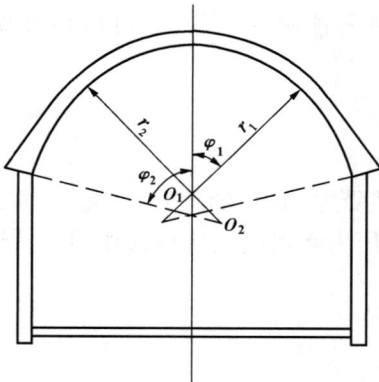

图 7-4   大拱脚薄边墙衬砌

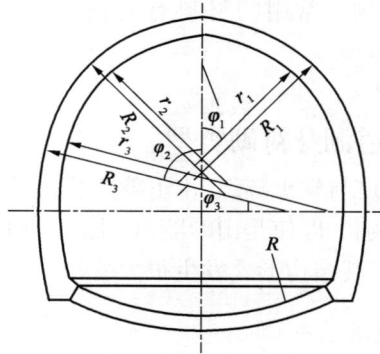

图 7-5   曲墙式衬砌

(三)喷射混凝土衬砌、喷锚衬砌及复合式衬砌

为了使喷射混凝土衬砌结构的受力状态更加理想化,要求采用光面爆破开挖,使洞室周边平顺光滑,成型准确,减少超挖或欠挖。然后,通过监控量测,在适当的时间喷混凝土,即为喷

射混凝土衬砌。根据实际情况,需要安装锚杆的则需要先安装锚杆,再喷射混凝土,即为喷锚衬砌。如果是以喷射混凝土、锚杆、钢拱支架或钢筋网中的一种或几种组合作用,作为初期支护对围岩加固,维护围岩的稳定,防止有害松动。待初期支护的变形基本稳定后,进行现浇混凝土作为二次衬砌,即为复合式衬砌。为使衬砌的防水性达到可靠程度,保持无渗水、漏水,采用塑料板作为复合式衬砌中间层是比较适宜的,如图 7-6 所示。

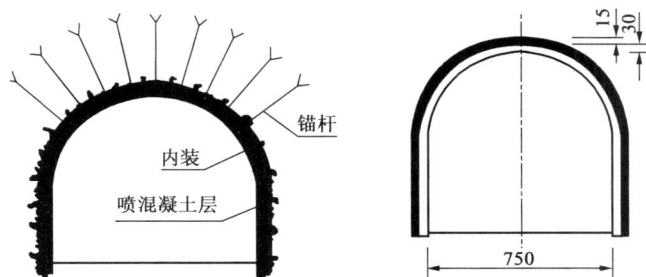

图 7-6 喷锚衬砌与复合衬砌(尺寸单位:cm)

(四)圆形断面隧道

为了抵御膨胀性围岩带来的压力,山岭隧道也可以采用圆形或近似圆形断面,因为需要较大的衬砌厚度,所以多半在施工时会进行二次衬砌。对于水底隧道,由于水的压力较大,在采用矿山法施工时,多半会使用二次衬砌,或者采用铸铁制的方形节段。水底隧道广泛使用盾构法施工,其断面为全圆形。通常用预制的方形节段在现场拼装。此时,在顶棚以上的空间和路面版以下的空间可以用作通风管道,车行道两侧的空间可以设置人行道或自行车道,如果有剩余空间时,还可以设置电缆管道等。水底隧道的另一种施工方法就是沉管法,有单管和双管之分,其断面可以是圆形,也可以是矩形。

岩石隧道掘进机是开挖岩石隧道的一种机械化切削机械,其开挖断面通常为圆形,在开挖后,可以用喷混凝土衬砌、喷锚衬砌或拼装预制构件衬砌等多种形式。

(五)矩形断面衬砌

如上所述,在用沉管法施工时,其断面可以用矩形形式。用明挖法施工时,尤其是在修筑多车道隧道时,其断面广泛采用矩形。在这种情况下,回填土厚度一般较小,加之在软土中修筑隧道时,软土不能抵御较大的水平推力,因而不能修筑拱形隧道。矩形断面的利用率也较高,如图 7-7 所示。城市中的过街人行地道,通常都在软土中通过,其断面也是以矩形为基础组成的。

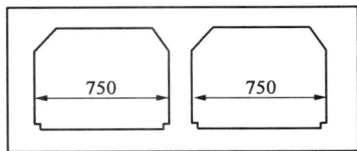

图 7-7 矩形断面衬砌(尺寸单位:cm)

三、洞门

隧道两端的出入口都要建造洞门,洞门是路堑与隧道的连接点,它的作用是,能保持洞仰坡和路堑边坡的稳定;汇集和排除地面水流。此外,洞门是隧道唯一外露的部分,故还可以对它进行适当的建筑艺术装饰。

要考虑与附近的景观与地形相协调,应选择合适的洞门形式。目前,使用较多的洞门形式有以下几种。

(一)端墙式洞门

端墙式洞门也称为一字洞门,它是一种最常见的洞门,其适应性比较强。端墙式洞门的特点是构造简单、施工方便、受力条件明确,但要求洞门有稳定的边坡和仰坡,不致产生很大的土压力。

(二)翼墙式洞门

在岩层破碎、节理发育容易产生坍塌地段修建洞门时,常采用翼墙式洞门方式。翼墙可做成端墙形式或八字墙式,翼墙顶根据地形可做成水平式或斜坡式。

(三)柱式洞门

在端墙上增加对称的两个立柱,不但看起来雄伟壮观,而且能对端墙局部加强,可以增加洞门的稳定性,柱式洞门式适用于洞口地形较为开阔的隧道。

(四)台阶式洞门

在沿溪线傍山隧道半路堑情况下,常采用台阶式洞门的形式。为了适应山坡地形,所以一般会将端墙做成台阶式。

(五)环框式洞门

此种形式最简单。就是与衬砌一体,不另做挡墙的一种形式。近年来,采用的削竹式和喇叭口式都属于环框式的演变。这种形式适用于洞口围岩坚硬完整,开挖后边坡和仰坡稳固,坡面上汇水量少的隧道;而削竹式也适用于洞口自然坡面平顺,较缓、轴线等高线大角度相交、边坡高度很低的洞口。

(六)洞门构造及基础设置应按照以下规定

(1)洞口仰坡坡脚至洞门墙背的水平距离不应小于1.5m,洞门端墙与仰坡之间水沟的沟底至衬砌拱顶外缘的高度应小于1m,洞门墙顶应高出仰坡坡脚0.5m以上。在水沟底下采用填土时,应夯填密实。

(2)洞门墙应根据实际需要设置伸缩缝,沉降缝和泄水孔;洞门墙厚度可按计算或结合其他工程类比确定。

(3)洞门墙基础必须置于稳固地基上,应视其地形及地质条件,埋至足够的深度位置,确保洞门的稳定性。基底埋入土质地基的深度不应小于1m;嵌入岩石地基的深度不应小于0.5m;地基为冻胀土层时,基底标高应在冻结线以下不小于0.25m;墙基底应大于墙边的各种沟槽基底埋设的深度。

（4）当地基强度不足时，应采取扩大、加固基础等措施。

四、明洞构造及类型

由于洞顶覆盖层较薄，不宜大开挖修建路堑又难于用暗挖法修建隧道的地段；隧道洞口受不良地质、边坡塌方、岩堆、落石、泥石流等危害又不宜避开、清理的地段；道路之间形成立体交叉，但又不宜做立体桥时；或者是为了保持洞口的自然环境，而需要延伸隧道洞口时，通常宜修建明洞。以明挖法施工修建的隧道，或在露天修建而有回填土予以遮盖的结构物，称为明洞，如图7-8所示。

图7-8　明洞

（一）拟建明洞的原则

1. 核查地形、地貌和水文地质情况

在拟建明洞的地方，应详细调查该处的地形、地貌和水文地质情况。在有可能发生大的滑坡和大量塌方的地方不宜修建明洞。

2. 地基和基础处理

明洞所在位置，通常其地形、地质条件比较复杂，明洞基础条件差，所以在修建明洞时，为确保结构的安全与稳定，应当慎重处理地基与基础。

（1）明洞基础应置于稳固的地基上。当基岩埋深较浅时，基础可设置于基岩之上；当基础位于软弱地基上时，基础可采用仰拱、整体式钢筋混凝土底板等结构。但外墙基础趾部，应保证一定的嵌入深度和护基宽度，基底埋置深度应在冰冻线以下25cm。

（2）明洞顶填土厚度应视山坡病害和明洞用途而定，当为防护一般的落石、崩塌危害时，填土的高度不宜小于2m，以满足缓和边坡上石块下坠之冲击力。

（3）明洞外边墙基础埋置深度超过面3m以下时，宜在路面以下设置钢筋混凝土横向水平拉杆，并锚固于内边墙基础或岩体中，或用锚杆锚固于稳定的岩体中。

3. 明洞拱背和墙背的回填

明洞拱背和墙背的回填，应符合以下要求。

（1）拱脚用贫混凝土或浆砌片石回填。

（2）边墙背后超挖部分，宜用片石混凝土或水泥砂浆砌片石密实回填。

（3）背后回填料的内摩擦角不应低于围岩的计算摩擦角或设计回填料计算摩擦角。

（二）公路隧道明洞的结构类型

通常根据明洞的用途、地形、地质条件、荷载分布情况、营运安全、施工难易以及经济条件等进行具体分析、比较和确定明洞的结构类型。公路隧道中明洞的结构类型，一般可分为拱式明洞、棚式明洞和箱式明洞三类。

1. 拱式明洞

隧道进出口两端的接长明洞或在范围有限内的边坡塌方和支撑边坡稳定的地段修建独立明洞，多采用拱式明洞。拱式明洞内外墙身用混凝土结构或钢筋混凝土结构组成，整体性好，承载力较大，能适应较大的山体压力。但是，因为拱式明洞内外墙相对位移对内力影响较大，所以对地基要求较高，尤其外墙基础必须要稳固，必要时还可加设仰拱。因此，拱圈宜采用钢筋混凝土结构，且外墙尺寸较厚，可达 3～5m。如图 7-9 所示。

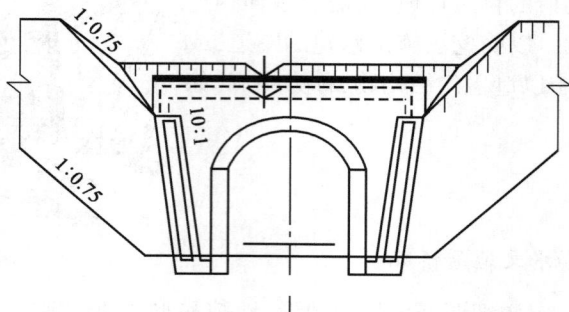

图 7-9　拱式明洞

2. 棚式明洞

当路线外边坡有小量塌落，并且地基承载力不足时，由于受地形、地质条件的限制，难以修建拱式明洞时，可以采用棚式明洞，如图 7-10 所示。棚式明洞由顶盖和内外边墙组成。棚式顶盖常用钢筋混凝土梁式结构（T 形、I 形或空心板截面构件）。内边墙一般采用重力式结构，当内侧岩体完整、坚硬、无地下水时，为了减少开挖和节约圬工，可采用锚杆加固围岩式挡墙。外侧边墙可视地形、地基、边坡塌方和落石等情况选用墙式、柱式或刚架式等结构。

3. 箱式明洞

箱式明洞一般适用于明洞净高、建筑高度受到限制，地基较弱的地方。图 7-11 即为一个方形箱式明洞。全部用钢筋混凝土制成的方形整体明洞。在施工时，需要分段进行施工，两侧紧贴岩层，保持原岩层不致因施工开挖而产生滑动。超挖而回填后的强度应不低于该处岩石的抗压强度。

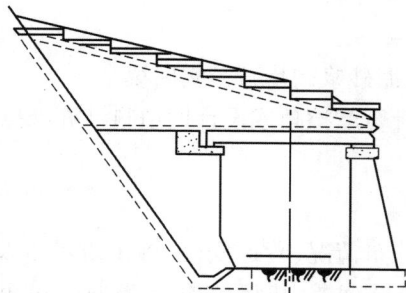

图 7-10　棚式明洞

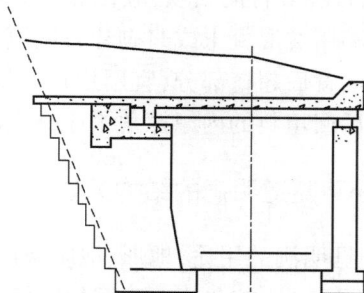

图 7-11　箱式明洞

第三节　隧道设施

一、一般要求

（1）隧道的附属设施。

隧道的附属设施指为确保交通安全和顺适而设置的标志标线、通信信号、消防救援、迎风设施、照明设施、监控设施和供电系统。以上列举的这些设施均应根据公路等级、隧道长度、设计交通量、地理位置与其所在环境，使用条件等综合研究确定，按安全、经济和适用的原则进行设计。

（2）在设计衬砌与断面净空时，应充分考虑隧道设施的需要。

在衬砌中，要预埋通风、照明、监控等设施的悬挂预埋件及暗敷电缆管道的预埋管件，要预留电源插座及安放消防器材等的管理设备洞室。在设计断面净空时，应预留电缆桥架的位置净空。

二、供电系统

隧道供电系统设计必须执行国家技术经济政策，做到保障人身安全，供电可靠，技术经济合理。隧道的电力负荷应根据其重要性和中断供电在政治和经济上所造成的损失或影响程度定出负荷等级。隧道内一般采用的是三相四线制供电；供电系统应采用 380/220V 交流电的中性接地变压器，隧道内通风和照明以及事故用电应各自设置单独的回路。通风和照明供电的控制开关应集中设置在隧道口附近的控制室内。设置通风、照明的高速公路，一级公路隧道应设独立自动投入的备用电源。

三、隧道通风

隧道内保持良好的空气是行车安全的一个必要条件。隧道内空气中的有害物主要是汽车行驶时排出的一氧化碳，这种气体对人体最有危害。另外，隧道内汽车行驶排放或带起路面上的烟气和粉尘等，都会在隧道内造成空气污染，影响行车的安全。因此，要保持良好的行车环境，就要制订出相应的最经济、有效的通风设计方案。

（一）在通风设计中应充分考虑以下因素

（1）隧道的长短，纵坡以及隧道的平面线形，对通风都有直接的影响。

（2）隧道所处地区的地理条件、气候条件和周围环境的影响。

（3）隧道内的交通状况和汽车在行驶过程中排放的有害气体，其中，交通状况主要包括交通流量及车型组成，上、下行数量和变化规律及行人密度等。

（4）隧道内预测可能的交通事故、火灾等非常情况。

(5)隧道工程造价和营运管理费用等。

（二）控制指标

隧道内的空气质量通常用两项指标进行控制:第一项是控制对人体产生重大影响的一氧化碳浓度;第二项就是对行车视距产生影响的烟尘浓度。世界各国根据本国情况对这两项指标都采用不同的标准。

1.我国规范规定隧道内一氧化碳的允许浓度

(1)隧道内工作人员休息室和控制室等人员长期停留的工作间为24ppm。

(2)在正常营运时,隧道内一氧化碳的允许浓度为250ppm。

(3)在发生事故时,隧道内一氧化碳的允许浓度短时间(20min)以内为300ppm。

2.隧道内烟尘允许浓度

(1)高速公路、一、二级公路隧道为 $0.0075m^{-1}$。

(2)二、三、四级公路隧道为 $0.0090m^{-1}$。

（三）隧道通风方式

隧道通风方式的种类很多,在选择时,主要是考虑隧道的长度和交通量,同时还要考虑气象、环境、地形及地质等条件。在充分考虑各种因素后,选择既有效又经济的通风方式、按车道空间的空气流动方式划分,隧道通风方式可以粗略的区分如表7-1所示。

表7-1

自 然 通 风		
机械通风	纵向式	射流式
		风道喷嘴式
		竖井式、排风式
	半横向式	送风式
		排风式
	全横向式	顶送顶排式
		底送顶排式
		顶送底排式
		侧送侧排式

（四）自然风的产生

自然风的产生来自于两个方面,一方面是由隧道两个洞口的大气条件(气压、温度、风等)和高差引起的压头差值引起自然风;另一方面是由车辆行驶产生的交通风。单向行驶的隧道,若车速能稳定在 50~60km/h 时,"活塞风"可以达到 4~6m/s,这是不能忽视的。自然通风相对机械通风来说,它是一种较简单、节约能源消耗的通风方式,在选择通风方式时应优先考虑,从世界各国的隧道实例看,长度在 200m 以下甚至在 200~500m 时,在一定的交通量以下可以考虑采用自然通风。在无可靠资料时,一般双向行驶的隧道可按下列界限确定通风方式:当

$LN \geq 600$ 时,采用机械通风;当 $LN < 60$ 时,采用自然通风。基中 L 为隧道长度(km), N 为通过隧道的车辆高峰小时文通量(辆/h)。

(五)机械通风

目前,机械通风一般用在交通密度大的中、长、特长隧道中。机械通风有三种,即纵向通风、半横向通风和全横向通风。纵向式通风一般适用长度为 1 500～3 500m 的隧道。半横向式通风,一般适用于长度为 1 000～3 000m 的隧道。全横向式通风方式普遍被认为是一种理想的机械通风方式,但造价高,一般适用于 2 000m 以上的长大、重要、交通密度高的隧道。

在采用机械通风的隧道进行通风设计时,应考虑以下事项。

(1)为配置通风机的台数及功率,需先计算隧道内所需的通风量。对于双向行驶的隧道,这个通风量完全由通风机来提供,不需要考虑交通风的影响。

(2)要正确选择通风方式及通风机械,以便控制洞内风速,使洞内风速不超过规范标准。

(3)机械通风的进风装置应安设在空气污染最小的地方。通风机房应有防潮、防锈蚀等措施,在寒冷及严寒地区宜有保暖措施。当考虑火灾和其他灾害产生的烟雾时,纵向和横向的通风系统应做到能够变换送排风方向。

(4)没有机械通风的长隧道,宜配置备用风机。

(5)通风机械传入隧道内的噪声应符合规范要求。

(6)进行通风量计算时采用的交通量,对有统计资料的老路采用全年小时交通量的第 30 小时交通量作为依据。对新路也可采用年平均日交通量的 16% 作为通风量计算的小时交通量。

(7)交通流的组成对通风设计有着重要意义。交通流的组成是指各种车型通行车辆所占的比例,汽油车以排出一氧化碳的数量作为计算新风量的依据,柴油车则以排烟量为依据。对某一地区而言,交通流的组成不是一成不变的,确定它需要做许多实际的调查、分析与推测。

四、隧道照明

隧道一般应设置电灯照明、隧道照明,与道路照明显著不同是,隧道内白天也需要照明,而且白天照明比夜间更加复杂。对于能通视、设计速度低、交通量较小、行人密度不大的短隧道,可不用设置白天的照明设施;长度超过 100m 的高速公路,一、二级公路隧道,应设置白天的照明设施。

(一)进行照明设计时,应考虑以下事项

(1)隧道洞口附近的环境:隧道洞口附近的自然光亮度,隧道方位及附近地形,洞门色彩,进出引道上及附近的视野状况和线形状况(比如,曲线与坡度等)。气象状况(比如,雾、霾、烟尘、雨、风及其携带物等)。

(2)隧道状况:隧道的长度、宽度、线形、建筑限界等与照明的关系;关于照明器的选择,安装位置、照明度、维修率;路面、墙壁和顶棚的种类及反射率等。

(3)交通状况:单向交通还是双向交通、汽车专用还是混合交通、设计交通量和远期计划交通量等对照明设计的影响。

（4）附属设备状况：电源状况、配电线路、照明器材、道路标志、通风装置等。

（5）维护管理状况：为保持照明水平，需要对路面污染及墙面清洁状态等进行维护管理。

（二）亮度要求

隧道照明分为白天和夜间两种情况来确定不同的亮度值。隧道照明困难主要是在白天车辆由明亮的露天环境突然进到黑暗的洞口就会产生眼睛的不适应（黑洞效应），因此，应在隧道的洞口部位加强照明，减少缓和亮度的下降比例。在必要情况下，经论证比较洞外露天一段距离可采取减光措施（减光格栅或遮阳棚，种植草坪或植树）。长隧道的白天照明，按照不同的区段可分为引入段、适应段、过渡段和基本段。对于单向行驶的隧道，还可以考虑出口段。各照明区段的长度及路面的最低亮度值如表7-2和表7-3所示。

区段照明长度及路面最低亮度 表7-2

设计车速（km/h）	引 入 段		适 应 段		过 渡 段		入口照明区总长度（m）
	距离（m）	亮度（cd/m²）	距离（m）	亮度（cd/m²）	距离（m）	亮度（cd/m²）	
80	40	80	40	80～46	40	46～4.5	12060
60	25	50	30	50～30	30	30～2.3	85
40	15	30	20	30～20	20	20～1.5	55
20 及以下		1.0		1.0		1.0	

基本照明及夜间照明亮度 表7-3

设计车速（km/h）	距离平均亮度（cd/m²）	换算平均照度（lx）	
		混凝土路面	沥青路面
80	4.5	60	100
60	2.3	30	50
40	1.5	20	35
20 及以下	1.0	15	20

（三）光源及照明灯具的选择

照明光源及照明灯具的选择是保证隧道照明质量的关键。隧道照明的光源，除了要满足在隧道特定环境下的光效、光通量、寿命及工作特性，光色、显色性和控制配光的难易程度等主要要求外，还应选择在汽车排烟形成的烟雾中仍能保证隧道有良好能见度的光源。

在通常情况下，应使用在烟雾中有较好的透过率的低压钠灯，如果是短隧道或柴油车比率较小的隧道，烟雾会少些，也可使用显色性好的荧光灯。在隧道出入口处，可用小型大光通量的高压钠灯或高压汞灯。高压钠灯的优点是寿命长、光效高。在选择灯具时应充分注意以下几点。

（1）灯具的配光特性是否符合照明目的，能否符合隧道的几何条件。

（2）形状和尺寸是否小而坚固，安装和维修起来是否方便。

（3）材料应有良好的耐腐蚀性能，必要时要施以表面处理。

（4）对隧道墙面的配光及烟尘的污染处理，应充分注意防护等级。

（四）灯具的布置

灯具的合理布置是指在最经济的条件下达到最好的照明效果,光亮分布合理表现在隧道内路面、墙面光线分布均匀,无刺激性眩光,也无昏暗的死角,保证无周期性的闪光现象。实验表明,1次/秒的闪光频率为瞌睡频率,驾驶员会很不适应容易产生视力疲劳,容易发生事故,所以应充分注意灯具的配光作用。灯具的布置方法很多,从隧道横断面来讲,可在拱顶、墙壁或在拱顶安设吊装顶棚上安装灯具,但不得单侧布置;从隧道纵断面来讲,可分为对称布置与交错布置,无论哪种布置,均应保证隧道内照明光线柔和,均匀无频闪效应。

（五）隧道照明计算

隧道照明计算包括路面任意点的照度、平均照度、照度均匀度;任意点的亮度、平均亮度、亮度均匀度及眩光等计算。照度计算通常进行路面上任意点的照度和路面平均照度计算,在此基础上进行均匀度计算。任意点的照度计算可以根据等光强图(正弦等光强图或平面投影等光强图)或光强表进行,也可以根据等照度曲线图进行。路面平均照度计算有两种方法,即数值计算法和利用系数曲线计算法。照度均匀度计算,首先需要找出最大照度点和最小照度点,然后进行计算。亮度与照度既有联系又有不同,它是入射方向与观察方向的函数。

（六）隧道照明设计应考虑事项

（1）隧道内应急照明必须有独立的供电系统,照明亮度值不得低于基本亮度值的1/10。
（2）在隧道内设紧急停车带时,停车处亮度应按基本亮度的1.52倍设计。
（3）当隧道外有路灯照明时,隧道内路面亮度值不得低于露天段亮度的2倍。
（4）不设电光照明的隧道,应设置防护栏和配置诱导视线的反光标志,如隧道轮廓标、车道线、反光道钉等。

五、隧道内路面工程

公路隧道内路面无日照,一般夏季隧道内比洞外气温低,冬季气温较洞外略高,尤其是在北方。实际是全年保持在一个较低的温度状态。这样隧道内采用贯入式、路拌法、层铺法等沥青路面,一般都不易成型良好;隧道内比较潮湿,直接影响沥青路面的使用和耐久性。沥青路面颜色黑、反射率低,也直接影响路面亮度。公路隧道路面,要求使用周期长、养护费用少,故常选用高等级路面,宜采用水混凝土路面,其与墙部应设置变形缝,路面等处也应设置变形缝。

公路隧道行车路面设计应符合交通部颁发的《公路水泥混凝土路面设计规范》(JTG D40—2003)和《公路沥青路面设计规范》(JTG D50—2017)的有关规定。

隧道内的路基应具有足够的承载力,尤其要求在有丰富的地下水的条件下也能满足此要求,这就要求有良好的排水设施。衬砌背后应设置盲沟和导水管,在车道板下面铺设透水性好的路基材料,必要时可设置仰拱。在确定隧道纵坡时,应保证排水沟排水顺畅,同时应保证路面有1%~1.5%的横坡等。

六、标志标线

隧道内路面应画线,并与洞外路面画线保持连续性。曲线隧道应设置行车诱导标志,并宜采用反光标志或标线。在隧道两端洞口附近必须设置限制车速、禁止超车或停车等标志。

七、机电设施

为保障隧道内的正常交通与行车安全,在发生事故与火灾时采取及时的措施,在必要的情况下,应设置监控、通信与信号设施。高速公路、一级公路的长隧道和特长隧道,可根据需要设置公路情报板和交通监视设施,每隔500~600m设置一部紧急电话。其他等级公路的长大隧道也可根据需要参照设置。

八、消防及避险设施

隧道是个空间狭小的地方,当发生事故与火灾时,救援的难度较大。为此,在设计中应考虑以下事项。

(1)相邻双孔隧道之间,间距200~300m,应设一处行人横洞;间距400~600m,应设一处行车横洞。

(2)500m以上的高速公路,一级公路隧道,应设置有专用消防器材的洞室,并做出明显标志。

(3)长大隧道在必要时应设置报警,消火栓及其他应急设施。

第四节　公路隧道的防排水设计

合理、有效的防排水设计是隧道设计中的重要问题,隧道在渗透漏水的长期作用下,能造成隧道侵蚀破坏,尤其在严寒地区,反复地冻融循环,在衬砌内部造成衬砌混凝土冻胀开裂破坏,且在衬砌与围岩之间造成冻胀,会引起拱墙变形、破坏。拱墙上悬挂冰柱,冰溜侵入净空。隧底形成冰坡、冰锥,影响行车及安全,在围岩有地下水并具有侵蚀性的情况下,不仅恶化行车环境,而且对衬砌及隧道设备造成腐蚀。因此,搞好隧道的排水与防水,使隧道不漏不渗,是保证隧道能长期使用,保证行车安全的重要条件。

隧道的水害,冻害是由洞内、洞外的多种条件决定的,影响因素十分复杂,所以不能靠单一的办法来解决,而应采取"防""排""截""堵"这几种方法相结合进行综合治理才能奏效。其中"排"排是主要的、积极的办法。"防",是指衬砌抗渗透和衬砌外围防水,包括衬砌外围防水层和压浆;"排",是指使衬砌背后空隙及围岩不积水,减少衬砌背后的渗透水压力和渗透水量;"截",是指从地面截走,减少地面水下渗,从地下采用导坑、泄水洞、井点降水等截水措施,减少地下水流向衬砌周围;"堵",是指采用注浆、喷、涂、嵌补抹面等方法堵住渗透水裂缝空隙。

一、排水法

目前，通常在隧道设计中都依靠综合治理的办法来达到防水防冻的目的。其中"排"是主要的、积极的办法，这是多年来隧道治水的经验总结。

目前，在设计中隧道排水的做法是：在隧道开挖后，每隔一定距离沿洞周环向铺设弹簧排水管，其直径 5～10cm，具有一定的柔性，可顺壁面随弯就弯；又由于弹簧具有一定的刚度，无论管子怎样变形，管径基本保持不变。弹簧排水管外面用玻璃纤维布包裹，具有滤水防堵功能。弹簧排水管下端与纵向排水盲管相连。纵向排水盲管有软管和硬管之分。软管与上述的弹簧排水管构造相同，管径长度通常约为 10cm；硬管即为建筑工程中常用的 PVC 排水管。为了使该管既具有排水功能，又具有透水作用，在使用中常在 PVC 管的上半部钻有大量的小孔。为了充分利用纵向排水盲管，纵向盲管铺设时还带有一定的泄水坡度。纵向盲管每隔 10～20m 留有一个出水口，通过横向盲管与双边排水管或中央排水管相连，地下水经排水管集中排出。

二、防水法

(一)防水做法

隧道的防水做法是：将隧道衬砌修成复合式衬砌，采用夹层防水层。隧道开挖后用锚喷将岩面整平，在岩面上铺设一层土工布或 PE 泡沫垫层，然后再铺设一层防水板。防水板多为合成高分子卷材，种类繁多，目前在工程上使用较多的有 PVC、LDPE 和 EVA 等。防水板在铺设时有不同的工艺，其差别主要表现在防水板的固定上和板间的搭接方法上。防水卷材在厚度和宽度上有不同的规格，使用时有环向铺设和纵向铺设两种。为了保证接茬的密封质量问题，一般在两幅卷材接茬处都要搭接 10cm。卷材接茬有冷粘法和热合法两种。冷粘法主要用于 PVC 等防水卷材的胶合。在使用时要将专用胶合剂用刷子涂刷于接缝边缘，待胶合剂稍干后将两幅卷材黏合在一起。这种方法的优点是施工方便、施工速度快。热合法主要用于 EVA 和 LDPE 等防水卷材的搭接。在施工时要将两幅卷材平行放好，压茬宽度 10cm，然后用专门的热合焊缝机将两卷材边缘压合于一起。值得指出的是，目前工程上使用的焊缝机多为双缝焊机。即在两焊缝中间留有一道宽 1cm 的气道，接缝焊完后，可用充气筒向气道内注气，若气道内气压不断降低，说明焊缝不够严实，应检查补焊。若气道压力保持不变，说明焊缝完好。热合法的最大优点就在于施工期间可进行质量检测。

防水卷材往洞壁上的固定方法有两种：一种是有钉铺设法；另一种是无钉铺设法，所谓的有钉铺设法，是将防水卷材在洞壁上摊平，用塑料垫片压实后，用射钉枪将垫片固定在洞周壁面上。垫片的布置形式有梅花形和矩形。一般边墙垫片的间距约 1m，拱顶约 80cm。为了防止垫片上的钉孔渗漏水，在防水卷材固定好后，在垫片四周涂刷一层胶合剂，再用一块稍大的塑料板将原先的垫片封盖，从而达到完全防水的目的。所谓无钉铺设法，其实是对有钉铺设法的一种改进，这种方法先用塑料垫片及射钉固定土工布等防水卷材垫层，然后将防水卷材有规律地摊铺,在塑料垫片处用专用的平头烙铁将防水卷材与垫片热合。由于塑料垫片与防水卷材为同质材料,所以两者热合牢固、质量可靠。无钉铺设法是一种先进的施工工艺,它基本上保证厂防水卷材的完整性与密闭性。采用复合式衬砌并在衬砌间夹防水层是我国公路隧道建设中的一项重大技术进步。

为了保证公路隧道防水抗渗,通常在设有防水夹层的基础上,对衬砌混凝土还提出特殊的要求,既要求其不但要有一定的强度,而且还要有一定的抗渗能力。实践证明,衬砌中的各种接缝是渗漏水的关键部位。在设计中于伸缩缝、变形缝和施工缝间都设有止水带,以达到多层设防、疏而不漏的目的。

从设计角度看,公路隧道的防水、防冻做法已比较完善;而从施工角度看,由于工程条件的千变万化,以及主观原因或客观原因,经常使设计思想难以到位。因此,做好隧道的防水、防冻工作,归根到底要提高施工质量,加强施工间质量检查与检测;当遇到不良地质条件时,采用适当措施,使排水系统畅通无阻,防水系统不渗、不漏。

(二)在隧道设计中,防水措施注意事项

(1)首先要重视防止地表水的下渗,这是减少围岩渗漏水或涌水的重要措施,对钻探或其他原因形成的坑穴、钻孔等均应填实封闭;对易积水的坑洼地段及流水易渗地段,应采取填平、铺砌、勾补、抹面等措施。

(2)围岩破碎、涌水易坍的地段,应直接向围岩内顶压浆。将不透水的凝胶物质通过钻孔注入扩散至岩层裂隙中,把裂隙中的水挤走,堵住地下水的通路,减少或阻止涌水流入工作面或衬砌背后,同时还起到固结破碎岩层的作用,从而为开挖和衬砌创造较好的条件。

(3)当工程地质条件和施工条件适宜时,对采用复合式衬砌的隧道应采用夹层防水层,能够收到良好的防水效果。目前,常用的夹层防水材料有 PVC 复合防水板,夹布橡胶防水板,聚乙烯防水板等。

(4)为了防水抗渗,衬砌混凝土不仅要求有一定的强度,一般采用 C20 以上,同时也要求具备一定的防渗标号,寒冷地区不宜低于 S6,一般地区不宜低于 S4。

(5)衬砌设计,施工中的各种接缝(工作缝、伸缩缝、变形缝)防水防渗应采用专门的加强防水措施。接缝位置应不做一般的平缝,根据围岩地下水的具体情况,除了要按照施工技术规则要求处理接缝外,应分别采用 L 型、企口型施工缝,并采取橡胶或塑料止水带、缓胀止水条或沥青麻筋等止水措施。

第五节 公路隧道的施工要点及注意事项

一、隧道施工方法概述

隧道施工是对修建隧道及地下洞室的施工方法、施工技术和施工管理的总称。

隧道施工方法的选择主要依据地质、地形、环境条件及埋置深度,并结合隧道断面尺寸、长度、衬砌类型、隧道的使用功能和施工技术水平等因素综合考虑确定。根据隧道穿越地层的不同情况和目前隧道施工技术的发展,隧道施工方法可按以下方式分类。

(1)山岭隧道的施工方法有:矿山法、新奥法、掘进机法。

(2)浅埋及软土隧道的施工方法有:明挖法、地下连续墙法、浅埋暗挖法、盾构法。

(3)水底隧道的施工方法有:沉埋法、盾构法。

隧道施工的特点有:受工程地质和水文地质条件的影响较大;工作条件差,工作面小而狭窄,工作环境差;暗挖法施工对地面影响较小,但埋置较浅时,可能导致地面沉陷;有大量废渣,需妥善处理。

埋置较浅的工程,施工时先从地面挖基坑或堑壕,修筑衬砌后再回填,这种施工方法称明挖法。当埋置深度超过一定限度后,明挖法不再适用,而要改用暗挖法,即不开挖地面,采用在地下挖洞的方式施工。

暗挖法施工最初是采用矿山开拓巷道的方法,故称为矿山法,此法应用范围很广。

19世纪,为修筑水底隧道,创建了盾构法,经过了一百多年的不断改进和完善,盾构已成为在松软地层中修筑隧道的常用方法之一。

为避免在水下作业,在19世纪末又出现了沉埋法,此法主要在地面上进行,并且应用日益广泛。

随着岩体力学的发展,在结合现场经验的基础上,20世纪中叶创建了新奥法。该法的主旨是尽量利用围岩的自承能力,用喷锚支护控制围岩的变形及应力重分布,使之达到新的平衡。这样一来,就把支护和围岩组成一个整体结构,而其中的主要承载部分就是围岩。此法是在软弱围岩中施工的有效方法。

二、新奥法

新奥法即奥地利隧道施工新方法(New Australian Tunnelling Method),这是奥地利学者腊布希维兹首先提出的。它是以喷射混凝土和锚杆作为主要支护手段,通过监测控制围岩的变形,便于充分发挥围岩的自承能力的施工方法。

锚喷支护技术与传统的钢木构件支撑技术相比,不仅有手段上的不同,更重要的是工程概念的不同,是人们对隧道及地下工程问题的进一步认识和理解。由于锚喷支护技术的应用和发展,导致隧道及地下洞室工程理论步入到现代化理论的新领域,也使隧道及地下洞室工程的设计和施工更符合地下工程实际,即设计理论—施工方法—结构(体系)工作状态(结果)的一致。因此,新奥法作为一种施工方法,已在世界范围内得到了广泛的应用。

(一)理论依据

新奥法的基本理论依据,就是在利用围岩本身所具有承载效能的前提下,采用毫秒爆破和光面爆破技术,进行全断面开挖施工,并以复合式内外两层衬砌形式来修建隧道的洞身,即以喷混凝土、锚杆、钢筋网和钢支撑等为其外层支护形式,称为初次柔性支护,系在洞身开挖之后必须立即进行的支护工作。因为蕴藏在山体中的地应力由于开挖成洞而产生再分配,隧道空间靠空洞效应而得以保持稳定,也就是说,承载地应力的主要是围岩体本身(抗荷环),而采用初次喷锚柔性支护的作用,是使岩体自身的承载能力得到最大限度的发挥,二次衬砌主要是起安全储备和装饰的作用,因此总的衬砌厚度是比较薄的。

(二)设计特点

公路隧道的设计与其他结构设计相比有以下两个难点。

(1)难以求得其真实的围岩体的物理参数和初始地应力,由于地质构造的离散性和不可预见性,地质钻探难以全面、准确地获得地质情报。

(2)难以确定其荷载系统。作用在隧道上的荷载有两种,即作用在隧道围岩上的荷载和作用在支护结构上的荷载。前者是随着隧道开挖产生再分配而引起的,而这种应力再分配的特性,则受隧道的断面形式、开挖程序、支护方法和围岩形变特性所支配,很难用一个模式将其确定;而后者主要是由围岩体的变形引起的,它同样也受上面几种因素的影响而难以确定。

因此,在采用新奥法施工时,一个完整的隧道工程设计由初始设计和修正设计两部分组成。初始设计难以反映围岩体和支护结构的真实受力状况,故新奥法要求在开挖过程中,认真做好测量工作,并不断地反馈到初始设计中,以利于及时修改支护参数和施工方案,使其更经济、更合理。新奥法的设计特点主要体现在两个方面:一是不必进行严格计算,围岩分类与工程类比是其设计的重要依据;二是结构设计与施工设计紧密结合,在根据初始设计进行开挖的过程中,应认真量测围岩、监控施工、修改设计。

(三)施工

新奥法的施工程序可用图7-12表示。

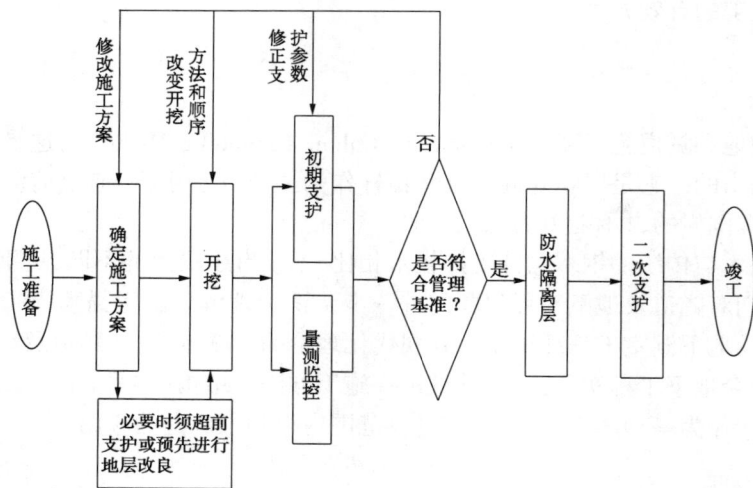

图7-12 新奥法施工程序

根据新奥法的施工技术要求和施工顺序,可划分为:开挖、喷锚支护(初期支护)、模注混凝土(二次衬砌)和装饰共四个过程。其施工过程主要是开挖、喷锚、模注混凝土三大工序的循环式流水作业。装饰是在整个隧道贯通之后才进行的。

1.开挖

开挖或称掘进,是先导工作,是龙头,在整个隧道的施工过程中至关重要,故专业分工比较细,通常设有量测画线组、钻孔组、爆破组和清渣等班组。在一般情况下,一个循环的工作时间约为20h,生产人员约为53人,施工机械配有空压机、风动凿岩机、大吨位自卸汽车、轮式装载机,以及通风和照明等设备。开挖是以施工机械为主和一般的劳动手段为前提的一种劳动组合形式,每个工作循环的进尺在2m左右。

开挖有两种不同的方法,全断面法和台阶法,其台阶的长度应以4~8m为宜。这样,以利于上半部的石碴自行抛落到路床上,否则就重需劳力将其扒至台阶的下面,才能采用装载机等机械进行清渣。另外,一般双车道隧道,其开挖高度约近8m,当采用这种台阶法施工时,不仅增加了工作面,还可以减少开挖和初次支护工作所需配置的脚手架的安拆工作,可以取得较好的施工经济效益。台阶法虽然将隧道分为上下两个半部,但在开挖掘进时,仍应同时进行钻孔爆破,一次完成。采用全断面法施工时,则宜采用凿岩台车或其他先进的凿岩设备进行凿岩爆破作业。

新奥法对隧道洞身的开挖爆破,是以毫秒爆破和光面爆破技术,辅以装载机装碴和大吨位的自卸汽车运渣来进行的。所以,对炮位的设置和装药量都有其特殊的技术要求和规定。首先,是将隧道划分为上下两个半部,分别布孔和采用不同的装药量。由于采用的是毫秒爆破技术,这样一来,在爆破过程中,因各部位置起爆时间差异的关系,从而增大了临空面可以减少爆破时对围岩扰动影响的因素,而爆破后的石碴又便于装载机装碴。因此,各部位炮位之间的间距以及装药量也各不相同,其主要目的是在施工过程中通过这些技术措施,以降低爆破时对围岩体的扰动,从而确保围岩的安全,同时也能满足采用台阶法爆破施工的技术要求。

围岩横断面的各部设计开挖尺寸,是按照高速公路隧道建筑限界标准加上复合衬砌厚度等确定的设计开挖线,也就是进行编制工程造价和计量支付的计价线,超挖量的问题是隧道工程施工过程中不可避免的,采用新奥法爆破施工的超挖量一般在15cm以内。

从算出的各类围岩的横断面积来看,其设计开挖面积的大小是不一样的,以致必须衬砌的厚度有所不同,故设计开挖面积就有差异。根据统计资料分析,新奥法的开挖断面约比矿山法少4.7%~10.0%,其回填量约减少50%,因为传统的施工方法的超挖在30cm以上,而且往往还难以控制。

新奥法最基本的特点是,要求在施工过程中,每一循环开挖工序完成之后,在对下一循环中的炮位设计和支护工作之前,注意做好洞内的观察、测量研究分析工作,常简称为"量测",然后综合围岩体开挖后的实际情况和所取得的各项科研数据,对初始设计作进一步完善和改进,作为组织下一循环施工的依据。

量测,一般并不是用花杆和皮尺去丈量或检验一下现场,而是因隧道地质的复杂性和不可预见行性,初始设计未必完全符合客观实际情况,所以,在施工过程中,应边开挖边检测,对地质情况做出预报,据以调整支护形式和施工方案,是隧道施工过程中极为重要的一个工作环节,由于这项工作是在施工中进行的,所以又被称为信息化施工或现场临床诊断式施工;它的主要评价指标是围岩体是否稳定和支护形式是否合理。因此,为了切实做好这一量测工作,在劳动组合中,一般都会设有不少于5人负责量测划线的专业小组。

2.喷锚支护

喷锚支护是指初期柔性支护,一般在开挖后的渣堆上即开始进行,在开挖后围岩自稳时间的1/2时间内完成。喷锚施工一般设有喷射混凝土和锚杆两个班组,这项工作常分为两次进行,一次是在爆破后,经找顶、进行初步清渣和初步喷锚支护,在清渣工作全部结束后,按设计要求完成锚杆、挂钢筋网或铁丝网、喷射混凝土的全部工作。生产人员约为29人,每一工作循环约需8h,需要配备混凝土喷射机和凿岩机等设备。

公路隧道衬砌已经普遍采用喷锚技术,即复合式中的外层衬砌工艺。"喷锚"是喷射混凝土、喷射混凝土与锚杆、钢筋网或铁丝网喷射混凝土与锚杆等类型的支护或衬砌的总称。

喷射混凝土有干法喷射和湿法喷射两种。其施工顺序如图7-13、图7-14所示。根据施工实践经验,在喷射过程中,其回弹量高达50%左右,故应注意做好材料的回收利用。

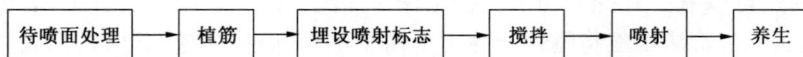

图7-13　干法喷射

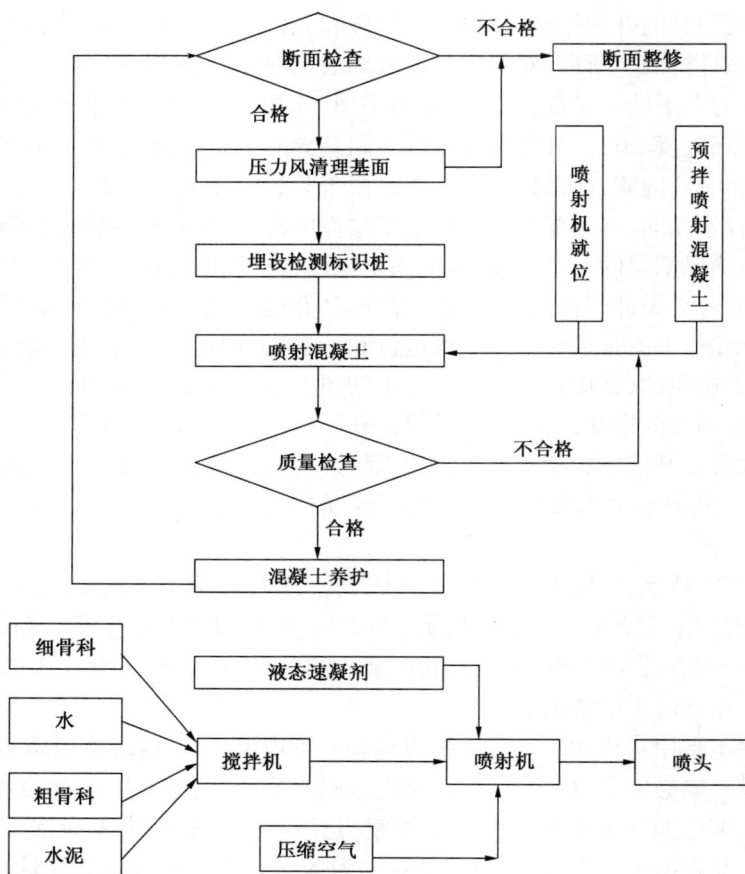

图7-14　湿法喷射

喷射混凝土应分段、分片由下而上顺序进行喷射,每段长度不应超过6m。一次喷射的厚度,如不掺速凝剂,拱部为3~4cm,边墙为5~7cm。如掺速凝剂,拱部为5~6cm,边墙为7~10cm。当分多次喷射时,后一层喷射应在前层混凝土终凝后进行。

当隧道处于下列情况时不宜采用喷锚衬砌。

（1）大面积淋水地段。

（2）膨胀性地层、不良地质围岩，以及能造成衬砌腐蚀的地段。

（3）严寒和寒冷地区有冻害的地段。

根据建设实践经验，喷锚衬砌，一般适用于下列情况。

（1）围岩良好、完整和稳定的地段，可以采用喷射混凝土衬砌。

（2）在层状围岩中，如硬软岩石互层、薄层或层间结合差，或其状态对稳定不利且可能掉块时，可以采用锚杆喷射混凝土衬砌。

（3）当围岩呈块（石）碎（石）状镶嵌结构，稳定性较差时，可以采用挂钢筋网或铁丝网的锚杆喷射混凝土衬砌。

锚杆一般采用Ⅱ级钢筋做成，其类型和用途比较多，它与喷射混凝土等共同形成永久性支护。根据施工实践，按新奥法施工的隧道，爆破对围岩扰动的影响范围，最大不会超过1.5m，所以，锚杆的长度一般不应小于1.5m。

3. 模注混凝土

复合衬砌中的二次衬砌，大都采用现浇混凝土，为了区别于喷射混凝土，故习惯称之为模注混凝土，应采用定型装配式的活动钢模板组织施工，衬砌的内轮廓线应一致，这也是钢模板制造和美观的要求。

模注混凝土系指立模现浇混凝土，与在露天下现浇混凝土没有大的差异，所不同的是，在洞内作业，其模板则宜采用组合式的门式钢支架，便于开挖出渣的汽车通行。

隧道衬砌工作中的另一个重要环节是回填。在开挖过程中，因爆破造成的超挖，一般约为设计开挖工程量的4%。因此，当按照设计要求做好初次喷锚支护和二次衬砌后，拱部和边墙处存在不同程度的空隙，要求采用现浇混凝土或石砌圬工将空隙回填密实，使各部衬砌与围岩紧密地结合起来，共同承受荷载。回填与二次衬砌同时进行，在施工的全过程中是不可能截然分开的，其目的是便于对工程造价进行规范化管理。

（四）基本原则

新奥法施工的基本原则可以归纳为"少扰动、早支护、勤量测、紧封闭"。

少扰动是指在进行隧道开挖时，尽量减少对围岩的扰动次数、扰动强度、扰动范围和扰动持续时间，因此要求能用机械开挖的就不用钻爆法开挖。在采用钻爆法开挖时，要严格进行控制爆破，尽量采用大断面开挖；根据围岩类别、开挖方法、支护条件选择合理的循环掘进进尺。自稳性差的围岩，循环掘进进尺应短一些。支护要尽量紧跟开挖面，缩短围岩应力松弛时间。

早支护是指在开挖后应及时做初期喷锚支护，使围岩的变形进入受控状态。这样做一方面是为了使围岩不致因变形过度而产生坍塌失稳；另一方面是使围岩变形适度发展，以充分发挥围岩的自承能力。在必要时可采取超前预支护措施。

勤量测是指以直观、可靠的量测方法和量测数据来准确评价围岩（或围岩加支护）的稳定状态，或判断其动态发展趋势，以便及时调整支护形式、开挖方法，确保施工安全和顺利进行。量测是现代隧道及地下工程理论的重要标志之一，也是掌握围岩动态变化过程的手段和进行工程设计、施工的依据。

紧封闭一方面是指采用喷射混凝土等防护措施，避免围岩因长时间裸露而致使其强度和稳定性的衰减,尤其是对于易风化的软弱围岩;另一方面更为重要的是指要适时对围岩施作封闭形支护,这种做法不仅可以及时阻止围岩变形,而且可使支护和围岩能够进入良好的共同工作状态。

复习
思考题

1. 隧道衬砌材料应具有哪些特点?
2. 隧道衬砌类型有哪些?
3. 隧道通风的方式有哪些?
4. 简述隧道防水做法。
5. 简述新奥法施工的程序。

第八章
CHAPTER Eight
交通工程设施

为了保证行车安全和充分发挥公路的作用,高速公路沿线应按其规定设置必要的交通设施,常见的交通设施有护栏、隔离设施、防眩设施、视线诱导设施、照明设施和标志等。它们为道路使用者提供了各种警告、禁令、指示、指路信息和视线诱导;排除干扰;提供路侧保护,减轻潜在的事故严重程度;防止眩光对驾驶员的视觉伤害。因篇幅所限,本章仅对护栏、隔离栅、交通标志及标线进行简单介绍。

第一节　护栏

护栏是高速公路安全设施的重要组成部分,且对防止行车事故起着极其重要的作用。护栏的形式按其刚度的不同可分为柔性护栏、半刚性护栏和刚性护栏。护栏按其设置的位置可分为路侧护栏、中央分隔带护栏、路桥过渡段护栏和活动护栏。

一、按刚度不同划分

(一)柔性护栏

柔性护栏一般指的是缆索护栏。这是一种以数根施加了初拉力的缆索固定于立柱上的结构,它完全依靠缆索的拉应力来抵抗车辆的碰撞。缆索在弹性范围内工作,几乎不需要更换。这种护栏形式美观,车辆行驶时没有压迫感,但视觉诱导效果差。

(二)半刚性护栏

半刚性护栏一般是指梁式护栏。这是一种用固定的梁式结构,依靠护栏的弯曲变形和张拉力来抵抗车辆的碰撞。梁式护栏按结构可分为 W 型波形梁护栏、管梁护栏、箱梁护栏等几种。它们均具有一定的刚度和韧性,通过横梁的变形吸收冲撞能量,损坏部件容易更换,具有一定的视线诱导作用,外形美观,应用较为广泛。

(三)刚性护栏

刚性护栏一般是指水泥混凝土墙式护栏。这是一种具有一定断面形状的水泥混凝土墙式结构,依靠汽车爬高、变形和摩擦来吸收碰撞能量。刚性护栏在碰撞时不变形,几乎不会损坏,维修费用低,但对车辆行驶有压迫感,当车辆与护栏相撞时,对车辆和人员的伤害大。

二、按位置不同划分

(一)路侧护栏

1. 设置依据

在一般情况下,路侧护栏设置原则是根据人们对公路等级、交通量、车辆组成和路侧特征等因素的主观判断以及参照标准、规范的要求而确定的。

2. 护栏形式的选择

一旦确定需要设置护栏以后,就要选择采用哪种护栏。虽然护栏形式选择受到很多因素的制约,目前还没有客观的选择标准,但最理想的护栏系统应是满足保护障碍物的目的而且成本最低。选择护栏形式考虑的主要因素有:防撞性能要求、变形、现场条件、兼容性、成本、维修、养护、美观和实际使用情况等。各种护栏的适用地点如表8-1所示。

各种护栏适应的地点　　　　　　　　　　　　　　　　　表8-1

护栏形式	设 置 地 点							
	小半径弯道	需要视线诱导的地方	要求美观的地方	冬天积雪处	窄中央分隔带	估计有不均匀沉降的路段	需要耐腐蚀的地方	长直线路段
波形梁护栏	○	○	□	□	□		□	□
管梁护栏	□		□	□			□	□
箱梁护栏			□	□	○		□	□
缆索护栏			○	○		○	□	○
混凝土护栏		□					○	□

注:○为最好的护栏形式;□为一般适用的护栏形式。

从表8-1中可以看出,缆索护栏最为合适的地方是有不均匀沉降的路段、有积雪的路段、有美观要求和长直线路段,波形梁护栏可以满足七种场所的使用需要。从总体上看,波形梁护栏具有更大的适用性。

3. 几种常见的路侧护栏结构形式

(1)波形梁护栏。

以设置于土中、无防阻块、圆形立柱构造为例,如图8-1所示。

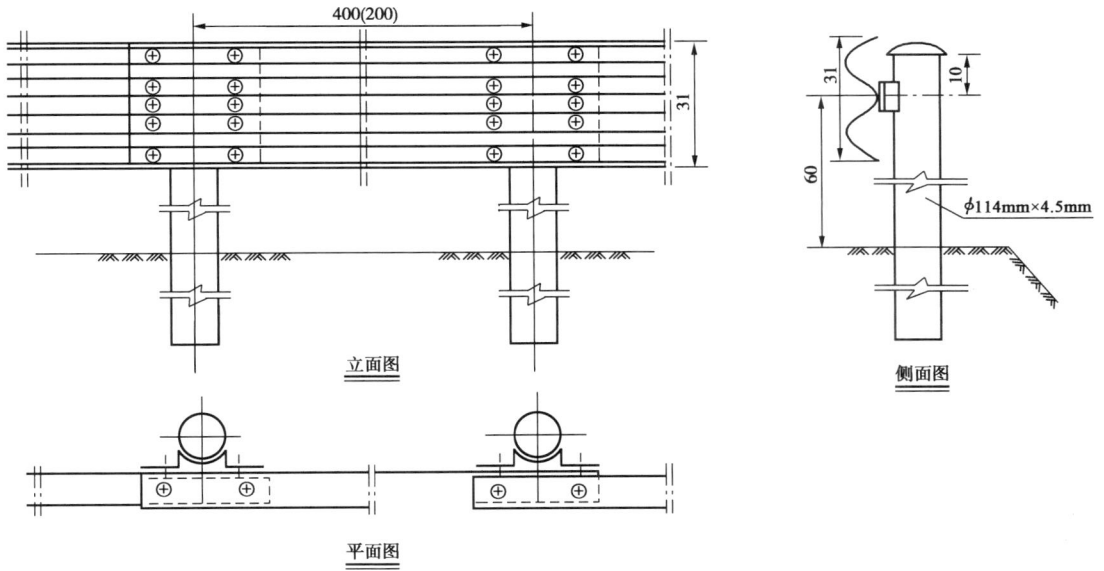

图 8-1　路侧波形梁护栏(尺寸单位:cm)

（2）缆索护栏。

以埋入式结构为例，如图 8-2 所示。

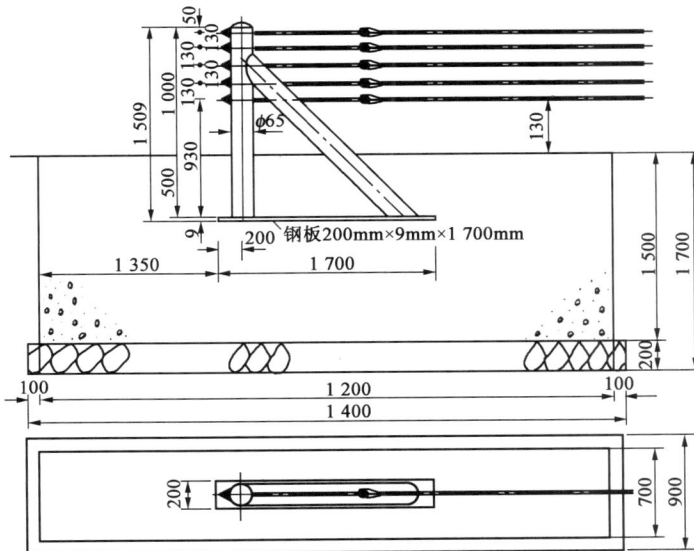

图 8-2　路侧缆索护栏(尺寸单位:cm)

（二）中央分隔带护栏

1．设置依据

一般情况下，在规定中央分隔带护栏设置原则时，往往以分隔带的宽度和交通量为依据。我国规定，高速公路、一级公路均应设置中央分隔带护栏。当中央分隔带宽度大于10m时，可不设中央分隔带护栏。采用分离式断面时，靠中央带一侧按路侧护栏设置，上、下行路基高差大于2m时，可在路基较高一侧设置。在中央分隔带的开口处，原则上设置活动护栏。

2．护栏形式的选择

一般情况下，护栏形式的选择应考虑中央分隔带的形式、通信管道、路面排水等因素。

3．几种常见的护栏形式

（1）波形梁护栏。

波形梁护栏设置于中央分隔带的波形梁护栏，在构造上有分设型和组合型之分，如图8-3和图8-4所示。

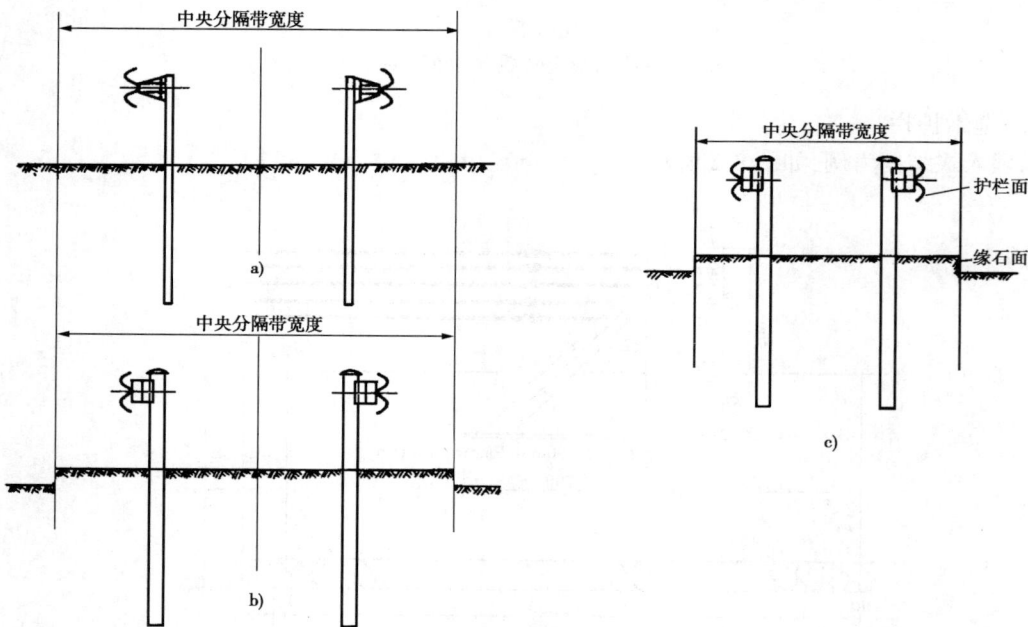

图8-3 分设型护栏横断面布置示意图

（2）缆索护栏。

一般情况下，缆索护栏适用于低交通量、大型车占有率较小、对景观要求高的公路，如图8-5所示。

（3）混凝土护栏（见图8-6）

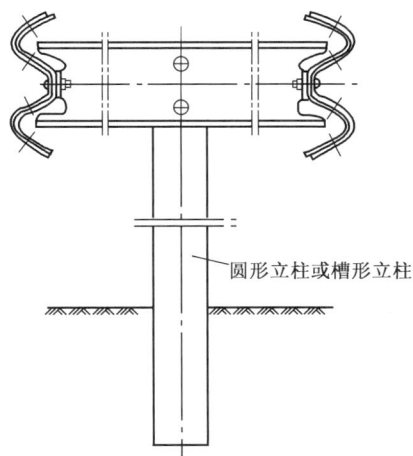

图 8-4　组合型护栏横断面布置图

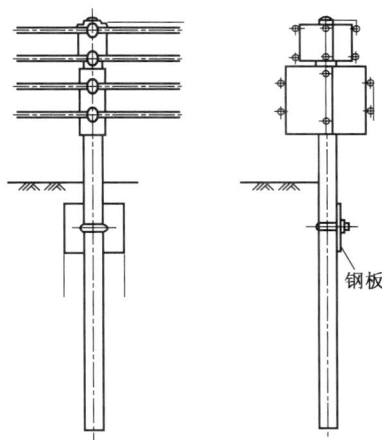

图 8-5　中央分隔带缆索护栏图

圆形立柱或槽形立柱

钢板

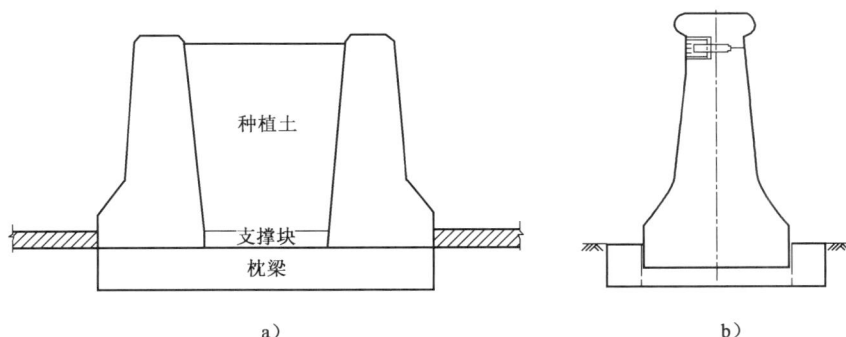

种植土

支撑块

枕梁

a)

b)

图 8-6　中央分隔带混凝土护栏

a)分设型中央分隔带混凝土护栏；b)整体型中央分隔带混凝土护栏

第二节　隔离栅

　　隔离栅使高速公路全封闭得以实现，有效防止牲畜、行人、非机动车等闯入或横穿高速公路，排除横向干扰，避免由此产生的交通事故，并能够防止非法侵占公路用地。

一、隔离栅的设置

　　高速公路两侧原则上应连续设置隔离栅，但在认为人、畜不能进入的路段可考虑不设置。在一般情况下，在公路用地界限以内 20～50cm 处设置。如果遇到桥梁、通道时，应朝桥头锥坡（或端墙）方向围死，不应留有让人、畜可以钻入的空隙，如图 8-7 所示。当沿隔离栅中心线地形起伏较大时，可做成阶梯式，如图 8-8 所示。

二、构造形式及其选择

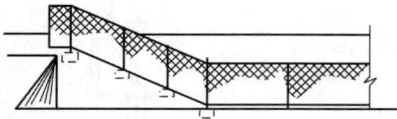

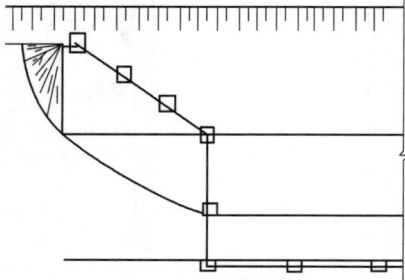

图8-7　隔离栅围封

隔离栅按其使用的材料不同,可分为金属隔离栅和非金属隔离栅两类。隔离栅的形式选择除需考虑其性能、造价、美观和与公路周围环境的协调外,还应考虑施工条件、养护维修和地形等因素。

(一)金属隔离栅

金属隔离栅可分为金属网、钢板网、刺铁丝几类。金属网、钢板网隔离栅结构合理、美观大方,但单位造价高,故主要用于城镇、郊区人烟密集的路段,风景旅游区、名胜古迹等美观性要求较高的路段及互通立交、服务区、收费站的重要设施两侧。在一般情况下,如图8-9、图8-10所示。

刺铁丝隔离栅是一种比较经济、简单的结构形式,但美观性、耐久性差,常用于人烟稀少路段、山岭重丘地区路段、郊外公路保留用地及高架构造物下面,跨越沟渠需要封闭的路段,如图8-11、图8-12所示。

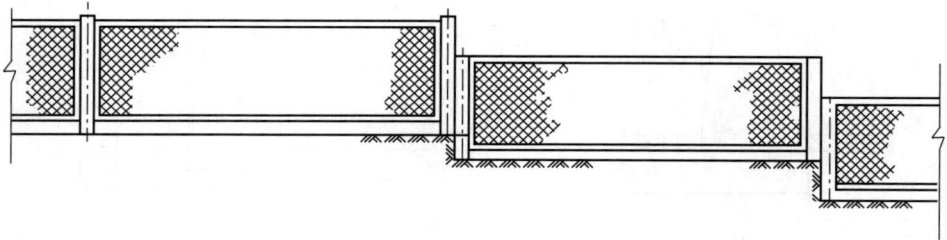

图8-8　隔离栅呈阶梯状设置构造

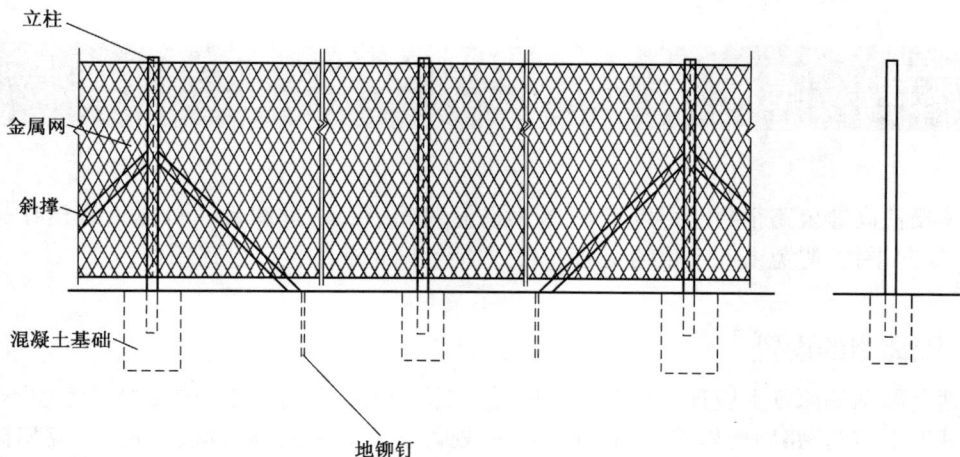

立柱

金属网

斜撑

混凝土基础

地铆钉

图8-9　金属网隔离栅构造示意图

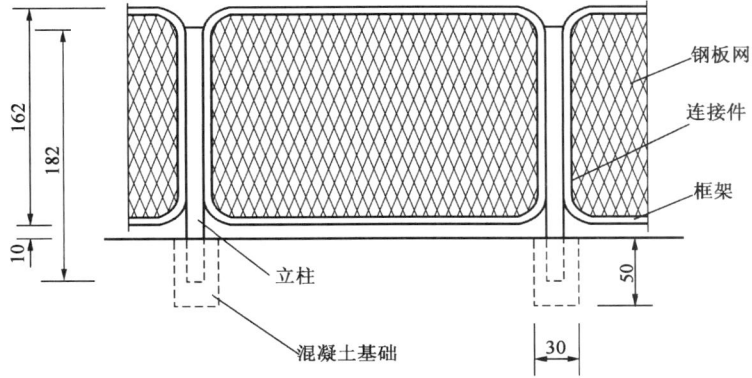

图 8-10　钢板网隔离栅构造图(尺寸单位:cm)

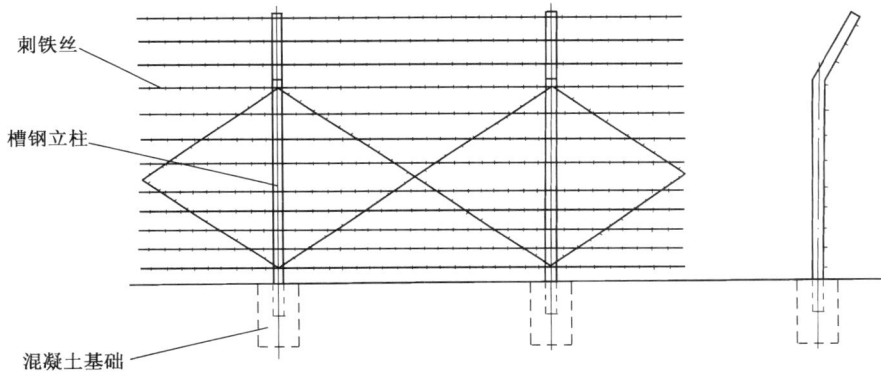

图 8-11　刺铁丝网隔离栅构造图(槽钢立柱)

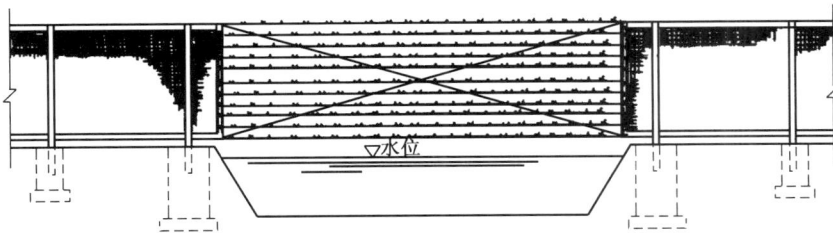

图 8-12　刺铁丝跨越沟渠示意图

(二) 非金属隔离栅

常见的为常青绿篱,在南方地区与刺铁丝隔离栅配合使用,具有隔音、降噪、美化路容和节约投资的综合功效。

第三节　交通标志

　　交通标志是以图形符号或文字的形式传递特定的信息,对公路上行驶的驾驶员给予指示、指路、警告和禁令,用以管理交通的安全设施。

一、标志的分类

　　交通标志按其功能可分为主标志和辅助标志两大类。

　　(一)主标志

　　1. 警告标志

　　警告标志通常为等边三角形(或菱形),黄色底黑边黑图案[或白色底红边黑(或深蓝色)图案]。这种标志用于警告驾驶人员注意前方路段存在的危险及应采取的措施,如交叉口、急弯和傍山险路等,如图8-13所示。

图8-13　警告标志
a)交叉口;b)急弯;c)傍山险路

　　2. 禁令标志

　　禁令标志通常为圆形,白色底红边红斜杠黑色图案,它是根据道路和交通量情况,为保证交通安全而对车辆行为加以禁止或限制的标志。如禁止通行、禁止停车和速度限制等,如图8-14所示。

　　3. 指示标志

　　指示标志通常为圆形、矩形,蓝色底白色图案,是指示车辆和行人按规定方向、地点行进的标志,例如直行、左转、右转和单向行驶等,如图8-15所示。

　　4. 指路标志

　　指路标志通常为矩形,一般道路为蓝色底白色字符,高速公路上为绿色底白色字符(旅游区标志为棕色底白色图案),用来指示目的地方向、距离、高速公路出入口、服务区等,如图8-16所示。

图 8-14　禁令标志
a)禁止通行;b)禁止停车;c)速度限制

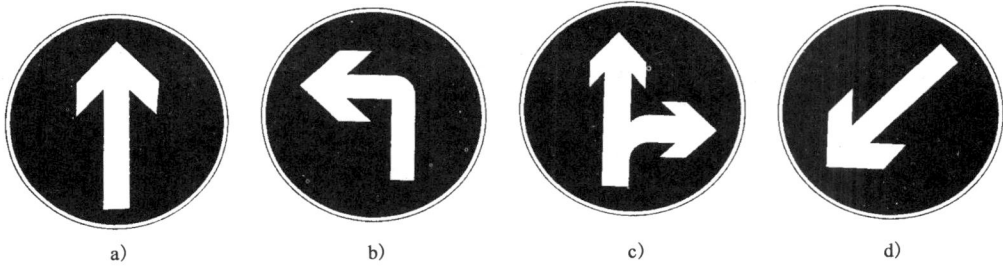

图 8-15　指示标志
a)直行标志;b)左转标志;c)直行和右转标志;d)靠左侧道路行驶标志

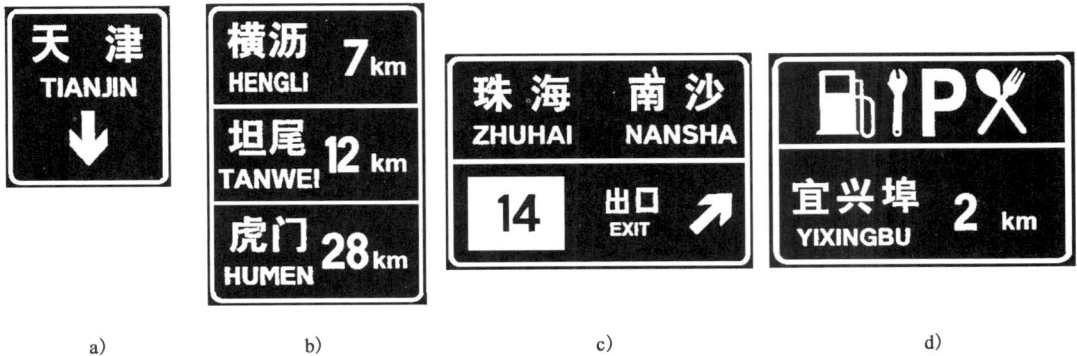

图 8-16　指路标志
a)目的地方向;b)距离;c)高速公路出入口;d)服务区

5.旅游区标志

旅游区标志为提供旅游景点方向、距离的标志,如图 8-17 所示。

6.作业区标志

作业区标志为道路作业区通行的标志,如图 8-18 所示。

图 8-17　旅游区标志

a）旅游区距离；b）旅游区方向 1；c）旅游区方向 2

图 8-18　作业区标志

7. 告示标志

作业区标志为告知路外设施、安全行驶信息以及其他信息的标志，如图 8-19 所示。

图 8-19　作业区标志

（二）辅助标志

辅助标志为附设于主标志下起辅助说明作用的标志，为长方形、白底黑字黑边框。辅助标志可分为表示车辆种类、时间、区域或距离、禁令和警告理由等。常见的几种辅助标志如图 8-20所示。

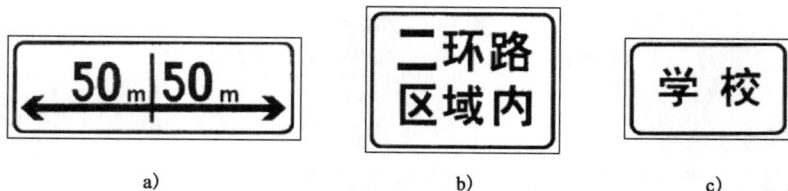

图 8-20　指路标志

a）表示距离；b）表示区域；c）表示警告理由

二、交通标志的支撑方式

1. 柱式

柱式标志内边缘不应侵入公路建筑界限以内，一般距车行道或人行道的外侧边缘或土路肩不小于25cm。柱式标志又分为单柱式和各柱式两种。

（1）单柱式。

单柱式标志是指标志牌安装在一根立柱上，如图8-21所示。这种方式适用于中、小型尺寸的警告、禁令、指示标志和小型指路标志。

（2）多柱式。

多柱式标志是指标志板安装在两根及两根以上的立柱上，如图8-22所示。这种方式适用于长方形的指示标志或指路标志。

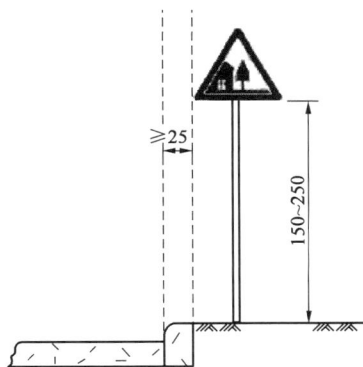

图 8-21 单柱式 （尺寸单位:cm）

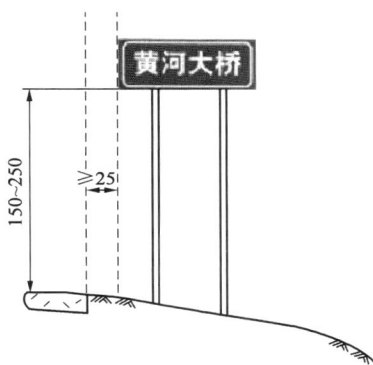

图 8-22 双柱式(尺寸单位:cm)

2. 悬臂式

悬臂式标志是指标志牌安装于悬臂上，如图8-23所示。这种标志牌的下缘离路面高度应大于该道路规定的净空高度。

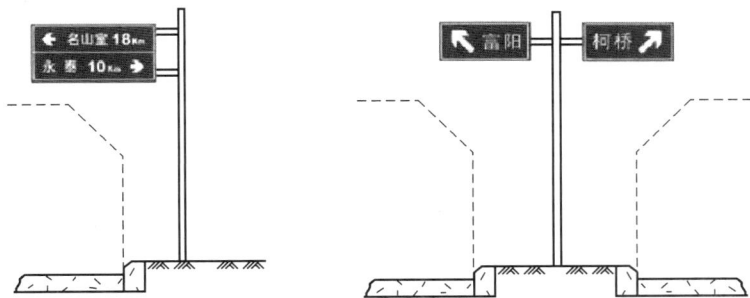

图 8-23 悬臂式

3. 门架式

门架式标志安装在门架上，如图8-24所示。这种方式的标志下缘距离路面的高度应大于该道路规定的净空高度。

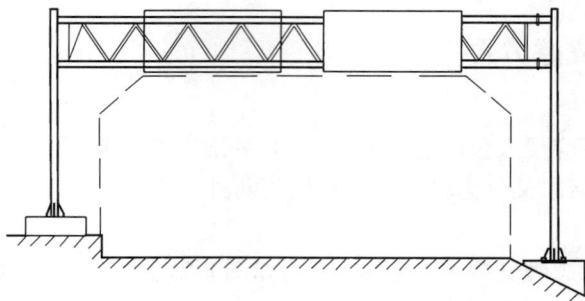

图 8-24　门架式

4. 附着式

附着式标志安装在上跨桥或附近的构造物上，如图 8-25 所示。

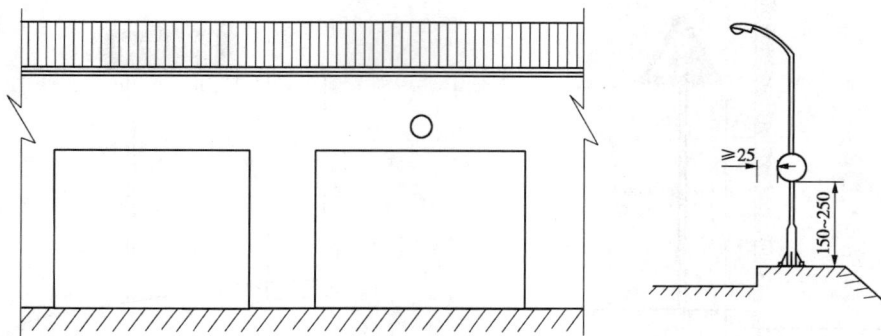

图 8-25　附着式(尺寸单位:cm)

第四节　道路交通标线

　　道路交通标线是交通设施的重要组成部分，它是引导驾驶员视线，管制驾驶员驾车行为的重要设施。车辆在行驶时，无论是白天还是黑夜，都能由于光泽、色彩的反衬而清晰识别和辨认路面标线。它由施画或安装于道路上得各种线条、箭头、文字、图案及立面标志、实体标记、突起路标和轮廓标等所构成的交通设施。

　　(一)道路交通标线按设置方式分类

　　(1)纵向标线。
　　纵向标线是沿道路行车方向设置的标线。
　　(2)横向标线。
　　横向标线是与道路行车方向交叉设置的标线。

（3）其他标线。

其他标线是指字符标记或其他形式标线。

（二）道路交通标线按其功能分类

（1）指示标线。

指示标线是指示行车道、行车方向、路面边缘、人行道等的标线。

（2）禁止标线。

禁止标线是告示道路交通的遵行、禁止、限制等特殊规定，车辆驾驶人及行人需严格遵守的标线。

（3）警告标线。

警告标线是促使车辆驾驶人及行人了解道路上的特殊情况，提高警觉，准备防范应变措施的标线。

（三）道路交通标线按其形态分类

（1）线条。

线条是指标画于路面、缘石或立面上的实线或虚线。

（2）字符标记。

字符标记是标画于路面上的文字、数字及各种图形符号。

（3）突起路标。

突起路标是安装于路面上用于标示车道分界、边缘、分合流弯道、危险路段、路宽变化、路面障碍物位置的反光或不反光体。

（4）轮廓标。

轮廓标是安装于道路两侧，用以指示道路的方向、行车道边界轮廓的反光柱（或片）。

（四）道路交通标线的标划区分

（1）白色虚线。

白色虚线是画于路段中时，用以分隔同向行驶的交通流或作为行车安全距离识别线，在保证安全的情况下，允许车辆越线变换车道行驶；画于路口时，用以引导车辆行进。

（2）白色实线。

白色实线是画于路段中时，用以分隔同向行驶的机动车和非机动车，或指示行车道的边缘；画于路口时，可用作导向车道线或停止线。

（3）黄色虚线。

黄色虚线是画于路段中时，用以分隔对向行驶的交通流，在保证安全的情况下，允许车辆越线超车或向左转弯；画于路侧或缘石上时，用以禁止车辆长时间在路边停放。

（4）黄色实线。

黄色实线是画于路段中时，用以分隔对向行驶得交通流或作为公交车、校车专用停靠站标线；画于路侧或缘石上时，标示禁止路边停放车辆；画为网格线时，标示禁止停车的区域；画为停车位标线时,标示专属停车位。

(5)双白虚线。

双白虚线是画于路口,作为减速让行线。

(6)双白实线。

双白实线是画于路口,作为停车让行线。

(7)白色虚实线。

白色虚实线是用于指示车辆可临时跨线行驶得车行道边缘,虚线侧允许车辆临时跨越,实线侧禁止车辆跨越。

(8)双黄实线。

双黄实线是用于路段中,用以分隔对向行驶得交通流。

(9)双黄虚线。

双黄虚线是用于城市道路路段中,用于指示潮汐车道。

(10)黄色虚实线。

黄色虚实线是用于路段中时,用以分隔对向行驶的交通流。实线侧禁止车辆越线,虚线侧准许车辆临时越线。

(11)橙色虚、实线。

橙色虚、实线是用于作业区标线。

(12)蓝色虚、实线。

蓝色虚、实线是作为非机动车专用道标线;画为停车位标线时,指示免费停车位。

复习思考题

1. 常见的交通设施有哪些?
2. 按刚度的不同,护栏分为哪几种?
3. 中央分隔带护栏设置依据是什么?
4. 不同形式的隔离栅分别用于什么情况?
5. 警告标志的作用是什么?
6. 标线的设置位置及其作用是什么?

第九章
CHAPTER Nine
公路与环境

第一节　交通与环境

一、道路交通的主要环境问题

(一) 施工期的环境问题

公路施工期的环境问题主要表现为非污染型生态环境影响。公路施工有关的生态环境影响一般为：植被破坏、局部地貌破坏、土壤侵蚀、自然资源影响、景观影响及生态敏感区影响等。每条公路涉及的具体生态问题不同，因为每条公路所经地域的自然环境、生态环境及地貌状况等各不相同。公路的等级越高，对生态环境的影响越大。

(二) 营运期的环境问题

公路营运期的环境问题，主要是公路营运期间对沿线地区人民群众的生活环境造成影响，例如：空气污染、噪声污染、服务区污水及路面径流对水环境的污染等。

1. 空气污染

车辆排放的空气污染物主要有一氧化碳、氮氢化合物、碳氢化合物、微粒物质等，它们对城市环境造成污染，危及人类身体健康。

2. 噪声污染

车辆在公路上行驶，发出的声音包括车辆本身运行发出的声音、轮胎与路面接触发出的声音及其他原因产生的声音。当交通量达到一定规模、声音强度大到一定程度后，即形成噪声污染。

二、道路交通环境保护原则

（一）以预防为主、防治结合

道路交通环境保护要求路网规划和路线布设时必须考虑环境问题，通过全面规划和合理布局，将对环境的影响降到最低程度。在此基础上，采取必要的措施治理环境，实现环保的目标。

（二）综合治理

环境综合治理包括两层含义：一是必须采取法律、行政、技术、经济等综合措施来实现环境保护；二是防止环境污染，改善环境质量，应考虑多种技术措施综合治理，以达到环境保护的最佳目的。

（三）技术可靠、经济合理

实施道路交通环境保护时，应做多种方案分析论证，以达到技术可靠、经济合理，取得最佳的环境效益和社会效益。此外，还应使环保措施可能产生的负面影响降低到最小或防止负面影响的投资最少。

（四）实行"三同时"原则

根据《建设项目环境保护管理办法》规定，经环境影响评价及有关部门审批确定的环境保护措施，如管理处、生活服务区、收费站等的污水处理设施及其他环保设施，应与主体工程同时设计、同时施工、同时投入运营。由于道路交通噪声对环境的影响与交通量有关，所以根据环境保护影响预测评价，噪声防治可采取分期实施的方案。

（五）加强环境管理

管理工作是环境保护的关键。在我国，由于道路环境保护工作起步较晚，环境管理亟待加强。我们可从以下方面加强环境管理：首先，应建立和健全各级环境保护机构，明确职责；其次，制定相关的环境管理法规，明确道路交通建设各环节的环境管理目标及要求，使环境保护工作切实有效。

第二节　公路交通生态环境影响与保护

一、公路交通对生态环境的影响

公路在建设与营运过程中，对沿线一定范围内的生态环境会产生不同程度的影响。具体如下：

（1）路基挖方或填方，会改变局部地貌，在地质构造脆弱的地带易引起崩塌、滑坡等地质灾害，在石灰岩地区易引起岩溶塌陷等。

（2）开挖路基时，有时会影响河流的稳定性。例如：大量的弃土倾入河道、河谷，使河床变窄，引发山洪、泥石流等灾害。

（3）公路建设占用大量土地，尤其是高速公路，对生物多样性影响明显。在生态系统脆弱的地区，植被破坏会加剧荒漠化或水土流失。对森林、草地的破坏，会影响野生动物的正常活动。另外，公路建设有时还会对自然保护区、风景名胜区、森林公园等产生不利影响。

（4）对沿线环境带来一定程度的污染。例如：引起大气污染、水污染、土壤污染、植物污染及噪声污染等。

二、公路交通与水土保持

水土保持是用农、林、牧、水利等工程措施防止水土流失，保护水土，充分利用水土资源的统称。《中华人民共和国水土保持法》中规定："修建铁路、公路和水利工程，应当尽量减少破坏植被；废弃的砂、石、土必须运至规定的存放地堆放，不得向江河、湖泊、水库和专门存放地以外的沟渠倾倒；在铁路、公路两侧地界以内的山坡地，必须修建护坡或者采取其他土地整治措施；工程竣工后，取土场、开挖面和废弃的砂、石、土存放地的裸露土地，必须植树种草，防止水土流失；""企事业单位在建设和生产过程中必须采取水土保持措施，对造成的水土流失负责治理。"所以，公路建设必须依法防治水土流失，搞好道路沿线的水土保持工作。

（一）防治范围

1. 施工区
施工区指公路主体工程及配套设施工程占地涉及的范围，包括工程基建开挖区、采石取土开挖区，工程扰动的地表及堆积弃土的场地等，该区是引起人为水土流失的主要物质源地。

2. 影响区
影响区指公路施工直接影响和可能造成损坏或灾害的地区。

3. 预防保护区
预防保护区指公路影响区以外，可能对施工或公路营运构成严重威胁的主要分布区。

（二）水土保持方案的主要内容

水土保持总的防治对策为：控制影响公路施工与运营的洪水、风口动力源；固定施工区的物质源，实现新增水土流失和自然水土流失二者兼顾。

1. 公路施工区
公路施工区为重点设防、重点监督区。工程基建开挖和采石取土开挖，应尽量减少破坏植被。废弃土石渣不许向河道、水库、行洪滩地或农田倾倒，应选择适宜的地方作为固定弃渣场，并布设相应设施。施工中被破坏、扰动的地面，应逐步恢复植被或复垦。在公路沿线还应布设必要的绿化，起到美化环境和生物防护的功能。

2. 直接影响区

直接影响区为重点治理区。在公路沿线，根据需要布设护路、护河（湖）、护田、护村等工程设施，造林种草、修建梯地、坝地。达到保护土地资源、减少水土流失，提高防洪、防风沙能力，减少向大江、大河输送泥沙的目的。

3. 预防保护区

预防保护区以控制原来地面水土流失及风蚀沙化为主，开展综合治理。

三、公路交通与生物多样性

（一）公路交通对生物多样性的影响

公路建设和营运对地区局部生态环境的影响往往是永久性的。路基、路面、采石取土区、工程施工区及永久性建筑等，可能在不同路段对森林、草地、湿地、荒漠等生态系统产生一定程度的破坏。公路建设和营运还会干扰沿线野生动物的正常活动，有可能对某些珍稀濒危动植物产生一定的伤害。另外，不合理的道路布局，有可能对自然保护区、风景名胜区、森林公园等产生不利影响。因此，公路建设和营运必须重视保护生物多样性。

（二）保护生物多样性的主要措施

1. 执行《中华人民共和国野生动物保护法》《中华人民共和国野生植物保护法》（二者简称野生动植物保护法）

野生动植物保护法指出："建设项目对国家或地方重点保护野生动物的生存环境产生不利影响的，建设单位应当提交环境影响报告书""建设项目对国家重点保护野生植物和地方重点保护野生植物的生长环境产生不利影响的，建设单位提交的环境影响报告书必须对此做出评价。"在环境报告书中，应明确保护措施，并经主管部门审批。

2. 执行《中华人民共和国自然保护区条例》

《中华人民共和国自然保护区条例》明确规定："禁止在自然保护区内进行砍伐、放牧、狩猎、捕捞、采药、开垦、烧荒、开矿、采石、挖砂等活动，但是，法律、行政法规另有规定的除外"。《中华人民共和国自然保护区条例》还规定："在自然保护区的核心区和缓冲区内，不得建设任何生产设施。在自然保护区的实验区内，不得建设污染环境、破坏资源或者景观的生产设施；建设其他项目，其污染物排放不得超过国家和地方规定的污染物排放标准。"

3. 合理选线

公路选线通常应避开珍稀濒危野生动植物及古树木集中分布区、重要自然遗迹分布区、具有旅游价值的自然景观区、自然保护区、风景名胜区和森林公园等。

4. 采取保护措施

如果公路必须经过上述特殊地区，应建设有效的保护设施，例如：保护网栏、动物通道及桥涵等。严格管理设施，限制车辆运行速度、限制噪声、减少尾气污染等。必要时，可以对某些受直接影响的珍稀濒危植物进行迁移保护。

第三节　噪声污染与控制

一、噪声的危害

（一）噪声引起听力损伤

人们长期接触强噪声会引起听力损伤，其损伤程度具体表现为以下三种类型：

1. 听觉疲劳

在噪声的作用下，人的听觉敏感性会降低。表现为长期处于噪声环境下人的听觉离开噪声环境后一段时间内，其听觉功能显著下降；一段时间过去后，才能恢复正常的听觉功能，这种现象叫作听觉疲劳。

2. 噪声性耳聋

长期处于噪声环境下的人，即使离开噪声环境后，听力也无法恢复的现象，称为噪声性耳聋，严重者即使面对面大声讲话也听不清楚。

3. 爆发性耳聋

当声压很大时（如爆炸），耳鼓膜内、外产生较大的压力差，导致鼓膜破裂，双耳完全失聪。

（二）噪声对人体健康的影响

1. 对视觉的影响

在噪声的作用下，会引起视觉分析器官功能下降，视力清晰度及稳定性下降，强烈的噪声会引起眼震颤及眩晕。

2. 对神经系统的影响

在噪声长期作用下，会导致中枢神经功能性障碍，主要为植物性神经衰弱，表现为头痛、头晕、失眠、恶心、注意力不集中、记忆力减退、反应迟缓等。

3. 对消化系统的影响

强噪声作用于中枢神经，往往引起消化不良和食欲不振，从而导致肠胃疾病发病率上升。

4. 对心血管系统的影响

噪声会引起交感神经紧张，引发心跳过快、心律不齐、血压升高等症状。

二、交通噪声污染控制

（一）控制路线距环境敏感点的距离

噪声随传播距离的衰减和在传播途中的吸收衰减是声波的基本性质，交通噪声防治的根本途径是利用声波的基本性质控制路线距敏感点的距离。

（二）合理利用障碍物对噪声传播的附加衰减

噪声传播途中遇到声障,会对声波反射、吸收和绕射而产生附加衰减。

1.利用土丘、山冈降低噪声

路线布设时,尽可能利用地貌地物作为声障。如图9-1所示为将路线布设在土丘外侧。

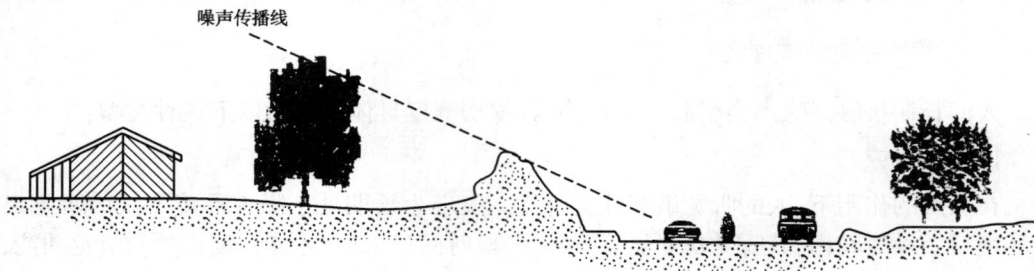

图9-1　利用土丘作为声障示意图

2.利用路堑边坡降低噪声

对环境敏感路段,采用路堑形式能起到噪声防治的效果。如图9-2所示为利用路堑边坡作为声障,降低噪声。

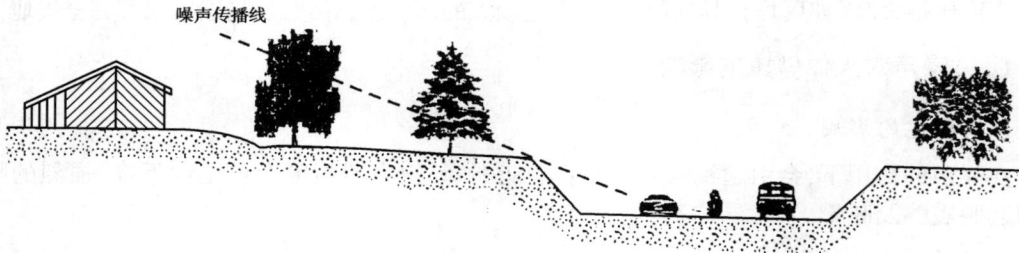

图9-2　利用路堑边坡作为声障示意图

3.利用建筑物降低噪声

沿路的商务建筑、仓库、围墙、土墙等不怕噪声干扰的建筑物能起到很好的降噪作用,如图9-3所示。

4.采用低噪声路面

20世纪80年代起,欧洲的比利时、荷兰、法国等国家,开始研究并采用低噪声路面。由于低噪声路面与其他降噪措施相比,具有经济合理,保持环境原有风貌,降噪效果好等优点,在一些发达国家,低噪声路面已经被广泛应用。低噪声路面可分为以下两类:

（1）多孔沥青路面

在密级配的普通沥青混凝土路面上,再铺筑一层开级配多孔隙沥青混合料面层,面层厚度为4~5cm,孔隙率为20%左右。

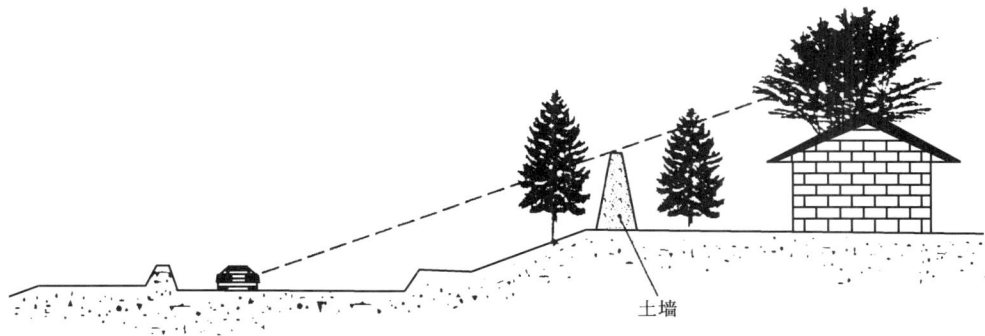

图9-3 利用建筑物作为声障示意图

（2）水泥混凝土低噪声路面

水泥混凝土低噪声路面具有以下特点：

①路面具有良好的平整度，以降低轮胎冲击噪声。

②以纵向条纹代替横向条纹。纵向条纹不但可降低轮胎的气泵效应，还可降低冲击噪声。

③加气混凝土面层。30cm厚的加气混凝土面层，其孔隙率达20%左右，对降低轮胎噪声有利。

④粗糙路面。在新铺的水泥混凝土路面上，用环氧树脂和砾石铺设面层。该面层既有粗糙度，又有弹性，效果较好。

第四节 空气污染防治

交通空气污染是由机动车辆排出的空气污染物引起的。空气污染物主要有一氧化碳、碳氢化合物、氮氧化合物、颗粒物质。它们大部分是有毒有害物质，甚至有的还可致癌。

在公路建设过程中，沥青的使用也会给空气带来严重污染，其中，沥青烟是主要的危害物质。沥青烟落在植物的叶子上，会使叶片枯萎变色，会引起动物及人头晕、乏力、咳嗽等，严重时会引发皮肤或呼吸系统癌变。

一、机动车尾气污染防治

（1）采用新的汽车能源。

为防止汽车污染，各国都在寻找不产生空气污染的清洁能源，现已试验成功的新能源有太阳能和电能。在发达国家，太阳能汽车和电力汽车已经试验成功。2016年4月，我国为更好地促进新能源汽车发展，更方便地区分辨识新能源汽车，实施了差异化交通管理政策，即公安部启用了新能源汽车专用号牌。

（2）采用新燃料。

新燃料包括天然气、液化石油气、甲醇、氢气燃料等。与汽油相比，以上燃料所排放的空气污染物远远少于汽油。例如：天然气与汽油相比，一氧化碳的排放较汽油减少60%以上，氮氧化合物减少80%以上。但是这些新型燃料用于汽车的研究刚刚开始，还有许多需要改进的地方。

（3）对现有燃料的改进及处理。

燃料采用无铅汽油，可以杜绝汽车尾气铅污染。

（4）改进发动机结构及有关系统。

采用分层燃烧系统、均质稀燃技术、汽车直接喷射技术、电子控制发动机、化油器的净化措施等新技术能够有效地减少污染物的排放。

（5）在发动机外安装废气净化装置。

二、沥青烟的防治

在公路建设中，散发沥青烟主要有两个的工序：一是沥青施工现场，沥青混合料由车辆倾倒时散发大量沥青烟，随后摊铺、碾压过程中也会有沥青烟散发；二是沥青混和料拌和场在熬油、搅拌、装车等工序中产生和散发的沥青烟。

对沥青烟的防治主要是针对第二种情况，第一种情况治理难度较大，目前尚无有效治理措施。沥青烟的防治方法具体如下：

（一）吸附法

利用吸附原理，采用比表面积大的吸附剂来吸附沥青烟。常用的吸附剂有焦炭粉、氧化铝、滑石粉、白云石粉等。

（二）洗涤法

利用液体吸收原理，在洗涤塔中采用液相洗涤剂吸收沥青烟技术。洗液由泵送至塔顶，沥青烟由塔底进入，然后喷淋洗液，烟尘与洗液充分接触，将洗涤后的烟气排入大气，洗涤液重复使用。常用的洗涤液有清水、甲基苯等。

目前，在施工中已经普遍采用沥青拌和设备，设备上安装了相关的沥青烟清除装置，能较好地防治沥青烟对周围环境空气的污染。

第五节 公路与景观

公路景观包括自然景观和人文景观两部分。自然景观，这里主要是指天然形成的地形、地貌和地物，例如：平原、山区、草原、森林、大海、沼泽地等景物。这些景物恰恰又是单元生态系统，故又称生态景观。人文景观，是指人类为满足物质和精神生活需要，用自己的智慧和双手创造出来的，例如：各种建筑物、交通设施、城镇、村落、宝塔、庙宇、皇陵、牌坊、碑文等社会文化艺术景物。

公路景观设计,是指公路线形及其构造物要有美观的造型,并使它与周围环境相协调,从而构成优美的自然画面。然而任何一条公路的修建,从选线、勘测设计、土石方开采到施工的整个过程中,难免对沿线自然和人文景观产生一定的影响,但应以最小影响,达到最大的保护,使各种景观和公路工程结构物达到有限的协调,这是完全可以做到的。同时,在公路修建的全过程中,还要重视新的公路交通景观的建立。

一、公路景观设计的基本思路

高等级公路车速高,通过能力大,行车道较多,设中央分隔带,采用立体交叉,控制出入和具有较为完善的安全防护设施,同时沿线服务设施多,特殊工程(例如:桥梁、隧道)也多,所以做好高等级公路的景观设计,结合自然、经济条件及公路的使用功能,合理选择景观造型措施,使公路与通过地区的自然景观相协调具有更为重要的意义。

公路景观设计是使自然景观与公路工程结构物达到有限的协调,建立起新的、完整的公路景观系统。所以,公路景观设计需要从使用者的视觉、心理出发来研究公路的功能、美观及经济的一致性,同时还应综合考虑以下几个方面因素:

(一)通视

公路景观设计要求路线各组成部分的空间位置配合协调,使驾驶员感到路的线形流畅、清晰,行驶舒适、安全。

(二)导向

建立一个区域性的视觉系统,使驾驶员在视觉所及的范围内,能预见到公路方向和路况的变化,并能采取安全的行驶措施。

(三)协调

在进行公路景观设计时,应使公路线形及沿线设施与沿途空间景观环境相协调。

(四)绿化

在进行公路景观设计时,应充分利用绿化来补充和改善沿线景观。

公路景观包括路线和行车道,各种桥梁和沿线建筑、绿化植树、装饰和其他设施等,公路景观应形成统一的建筑群体,在保证全路统一建筑风格的同时,不同路段上的景观还应具有各自的特点。

二、公路景观设计应注意的几个问题

(一)设计要素

公路选线、定线时,应注意路线及其结构物的所有设计要素,要与地形吻合,土石方的开采量要尽量做到最少,要尽可能减少对自然风景的破坏,并尽量避开受保护的景观空间,例如:风景旅游点、温泉疗养区、文物保护区等。对生态景观空间(河流、小溪、森林、沼泽地)和视觉景观空间(纪念塔、古塔、牌坊等)，要避免割断它们之间的联系；若无法避免，则应在设计时提出相应的补救措施。

如果公路里程较长，不可能同时观其全貌，这种情况在选线时，就要将其划分成几个独立的路段，即建筑小区，使各小区既与公路整体风格互相呼应，又各自具有明显的特色。建筑小区内应该有主导建筑，作为自己的标志以区别于其他建筑小区。

公路选线应该循着风景特征线进行。这种选线，对等级越高的公路，要求也就越高。

公路主体建筑风格、定线的特征、路线要素的尺寸、主要转变点的位置及景观的装饰和栽植的充实，都应在野外测量工作之前拟定好，并将其记入测量工作任务单上。同时，要根据地形图、航测照片、技术、经济评估资料或实地探勘资料，定出建筑小区的理想界限和内容。

在进行勘测工作时，应明确每个建筑小区和路线各要素的风格。在公路主体建筑图上，每个建筑小区都要有总的背景(这种背景也可利用绿化方法建立)和主导建筑。如果要将公路沿线的乔木和灌木丛保留下来作为主导建筑，应该编制保留树木的明细表。

(二)自然条件

初步设计阶段应全面考虑路线经过地区的自然条件：占地面积，包括农业、林业和疗养区的使用面积；路线线形和横断面造型及施工中包括侧向取土坑、垃圾和废料堆场及水工结构物等景观造型措施要相互协调，并注意保护沿线的自然风貌，花草种植和其他协调措施的创造也应符合通视、导向、协调和绿化四项景观设计的基本要求。

(三)公路景观造型

公路路线及其结构物景观造型的目的是为了平衡公路对自然风景的影响，使新建的公路能与原有景观融为一体，以便形成新的公路交通景观系统。公路景观造型包括路线和断面造型、交叉口造型、构造物造型及沿途交通服务性设施造型等。

(1)路线空间造型

公路线形是由平、竖曲线以无数组合形式与平、纵面上的直线和缓和曲线及圆形曲线组成，即所谓的三维空间曲线。随着高速公路的出现，驾驶员对距离远近的判断，很少用几米或几公里作为尺度进行判断，如北京至天津，驾驶员往往不用千米，而用小时作为到达的标准。这就要求在路线空间概念中，除三维曲线以外，还需引入"时间"这个概念，成为四维空间理论。这也就是说，路线造型设计，不仅要有宽度、高度和长度等几何要素，还要有时间要素。例如：在确定公路直线段长短的界线时，必须考虑时间和车速的关系。因为汽车司机在高速行驶中，随着时间的消逝，其视线也会从近视点转到远视点，从路上注视转移到路外风景，这种转移会影响构物造型的充分协调。

(2)沿途服务性设施造型

服务性设施，大多是商业性的建筑物，例如：餐馆、旅店、购物店、加油站、汽车修理店、收费站和交通控制中心等。这些建筑物的造型设计要求不仅结构尺寸、形状、色彩要对称、均衡、协调和和谐，而且与路线结构物之间，彼此都要前后呼应，整齐统一，给人以美感。特别是路旁交通标志牌,如果布置不当,很容易引起视觉疲劳。因此,路旁交通标志牌的形状、大小、高矮、图案及色彩,既要鲜明、醒目、振奋、活跃,又要和谐、不刺眼。

路旁建筑物的景观设计,对高等级公路要求较高,对其他道路的环境美化和景观设计,主要靠路旁绿化、栽植,路肩、边坡整修等植被措施来实现。

三、高等级公路景观设计的若干要点

（一）公路线形及其构造物设计应能诱导视线并满足视觉景观要求

公路路线应与地形相吻合,几何设计平、纵、横各要求应配合一致,避免造成空间线形扭曲、暗凹、跳跃等景观缺陷。条件适宜时,应尽量采用分离式路基,减少纵横断面对自然和景观的影响。公路交叉口应具有良好的通视条件,分汇流的出、入口应易于分辨,并通过标志、标线、绿化栽植进行视线诱导。互道式立交出口减速车道宜设置于上坡路段,入口加速车道应设置于下坡路段,平面交叉处一般应进行绿化设计。上跨主要公路的立交桥、天桥等跨线构造物应保证桥下净空要求,宜在主要公路路肩外设置边孔,且桥墩不宜采用实体薄壁形式,宽度1.0m以下的窄中央分隔带内不得设置桥墩。各种构造物的结构、造型、材料等均应与当地自然和人文条件相符合。

（二）公路环境设计应充分利用公路通过地带附近的景观空间

公路选线应合理确定与风景区的距离,避免分隔生态景观空间或视景观空间。公路必须穿越森林、果园、绿地时,应以曲线通过,避免直线线形切割并贯通森林。应充分利用沿途孤立大树、独立山丘、瀑布、古建筑等独立景点。当公路绕避景观区域或独立景点时,宜将景观置于曲线内侧。旅游公路越岭线的垭口处,除应有广阔的视野外,还可根据当地条件,设置适当的观景台。公路沿线服务设施宜设置于海滨、湖滨、风景名胜区附近,其形式选择应有利于游客瞭望风景。

（三）公路带状景观环境应与沿途空间景观环境相协调

对山区公路应避免大填大挖破坏自然景观。如挖方深度大于25~30m时,宜进行路堑与隧道方案的比选论证,可能引起灾害的路段宜采用隧道方案。路线通过山间谷地,路基高度大于20m时,应综合考虑填筑路基路堤对谷地通风、日照等原有生态环境的不利影响及景观要求,必要时进行高路堤方案与高架桥方案的比选论证。

公路通过森林区时应做好路基断面设计,应尽量避免设置深挖路堑式断面,应力求拓宽双幅公路的中央分隔带,并尽可能保留中央分隔带位置原有林木。公路通过平原、水网区应合理确定路基高度,沿线村庄稀疏、横向干扰少时,宜采用低路基通过。确定公路桥位应考虑保留有价值的岸边植物。公路沿途有影响到司机视线、嗅觉的烟尘、刺激性气体发生源时,路线应布设于发生源的上风向。

公路构造物及沿线设施的风格、色彩、造型应考虑景观效果,对乡村地区而言,在满足使用功能的条件下,宜简洁、明快;城镇附近、风景游览区附近的公路构造物及沿线设施应与周围环境一致,做到美观大方,并应注意与地域民族特征及生活习俗协调统一。

（四）公路景观设计应注意对视觉污染的防治

公路用地范围内，除收费站、服务区外，不得设置广告牌和宣传牌。除标线、标志、护栏等按规定涂覆色彩外，一般不宜涂色。公路雕塑小品的设置应注意色彩、造型，并不得妨碍驾驶员视线。公路除起点、终点或大型构造物位置外，一般不宜设置小品。宽度大于 3m 的中央分隔带上设置小品时，应以单体为宜。中央分隔带及路基两侧不得设置群雕小品。公路沿线纳污设施、工业废料堆弃等影响视觉景观的位置应通过公路绿化或工程措施予以遮蔽。

复习
思考题

1. 道路交通的主要环境问题是什么？
2. 道路交通对生态环境有哪些影响？
3. 保护生物多样性的主要措施有哪些？
4. 降低路面噪声的措施有哪些？
5. 公路景观设计应综合考虑哪些方面？

第十章
CHAPTER Ten
公路养护

一、公路养护的目的与基本任务

公路养护是保证汽车高速、安全、舒适行驶的不可缺少的经常性工作。公路养护的目的是：经常保持公路及其设施的完好状态，及时修复损坏部分，保证行车安全、舒适、畅通，以提高运输经济效益。公路养护的基本任务是：采取正确的技术措施，提高养护工作质量，延长公路的使用年限，以节省资金；防治结合，治理公路的病害和隐患，逐步提高公路的抗灾能力，并对原有技术标准过低的路线和构造物及沿线设施进行分期改建和增建，逐步提高公路的使用质量和服务水平。

二、公路养护的技术政策和措施

（一）技术政策

公路养护工作不只是一项技术性工作，同时也是一项政策性很强的工作。公路养护政策主要有以下几点：

（1）公路养护工作必须贯彻"预防为主，防治结合"的方针。根据积累的技术经验资料和当地的具体情况，通过科学的分析、预做防范，消除导致公路损毁的因素，增强公路设施的耐久性和抗灾能力。

（2）因地制宜，就地取材，尽量选用当地天然材料和工业废渣；充分利用原有工程材料和原有工程设施，以降低养护成本。

（3）推广运用先进的养护技术和科学的管理方法，改善养护生产手段，提高养护技术水平。

（4）重视综合治理，保护生态平衡、路旁景观和文物古迹；防止环境污染；注意少占农田。

(5)全面贯彻执行《公路桥梁养护管理工作制度》，加强桥梁的检查、维修、加固和改善，逐步消灭危桥。

(6)养护工程设计应符合相关标准的规定；公路养护施工时应注重社会效益，确保公路畅通。

(7)加强以路面养护为中心的全面养护。

(8)大力推广和发展公路养护现代化。

(二)技术措施

(1)认真开展路况调查，分析公路技术状况，针对公路病害产生的原因和后果，采取先进、有效并且经济的技术措施。

(2)加强养护工程的前期工作和各种材料试验及施工质量检测和监理，确保工程质量。

(3)推广路面、桥梁管理系统，逐步建立公路数据库，实行病害监控，实现决策科学化，使有限的资金发挥最大的经济效益。

(4)推广 GBM 工程，实施公路的科学养护与规范化管理，改变现有公路面貌，提高公路的整体服务水平。

(5)认真做好公路交通情况调查工作，积极开发、采用自动化观测和计算机处理技术，为公路规划、设计、养护、管理、科研等提供全面、准确、连续、可靠的交通情况信息资料。

(6)改革养护生产组织形式，管好、用好现有的养护机具设备，积极引进、改造、研制养护机械，逐步实现养护机械装备标准化、系列化，以保障养护工程质量，提高养护生产效率，降低劳动强度，改善劳动环境。

(7)加强对交通工程设施(主要有标志、标线、通信、监控等)、收费设施、服务管理设施等的设置、维护、更新工作，保障公路应有的服务水平。

三、公路养护工程的分类

公路养护工程按照公路养护的工程性质、规模大小、技术难易程度可分为以下四类：

(一)小修保养工程

所谓保养，是指对公路及其沿线设施的日常保护工作，使其减少自然损失。小修保养工程是指对公路及其一切工程设施进行预防性保养和修补其轻微损坏部分，使之经常保持完好的状态。

(二)中修工程

中修工程是指对养范围内的公路及其工程设施的一般性磨损和局部损坏进行定期的修理加固，以恢复公路原有的技术状况的工程。

(三)大修工程

大修工程是指对管养范围内的公路及其工程设施的较大损坏进行周期性综合修理，以全面恢复到原设计标准或在原技术等级范围内进行局部改善和个别增建、以逐步提高公路通行能力的工程项目。

（四）改善工程

改善工程是指对公路及其工程设施因不适应交通量和载重需要,而分期逐段提高技术等级,或通过改善显著提高其通行能力的较大工程项目。

除了上述四类养护工程之外,对于当年发生的较大水毁等自然灾害的抢修和修复工程,可另列为公路水毁工程专项办理。而对当年不能修复的项目,视其规模大小列入下年的中修、大修或改善工程计划内完成。

公路养护费用的使用必须坚持专款专用的原则,首先满足小修保养、中修、大修和水毁修复的需要,然后安排必要的改善工程。对于公路养护工程的保养、小修、大修、改善的具体分类请参见《公路养护技术规范》。

第二节 路基养护

一、路基养护的要求

路基是公路最重要的基本组成部分,是路面的基础。它与路面共同承担车辆荷载,并把车辆荷载通过其本身传递到地基。路基的强度和稳定性是保证路面强度与稳定性的基本条件,它直接影响路面的强度和平整度。路基贯穿全线,连接桥涵、隧道。桥头引道路基,对桥梁的使用及破损亦有直接的影响,因此,必须通过路基养护,达到以下要求:

（1）保持路基土密实,排水性能良好,各部分尺寸和坡度符合规定并及时消除不稳定因素。

（2）路肩无车辙、坑洼、隆起、沉陷、缺口,横坡适度,边缘顺适,表面平整坚实、整洁,与路面接茬平顺。

（3）边坡稳定、坚固、平顺无冲沟、松散,坡度符合规定。

（4）边沟、排水沟、截水沟、跌水井、泄水槽等排水设施无淤塞、高草,纵坡符合要求,排水畅通,进出口维护完好,保证路基、路面及边沟内不积水。

（5）挡土墙、护坡及防雪、防沙等设施保持完好无损坏,泄水孔无堵塞。

（6）做好翻浆、塌方、山体滑坡、泥石流等病害的预防、治理和抢修,尽力缩短阻车时间。

二、路基养护的分类

（一）小修保养工程

日常的保养工作包括:通过整理路肩、边坡及清除路肩杂物,以保持路容整洁;疏通边沟,保证排水系统通畅;清除挡土墙、护坡、护栏滋生的杂草,修理伸缩缝、泄水孔及松动的石块;对护栏、路缘石进行修理刷白工作,以保持其使用效果。

小修工程包括以下内容:

（1）根据路基在使用中的破损情况及其实际需要，开挖小段边沟、截水沟，以补充和改善排水能力，并分期铺砌边沟，以增加边沟的坚固性，减少淤塞和渗透；消除零星塌方，填补路基缺口及处理轻微沉陷。

（2）改善视距，在行道树和弯道视距范围内因树木的生长而使视距受影响时，应及时对树木进行修剪。

（3）对桥头、引道和涵顶跳车的情况进行处理。

（4）对挡土墙、护坡、护栏和防雪设施等出现的局部损坏及时进行修理。

（5）根据需要，用砂石或稳定料局部加固路肩。

（二）路基中修工程

路基中修工程包括以下内容：
（1）根据需要，局部加宽，加高路基或改善个别急弯、陡坡、视距。
（2）全面修理、接长或个别添建挡土墙、护坡、护坡道、泄水槽、护栏及铺砌边沟。
（3）清除大塌方或一个段内较集中的塌方，大面积翻浆、沉陷处理。
（4）整段开挖边沟、截水沟和补砌边沟。
（5）过水路面跳车的处理。
（6）平交道口的改善。
（7）整段加固路肩。

（三）路基大修工程

路基大修工程包括以下内容：
（1）在原路技术等级内整段改善线形。
（2）拆除、重建或改建较大的挡土墙、护坡等防护工程。
（3）大塌方的清除及善后处理。

（四）路基养护改善工程

路基养护改善工程包括：提高公路技术等级、整段加宽路基、改善线形等。

三、几种路基病害的处理

（一）路基翻浆

路基翻浆主要发生在季节性冰冻地区的春融时节的盐渍土、泥沼、水网、软土等。春融时期在地面水、地下水和行车的共同作用下，路基出现湿软，形成弹簧、裂缝、冒浆等现象。

对路基翻浆应加强预防性防护，对于路肩上易于积水处及露面上的裂缝，宜在雨季前修理并加固好，以防地表水渗入路基体。路基上的积雪，应在春融前清除干净。

一旦发现路面有潮湿斑点、龟裂、行车颠簸、路基发软等现象时，表明翻浆已经开始露头，此时应进行调查，发现问题，找出原因，确定处理方法和措施。

当翻浆停止，路基渐趋稳定时，对维持通车的临时设施，应立即拆除或填平，恢复原状。治

理翻浆,首先是找准翻浆原因,分析并针对不同情况选定不同的治理措施,进行加固。治理后应注意初期观察。具体有以下几种情况:

(1)路基偏低时,应在原路基上用透水性好的土壤提高路基,减少底层土壤含水量,使路基上部土壤保持干燥,在冻结过程中,不致聚水而失去稳定。

(2)地势条件许可,也可以采用挖深边沟、降低水位的处理方法。

(3)当路基土壤渗水性不良,提高路基又有困难时,则宜将路基上层挖去,换填砂性土,压实后重铺路面。

(4)在路基中设置透水隔离层。在地下水位之上用粗粒料铺筑,连接路基边坡的部分,应铺大块砾(片)石。

(5)为防止水的冻结和土壤膨胀,在路基中设置隔温层,借以减小冰冻深度。

(6)设置盲沟以降低地下水位,截断地下水潜流,使路基保持干燥。

(7)改善路面结构层,如铺设砂(砾)垫层或石灰土结构层。

(二)塌方、滑坡

造成塌方、滑坡的原因有很多,因水害而引起塌方、滑坡的比较普遍。因此,重视导水、排水是防坍滑的主要措施。对易塌、易滑地段,必须在每年雨季前和雨季后,进行仔细检查,发现问题时,应针对原因采取相应的治理措施。

对于少量的塌方,要及时清除。对于大的坍塌,应先抢通单车道维持通车,同时做好排水和安全行车。

对边坡裂缝,应用胶泥或砂浆填塞捣实,防止雨水渗入基体。

滑坍边坡上塌落的悬岩、危石,要严格注视其变化,对可能发生的崩塌,宜采取预先爆破或刷坡的方法处理,以免危及行车和行人安全。

设置防治构造物,维持土体平衡。挡土墙尺寸应根据坍滑情况,经过计算确定。

对于滑动显著而且厚度不大的,可在坍体滑坡的斜面上,用木桩或混凝土桩穿过坍体,打入未移动的下层,桩间距离及打入深度,应按计算确定,如图10-1所示。

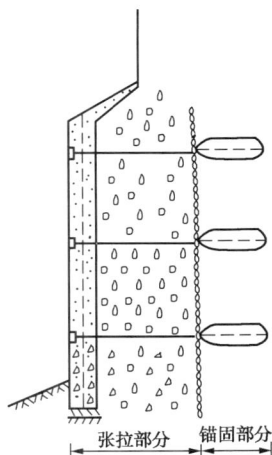
图 10-1 抗滑示意图

第三节 路面养护

一、概述

路面养护是公路养护工作的中心环节,是质量考核的首要对象。路面是在路基上用各种筑路材料铺筑、供汽车行驶、直接承受行车作用和自然因素作用的结构层,其作用是满足行车的安全、迅速、经济、舒适的要求。因此,必须采取预防性养护和经常性的养护、修理措施,使排水畅通,行车顺适、安全,并对原有路面有计划地进行改善,提高其技术状况,以适应运输发展的需要。

（一）路面养护的要求

（1）经常清扫路面，及时清除杂物、清理积雪积冰，保持路面整洁，做好路面排水。
（2）加强路况巡查，发现病害，及时进行维修、处治。

（二）路面养护工程的分类及主要内容

1. 小修保养工程

（1）保养工程的主要内容包括：①清除路面上的泥土、杂物，保持路面整洁。②排除路面上的积水、积雪、积冰、积沙，铺防滑料、灭尘剂或压实积雪，维持交通。③砂土路面刮平，修理车辙。④碎砾石路面扫匀面砂，添加面砂，洒水润湿，刮平波浪，修补磨耗层。⑤处理黑色路面的泛油、拥包、裂缝、松散等病害。⑥混凝土路面修理板边接缝及堵塞裂缝等。
（2）小修的主要内容包括：①局部处理砂土路的翻浆、变形，添加稳定材。②碎砾石路面局部加宽、修补坑槽、整段修理磨耗层或扫浆铺砂。③沥青（渣油）路面修补坑槽、沉陷，处理波浪、啃边等病害。④混凝土路面面板的局部修理和调整平整度。

2. 路面中修工程

路面中修工程主要包括以下内容：
（1）砂土路面大面积处理翻浆，修理横断面。
（2）碎砾石路面局部地段加厚、加宽、调整路拱、加铺磨耗层、保护层、处理严重病害。
（3）沥青（渣油）路面整段封层罩面。
（4）沥青（渣油）路面严重病害的处理。
（5）水泥混凝土路面病害的处理。
（6）水泥混凝土路面接缝材料的整段更换。
（7）整段安装、更换路缘石。
（8）桥头搭板或过渡路面的整修。

3. 路面大修工程

路面大修工程主要包括以下内容：
（1）整段用稳定材料改善土路。
（2）整段加宽、加厚或翻修重铺碎砾石路面。
（3）翻修或补强重铺铺装、简易铺装路面。
（4）补强、重铺或加宽铺装、简易铺装路面。

4. 路面改善工程

路面改善工程主要包括以下内容：
（1）整线整段提高公路技术等级，铺筑铺装、简易铺装路面。
（2）新铺碎砾石路面等。
（3）水泥混凝土路面病害处理后，补强或发行为沥青混凝土路面。

二、沥青类路面的养护

(一)沥青路面的养护要求

(1)对沥青路面应进行预防性、经常性和周期性养护,加强路况巡查,掌握路面的使用状况,根据路面的实际情况制订日常小修保养和经常性、预防性、周期性养护工程计划。对于较大范围路面损坏和达到或超过设计使用年限的路面,应及时安排大中修或改建工程。

(2)应及时掌握路面的使用状况,加强小修保养,及时修补各种破损,保持路面处于整洁、良好的技术状况。

(3)沥青路面养护工程使用的沥青、粗集料、细集料和填料的规格、质量要求、技术指标、级配组成及大修、中修、改建工程的设计、施工、质量控制,应符合相关规范。

(二)路面常见破损的处治

1. 裂缝的处治方法

(1)对于石灰土基层因冻缩、干缩引起的纵、横向裂缝,缝宽在 6mm 以内的,可用热油灌缝,缝宽大于 6mm 的,在把裂缝内处理干净后,可用炒拌好的沥青砂或细粒式混凝土混合填充、捣实并用烙铁封口,随后撒上砂,扫匀。

(2)对于一般不严重的无变形的裂缝,可在路面干燥的情况下,消除缝内的尘土,在缝口刷一层黏度较低的沥青或渣油,用刮板(低温时可用烙铁)填缝、烙平,并要撒砂、扫匀。

(3)发裂或轻微的龟裂,可用刷油法处治,或进行小面积的喷油封面,以防止渗水而扩大病害。

2. 麻面的处治方法

(1)对大面积的麻面路段,可在气温上升时(10℃以上)清扫干净,做局部喷油封面。

(2)小面积麻面,局部薄喷或刷一层沥青(渣油)撒料压平。

3. 对松散的处治方法

(1)如因低温施工的渣油面层造成松散,并不扩大发展,可不做处理,收集好松散料,待气温上升时,再撒铺压实。如果细矿有散失,则采取喷油封面处治,或采用乳化沥青做封面处治。

(2)松散程度较重,主骨料和面层的下层仍属稳定时,可采用罩面方法将松散部分封住。如因油温过高,油料老化而失去黏结性造成的松散,应挖除重铺。

4. 坑槽的处治方法

对坑槽的处治,要测定破坏部分的深度和范围,划出开槽(必须成正规形状)修补的轮廓线,纵横边线要和路中线相平行或垂直。开槽的槽壁要垂直,要开凿到稳定部分,并将槽底、槽壁清理干净。根据条件采用路拌法和炒拌法置备混合料,与原路面层用料规格相同,并视深度采用单层或双层铺筑。在开好的槽底和槽壁均匀刷一层黏结沥青,而后填铺混合料,整平压实,新补部分略高于原路面(根据坑槽深线、用料粗细而定),以便压实后保持与原路相平,并用烙铁烙平四周。

5. 泛油的处治方法

（1）严重泛油地段，可采用嵌入法处治。根据实际情况撒铺不同规格的石料，用压路机强行压入，达到基本稳定后，引导行车碾压成型。

（2）轻度泛油，可撒石屑或粗砂，通过行车碾压至不粘车轮为度。

（3）撒料必须先撒粗料后撒细料，要做到无堆积，无空白，均匀压实，并注意做好在行车碾压中及时扫回飞散矿料工作。

6. 拥包的处治方法

（1）由于面层原因引起的较严重的拥包，在气温较高时，或用加热罩烤软后铲除，而后找补平顺，夯实后用烙铁烙平。

（2）轻微的拥包，已趋稳定，可在高温时直接铲平。

铲平后，要注意矿料组成和含量，对矿料偏细或细料集中、含油量过大等情况，在找补平顺时，要视情况做好处理，例如增掺主集料成分等。

7. 波浪（搓板）的处治方法

（1）属于面层和基层中间有隔层引起波浪时，应揭开面层，消除浮动夹层，再将面层料掺加适当材料，炒拌后重铺面层。要特别注意炒拌温度。

（2）小面积的面层搓板（波浪），也可在波谷内填补沥青（渣油）混合料，找平处治，但必须黏结牢固，稳定密实，或铲除波峰部分进行重铺。

8. 脱皮的处治方法

（1）属于面层本身颗粒重叠、油料分布不均匀而引起的脱皮，应将面层翻修。

（2）由于初期养护或罩面与下层黏结不好而引起的脱皮，应及时撒布矿料或另做罩面，但均应先洒上黏层油。

9. 弹簧翻浆的处治方法

（1）仅由于面层成型不好，雨、雪、水下渗而引起基层表面轻度破坏而形成的轻微翻浆，可于春融季节过后，使水分蒸发，促使成型。

（2）晚秋或低气温施工的石灰土基层，发生上层翻浆，应挖除到坚硬处，另换新料，修补基层和重铺面层。亦可考虑采取短期封闭交通的办法。

（3）属于排水不良而造成的翻浆，应排除积水，增设纵横盲沟，使用水稳定性好的基层，重修面层或增设隔离层。

三、水泥混凝土路面养护

（一）水泥混凝土路面养护的基本要求

（1）水泥混凝土路面的特点是在养护良好的条件下，使用年限比其他路面长。但一旦开始破坏，破损会迅速发展。因此，必须做好预防性、经常性养护，通过经常巡视观察，及早发现缺陷，查清原因，不失时机地采取适当的措施，以保持路面状况的完好。

（2）水泥混凝土路面的养护质量标准应符合表 10-1 的规定。

水泥混凝土路面养护质量标准 表 10-1

项 目	高速公路、一级公路	其他等级公路
平整度(σ)	≤2.5	≤3.5
三米直尺(mm)	≤5	≤8
国际平整度指数 IRI(m/km)	≤4.2	≤5.8
构造深度 TD(mm)	≤0.4	≤0.3
抗滑值 SRV(BPN)	≤45	≤35
横向力系数 SFC	≤0.38	≤0.3
相邻板高差(mm)	≤3	≤5
接缝填缝料凹凸(mm)	≤3	≤5
路面状况指数(PCI)	≥70	≥55

（3）水泥混凝土路面在使用中，必须对其使用质量进行定期调查评价，有计划地进行修理和改善，以保持良好的服务状况。

（4）水泥应具有强度高、收缩性小、耐磨性强、抗冻性好等性能，以采用硅酸盐道路水泥和普通硅酸盐水泥为宜。

此外，接缝材料应选用黏结力强、回弹性能好、不渗水、抗嵌入能力强、高温时不流淌、低温时不脆裂、耐用，且施工方便、价格低廉的材料。其技术性能应符合相关规范的规定。

（二）混凝土路面的养护与修理

1. 路表及接缝处的保养

必须经常清除路面上的泥土和污物。如路面上有个别小石块应随时扫除，以免受车辆碾压而破坏路表。在与其他不同种类路面连接的地方，或在平交道口，容易把砂、石、土带到路面上来，对此应勤加清除。

混凝土路面养护的重点在接缝处，要在不同季节及时填充或铲除填料，保持接缝填缝料的完好，表面平顺，使行车不颠跳。当气温下降接缝扩大有空隙时，要将灌缝填满，填缝料可根据当地自然气温条件区别选用。当气温上升，填缝料挤出缝外，要适当予以切除。要防止泥土和砂土挤压进入接缝内，影响混凝土板的正常伸缩。

2. 裂缝的养护与修理

（1）对宽度在 0.5mm 以下的非扩展性裂缝，一般可用低黏性沥青(渣油、胶乳)或环氧树脂等材料灌注；如为扩展性的裂缝，则沿裂缝凿槽，注入灌缝材料；如果因混凝土板下有构造物、埋设硬物而产生的裂缝，则沿裂缝开凿后填注灌缝料。

（2）在雨季和冰冻前 3~4 周内，应仔细检查路面，并将一般小的破损修补好；冬季注意清除冰雪。

（3）要养护好路肩，加固路肩，使路面与路肩衔接平顺，保持应有的横坡度，同时保证衔接处不积水。

（4）填缝料一般隔几年需进行更新，以避免填缝料老化后失掉弹性及黏性而使雨雪水下渗，破坏基层。在已填好的缝上，用烙铁烙平，使接缝密实。

（5）对裂缝的处理

①裂缝较多时，先把裂缝集中划为一块，把这一块所有裂缝四周松动部分凿成一块凹面；把尘土吹刷干净并晾干；用沥青炒砂在上面铺盖一层厚 1～1.6cm 的保护层，最后在上面撒铺一薄层中砂。

②裂缝较宽时，应先顺着裂缝凿除缝两边的松散部分，吹扫干净，然后在干燥的情况下，用稀释沥青在缝边涂刷一遍，再用沥青混合料、沥青炒砂或细粒式沥青混合料填满夯实，表面用烙铁烙平，最后撒盖一层薄的中砂。

3.孔洞的养护与修理

（1）应先将孔洞修凿成形状规则的直壁坑槽，但应注意防止产生新的裂缝。在清吹干净后，涂刷一层沥青，然后用沥青炒砂或沥青混凝土填补夯实。

（2）一般较浅或不大的坑槽，也可用环氧砂浆或环氧混凝土修补。

4.混凝土路面表面的养护与修理

当路面表面出现局部性龟裂、剥落、磨光、脱皮等破损时，可在路面板表面凿除破损至一定深度，而后在上面做薄层表面处治：当采用沥青做表面处理时，参照《公路沥青路面施工技术规范》（JTG F40—2004）进行；当采用水泥类材料做表面处理时，由于水泥混凝土层薄，新旧混凝土的结合尤为重要，在新旧结合面上要涂刷上述黏结剂，而后浇筑混凝土；当采用树脂类做表面处理时，环氧砂浆、环氧混凝土黏结剂和骨料混合而成。如表面处治的目的是恢复防滑层，则只在表面洒或涂上一层环氧树脂等黏结剂，然后再均匀撒上硬质骨料使之黏着即可。

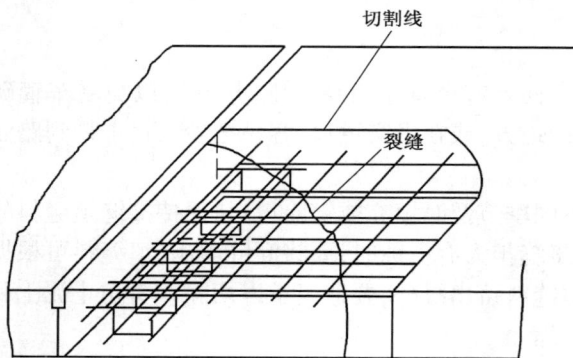

图 10-2　角隅部分翻修示意图

5.混凝土路面的局部翻修与处理

（1）对角隅部分的翻修

①按破裂面的大小和深度，确定切割范围，如图 10-2 所示。

②用切缝机械切开边缝，凿除破损部分，打成正规的垂直面，但要注意不能切断钢筋，如果钢筋难以全部保留，至少也要保留 20～30cm 的钢筋头，且要长短交错。

③检查原有的滑动传力杆，如果有缺陷，应立即切除，另设新杆。

④原有路面板的接缝面，如为缩缝，应隔上塑料薄膜或涂上沥青料，防止新旧混凝土黏结在一起，如为胀缝，应设置接缝板。

⑤混凝土硬化后，用切缝机械切出接缝槽，然后灌入填缝材料。

（2）对错台的处理

当接缝部分或裂缝部分产生错台时，用沥青砂或密级配沥青混凝土进行接顺，如图 10-3 所示。

（3）对断裂和翘曲的处理

①翘曲和断裂的宽度放样后，用人工或切缝机械开槽，开出正规和直壁的槽形。

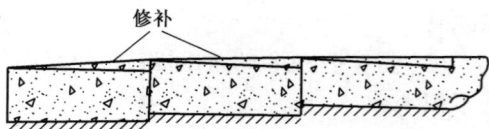

图 10-3　错台的修补

②用水泵冲洗净槽内的砂、石等杂物,晾干。

③配制黏结剂和混凝土(掺早强剂)。

④立侧模,在老混凝土接触面上刷黏结剂后,将拌和好的混凝土摊铺和捣实。

⑤在一般季节可采用普通的养生办法。在冬季,为防止冻坏,可在浇筑好的修补板块上,先浇温水后盖薄膜,用湿土将四周密封压住,最后再在薄膜上盖草,堆土,确保混凝土低温下养生。

(4)对路面板横断方向开裂的局部翻修

①对没有钢筋网的路面板发生横断开裂时,需将整块路面板全部翻修。

②如果是没有钢筋网的路面板,出现横断开裂,裂缝位置离接缝(胀、缩缝)不超过3m时,可比照处理角隅裂缝的办法做局部翻修。

③当裂缝位置离接缝超过3m时,应作为缩缝的换填方法,局部翻修裂缝部位,如图10-4所示。

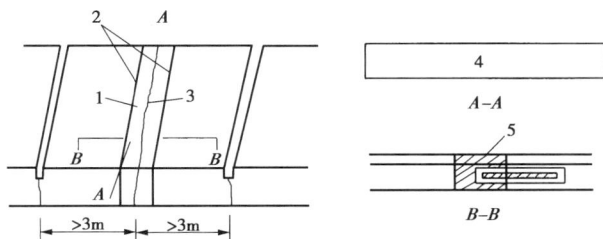

图10-4 横向开裂的局部翻修
1-消除;2-切割线;3-裂缝;4-滑动传力杆;5-翻修部分

(5)混凝土路面的沉陷处理

混凝土路面板和基层之间由于出现空隙、空洞,容易导致路面板沉陷。使之恢复到原来的位置,较为简便的办法有顶升(直接、间接)法和灌浆施工法。常用的灌浆施工法有灌注沥青和灌注水泥浆法,通常使用沥青灌注法。具体做法请参阅《公路养护技术规范》。

第四节 桥梁涵洞养护

一、桥涵养护的工作范围与桥涵养护工程分类

(一)桥涵养护和修理工作范围

(1)技术检查。

(2)建立和健全完整的桥涵技术档案。

(3)构造物的安全防护。

（4）构造物的经常保养、维修与加固。

（二）桥涵养护分类

1. 小修保养工程

（1）保养

①清理污泥、积雪、杂物，保持桥面的清洁。

②疏通涵管淤泥，疏导桥下河槽。

③伸缩缝养护，泄水孔疏通，钢支座加润滑油，栏杆油漆。

④钢结构桥的日常保养。

（2）小修

①修理更换栏杆和木桥的局部损坏，修理泄水孔、伸缩缝等。

②修补桥面、墩、台及河床铺底和河道防护圬工的微小损坏。

③修理接长涵洞和进出口的铺砌加固。

2. 中修工程

（1）修理更换木桥的较大损坏构件及防腐。

（2）修理更换大、中桥支座及个别构件。

（3）大、中型钢桥的全面油漆、除锈和各部构件的维修。

（4）永久性桥墩、台及桥面的修理和小型桥面的加宽。

（5）重建、增建，接长涵洞，改建桥梁河床铺底或调治构造物。

3. 大修工程

（1）在原技术等级内加宽大、中型桥墩、台及桥面。

（2）改建、增建小型桥梁和技术性简单的中桥。

（3）改建、增建较大的永久性调治构造物。

二、桥梁的养护、加固与修理

（一）裂缝对桥梁的影响与裂缝修理

1. 桥梁的裂缝

对于钢筋混凝土桥，混凝土收缩过程可延长到好几个月。由于混凝土本身抗拉强度很小，初拉应力可能引起混凝土产生细小裂缝（不过肉眼较难发现）。当运营初期桥梁承受活荷载时，裂缝有所变大。实际上，由于钢筋混凝土结构中的受拉钢筋的应变大大超过混凝土的极限拉伸应变，所以也不可避免地会发生裂缝。

钢筋混凝土墩（台）身主要因混凝土存在内外温度拉应力和混凝土收缩而产生网状裂缝。它发生在常水位以上墩台的向阳部分。由于基础松软或沉陷不均匀，呈现下宽上窄发展至墩（台）身的裂缝；由于混凝土浇筑接缝不良而引起混凝土墩（台）身产生水平裂缝；由于墙间填土不良，冻胀或基底承载力不足，引起下沉或外倾，而导致翼墙和前墙裂缝或断裂。

2.裂缝的维修与加固措施

(1)对钢筋混凝土桥的构件,应特别注意观察其受拉区的裂缝。对未超过允许值的裂缝,为预防其受大气因素影响,一般可采用涂刷水玻璃或环氧树脂的办法,对裂缝进行封闭处理;当裂缝大于允许值时,一般采用空压式的方法来灌注环氧树脂填充裂缝;当裂缝大于 0.4 ~ 0.5mm 时,应将裂缝凿开、刷净,然后立模补以环氧砂浆或高强度水泥砂浆,如果体积较大,可用小砾石混凝土予以补强。

(2)对砖、石、混凝土拱桥的裂缝,可以采取下述措施处治:勾缝处理;当圬工拱桥的纵向裂缝超过允许值时,一般采用跨中、1/4 处和拱脚附近各设一道横向钢板来加固,或在上述位置设五道横向预应力拉杆以防止裂缝发展;圬工拱桥的砌体结合不好或受力不均,填土松散,基础沉降等发生的较深裂缝,要采用压注水泥砂浆进行修补,或做镶面石或设置混凝土帮面、帮圈来加固,严重部位必须进行翻修;砖、石拱桥灰缝如有脱落,如风化剥落,可喷洒一层 1 ~ 3cm M10 以上的水泥砂浆,并分 2 ~ 3 层喷注,每隔 1 ~ 2 日喷一层,必要时,可加布一层钢丝网;当裂缝已贯穿墩台,可用钢筋混凝土围带或钢箍进行加固。

(二)几种破损的维修加固方法简介

1.钢筋混凝土桥主梁的加固

(1)加劲梁法。在桥下净空许可的条件下,可采用加劲梁来加固梁式钢筋混凝土桥主梁。加劲梁的受拉杆件用钢材做成,立柱用钢筋混凝土或混凝土做成。主柱一般设在跨径的 1/4 处,以使加劲梁的斜拉杆与水平面成 30° ~ 45° 的角度。

加劲梁的斜拉杆,装在被加固的梁的两端。在钢筋混凝土梁上凿开一个安放垫座的位置,割去一部分梁的钢筋和竖钢箍,将用角钢或槽钢做成的支承垫座安放在凿好的洞内,并与斜杆成垂直角。斜拉杆的一端插入支承垫座内用螺帽扣紧,另一端在立柱下面用一对节点板和平拉杆结合,装好之后,用法兰螺丝把加劲的水平拉杆拧紧。

(2)预应力加劲拉杆法。对钢筋混凝土或预应力钢筋混凝土的 T 梁或工字梁桥,亦可采用在梁底加设预应力加劲拉杆的简易补强办法来加固。即在梁的下半部设 U 形锚固钢板,然后在梁的两侧焊上加强拉杆,距梁端 0.17L(L 为计算跨径)左右设弯起垫块和撑杆,并在跨中设几道横向撑杆和锁紧螺栓,当拧紧螺栓时,对梁预加应力。

(3)对双轴拱桥的拱轴线变形,在条件许可下,应采取调整拱上自重布置的方法,来改善拱圈受力状况。

(4)双轴拱桥侧墙发生鼓胀,一般是由于排水不良、填土内积聚水分而造成膨胀,或是砌筑质量不佳等。因此必须查明原因,解决排水问题,必要时拆除侧墙重砌。

对双曲拱桥如原有拱圈厚度不够时,可采取加建新拱圈或扩大拱圈断面,进行加固。

2.支座维修

支座应经常保持其良好状态,弧形滑动面、辊轴和滚动面要及时清除垃圾及污泥,保持清洁,并涂以薄层润滑油或涂擦石蜡。

对固定支座应检查锚栓坚固情况,支承垫板要平整紧密,及时拧紧接合螺栓。

支座如有缺陷或产生故障时,应立即修理或更换。如滚动面不平整,轴承有裂缝,切口以及个别辊轴大小不合适、必须更换;支座座板翘起、扭曲、断裂时,应予更换或补充;焊缝开裂应予更换或补充;焊缝开裂应予整修;如需要抬高支座时,可视抬高量采用捣填半干水泥砂浆或垫入钢板、铸钢板或就地灌筑钢筋混凝土填块、更换钢筋混凝土顶帽。

对辊轴出现不允许的爬动、歪斜或摇轴倾斜时,应矫正支座的位置。一般使用带有压力计的液压千斤顶顶起上部结构,起升时,桥上应禁止通行。如上部构造纵向或横向移动不大时,可采用倾斜安装的千斤顶。如需较大的移动,可把上部构造垂直顶起放在木垛的辊轴上,然后再用绞车或千斤顶进行移动校正。

油毡支座如已失效,应予更换。摆柱或支座如有脱皮露筋或异常现象,应予更换。橡胶支座如已老化,应立即进行更换。

(三)桥梁墩台的养护与加固

1. 基础的养护

(1)墩台表面必须保持清洁,要及时清除青苔、杂草、荆棘和污秽。

(2)圬工砌体长期受大气影响、雨水侵蚀而出现灰缝脱落,混凝土表面发生剥落等,应重新勾缝。而对剥落、蜂窝麻面的周围要凿毛洗净,用水泥砂浆抹平。当圬工砌体镶面部分因严重风化而损坏时,应予更换。可采用石料或混凝土预制块补砌,要求结合牢固,色泽和质地与原砌体基本一致。

2. 基础的修理与加固

(1)当基础承载力不够时,可采用在原基础周围加打基桩浇筑钢筋混凝土承台,并与原基础混凝土相联结(凿槽埋入带刺的牵钉),以扩大基底承载面积,其示例如图10-5所示。

(2)当基础因受冲刷而要加固时,可采用图10-6和图10-7的方式。

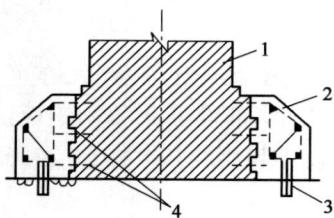

图 10-5 桥墩基础加固示例
1-原有墙身;2-新浇承台;3-牵钉;4-基桩

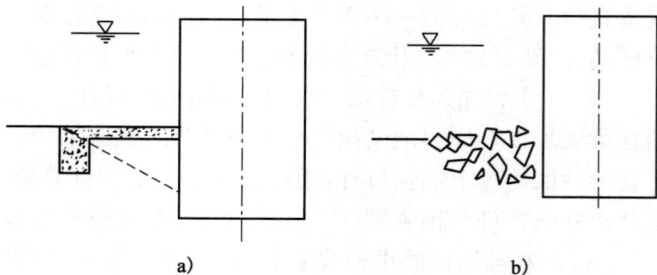

a)   b)

图 10-6 混凝土或抛石护基

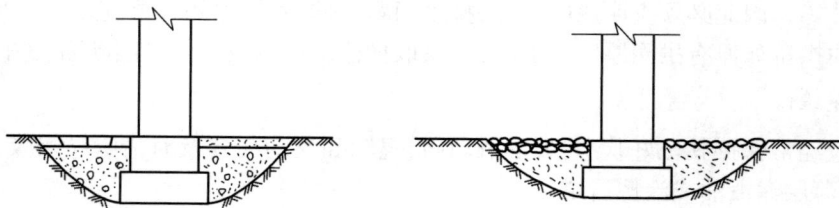

图 10-7 预制块或片石防护

（3）对地基土的加固可根据实际情况，采取下述措施：①用水泥砂浆灌注砾石粗砂砾土。②中粗砂用水泥砂浆或土的固结剂灌注。③地下水流速大时，灌沸腾沥青。④大孔隙土灌水玻璃或氯化钙。

3. 墩台的修理与加固

（1）当桥台因尺寸不足，难以承受台背土压力时，可采用削减路基一侧土压力的方法，即将桥台填土换以分层干砌片石或再增设一个新的桥跨。对于往桥孔方向倾斜或移动的埋式桥台，除结合上述处理外，也可另建撑壁加固，如图10-8所示。

（2）当墩台出现鼓肚，应查明原因，进行修补。如果是由于桥台台背填土遇水膨胀而鼓肚，可挖去膨胀土，并做好相应的排水措施，填以砂砾土，修好损坏面；如果是冻胀引起鼓肚，可挖去冻土，填以矿渣砂砾等，并封闭表面，使不透水，修好损坏面；如果是由于砌筑质量不良而引起鼓肚，应凿去或拆除鼓胀部分，重新砌筑或浇注。

（3）对梁式桥，台背土压力大，造成桥台向桥孔方向位移，可挖去台背填土，加厚桥台胸墙或更换填土，以减小土压力，如图10-9所示。

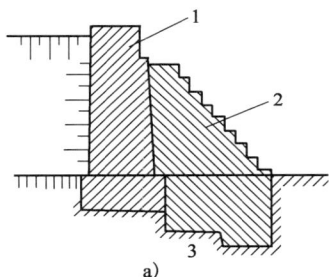

图 10-8　撑壁加固埋式桥台
1-台身；2-撑壁；3-撑壁基础

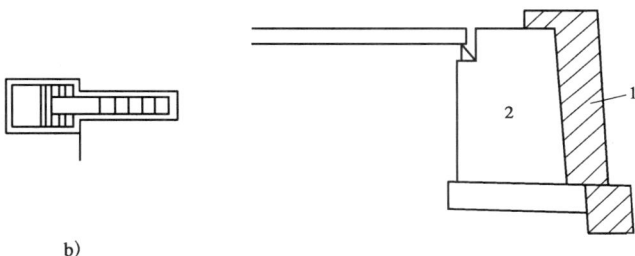

图 10-9　加厚胸墙
1-加厚胸墙；2-桥台

对拱桥桥台产生位移或转动，要慎重选择加固方案。可采用桥台两侧加厚翼墙，翼墙与原墙要牢固结合为一整体，以增加桥台横断面尺寸和自重，借以抵抗水平推力，如图10-10所示。或从台背打入斜面向排桩，以增加台背填土的密实度和摩擦力。

（4）柱式墩台如有折断，在基础承压力许可时，可立模浇注混凝土，加大断面尺寸，或以围带法加固。

（5）墩台出现空洞，可通过用手锤敲击墩台听声或在水渍斑痕处钎探，或以非金属超声波探伤仪等方法查明空洞位置，择近处开凿通眼，以压浆机压注水泥砂浆或环氧树脂修补加固。

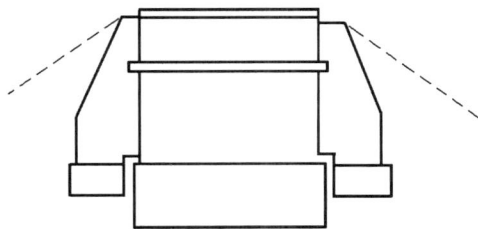

图 10-10　加翼墙

三、涵洞的养护

（一）涵洞养护的要求与检查

涵洞是在公路上数量很多、形式多样且分布很广的一种构造物。对涵洞养护的要求：

（1）经常和定期地对涵洞进行检查，及时发现问题，确定处理方案。

（2）建立健全完整的技术档案，掌握涵洞的各方面的技术情况。

（3）对涵洞进行经常性的保养、修理，对损坏严重的涵洞应及时加固和改建。

由此，达到水流在任何情况下都可以顺畅地通过涵洞，排到适当的地点；保证涵洞洞身、涵底、进出水口、护坡和填土完好、清洁、不漏水，涵洞经常处在完好的工作状态；延长了其使用期限。

（二）涵洞的养护措施

1. 疏通清理

当涵洞进出口或洞身中淤积有泥砂或杂物、积雪时，应及时进行清理，疏通孔道，以保持流水畅通。洞底铺砌层、洞口上下游路基护坡引水沟、泄水槽、窨井和沉砂井等处如发生淤积变形、塌陷，致使排水受阻，应及时清理，疏通所有排水设施，并对破损部分加以修理。

2. 堵漏和修理

若出现涵底和涵墙、出水口的跌水设施与洞口结合处开裂，管涵的接头处及四铰涵管铰点接缝处出现裂缝或填料脱落而发生露缝，浆砌砖石涵洞洞（底）顶漏水，管涵的管节由于基础沉落发生严重错裂等破损现象时，应根据其具体情况，及时进行堵漏和修理。可以采用下述措施：疏整水道，使洞口铺砌与上下游水槽坡道平齐顺适；保持洞中底面平顺和一定纵坡，使水流不发生旋涡，并用水泥砂浆勾缝、铺底；衬砌胶泥防水层等。

3. 加固

对涵洞的有些破损，必须采取加固措施。木涵洞上的螺栓铁件如有遗失、损坏、松动、锈蚀，应分别拧紧或补充更新；有的部件损坏严重时应予更换；砖石、混凝土及钢筋混凝土端墙和翼墙，如有离开路堤向外倾斜或鼓肚现象，应视情况采取开挖填土更换，或加固基础等措施；管节因基础被压沉而发生严重错裂，则可采取挖开填土加固基础并重做砂垫层；砖石拱涵的加固，一般可采取拱圈上加拱的方法；对涵洞出水口处冲刷严重者，可采取浆砌块石铺底，并加水泥砂浆勾缝，铺置末端设置混凝土或浆砌块石抑水墙，或在出口加做缓流的消力槛、消力池等设施或做三级挑坎（栏）处理。

对涵洞开挖修理加固时，应采取边施工、边维持通车方式，并设立标志、护栏，以确保安全。

复习思考题

1. 公路养护可分为哪几类？
2. 路基养护的基本要求是什么？
3. 路基中修工程包括哪些内容？
4. 路面大修工程的内容有哪些？
5. 简述沥青路面坑槽的处治方法。
6. 对水泥混凝土路面的断裂和翘曲的处理方法是什么？
7. 简述桥梁裂缝的维修与加固措施

参 考 文 献

[1] 中华人民共和国行业标准. JTG B01—2014 公路工程技术标准[S]. 北京:人民交通出版社股份有限公司,2014.

[2] 中华人民共和国行业标准. JTG D81—2017 公路交通安全设施设计规范[S]. 北京:人民交通出版社股份有限公司,2017.

[3] 中华人民共和国行业标准. JTG F71—2006 公路交通安全设施施工技术规范[S]. 北京:人民交通出版社,2006.

[4] 中华人民共和国行业标准. JTG D20—2017 公路路线设计规范[S]. 北京:人民交通出版社股份有限公司,2017.

[5] 中华人民共和国行业标准. JTG D50—2017 公路沥青路面设计规范[S]. 北京:人民交通出版社股份有限公司,2017.

[6] 中华人民共和国行业标准. JTG/T F30—2014 公路水泥混凝土路面施工技术细则[S]. 北京:人民交通出版社股份有限公司,2014.

[7] 中华人民共和国行业标准. JTG D60—2015 公路桥涵设计通用规范[S]. 北京:人民交通出版社股份有限公司,2015.

[8] 中华人民共和国行业标准. JTG D70—2004 公路隧道设计规范[S]. 北京:人民交通出版社,2004.

[9] 中华人民共和国行业标准. JTG F40—2004 公路沥青路面施工技术规范[S]. 北京:人民交通出版社,2004.

[10] 中华人民共和国行业标准. JTG F10—2006 公路路基施工技术规范[S]. 北京:人民交通出版社,2006.

[11] 中华人民共和国行业标准. JTG/T F50—2011 公路桥涵施工技术规范[S]. 北京:人民交通出版社,2011.

[12] 中华人民共和国行业标准. JTG F60—2009 公路隧道施工技术规范[S]. 北京:人民交通出版社,2009.

[13] 中华人民共和国行业标准. JTG D30—2015 公路路基设计规范[S]. 北京:人民交通出版社股份有限公司,2015.

[14] 中华人民共和国国家标准. GB 5768—2009 道路交通标志和标线[S]. 北京:中国标准出版社,2009.

[15] 中华人民共和国行业标准. JTG D82—2009 公路交通标志和标线设置规范[S]. 北京:人民交通出版社,2009.

[16] 中华人民共和国行业标准. JTG B04—2010 公路环境保护设计规范[S]. 北京:人民交通出版社,2010.

[17] 中华人民共和国行业标准. JTG H11—2004 公路桥涵养护规范[S]. 北京:人民交通出版社,2004.

[18] 中华人民共和国行业标准. JTG H10—2009 公路养护技术规范[S]. 北京:人民交通出版

社,2009.

[19] 中华人民共和国行业标准.JTG D80—2006 高速公路交通工程及沿线设施设计通用规范[S].北京:人民交通出版社,2006.

[20] 张玉芬.道路交通环境工程[M].北京:人民交通出版社,2001.

[21] 吴树培.公路概论[M].北京:人民交通出版社,2002.

[22] 朱永明.公路勘测设计[M].北京:人民交通出版社,1997.

[23] 王穗平.桥梁构造与施工[M].北京:人民交通出版社,2002.

[24] 李永珠.桥梁工程[M].北京:人民交通出版社,1997.

[25] 叶国铮,姚玲森,李秩民.道路与桥梁工程概论[M].北京:人民交通出版社,2006.

[26] 交通部第二公路勘察设计院.公路设计手册.路基[M].北京:人民交通出版社,2004.

[27] 张雨化.高速公路规划与设计[M].北京:人民交通出版社,2003.

[28] 夏连学,赵卫平.路基路面工程[M].北京:人民交通出版社,1997.

[29] 文德云.公路养护与管理[M].北京:人民交通出版社,2001.

[30] 交通部第一公路工程局.公路施工手册桥涵(下册)[M].北京:人民交通出版社,2000.

[31] 吕康成.隧道工程试验检测技术[M].北京:人民交通出版社,2000.

[32] 顾克明,苏清洪,赵嘉行.桥涵设计手册.涵洞[M].北京:人民交通出版社,1999.

[33] 高速公路丛书编委会.高速公路交通工程及沿线设施[M].北京:人民交通出版社,2005.

[34] 杨少伟.道路勘测设计[M].3版.北京:人民交通出版社,2009.

[35] 张维丽.桥梁构造识图与施工[M].北京:人民交通出版社,2014.

[36] 姚玲森.桥梁工程[M].2版.北京:人民交通出版社,2008.

[37] 邓学钧.路基路面工程[M].3版.北京:人民交通出版社,2008.

[38] 侯相琛.公路养护与管理[M].北京:人民交通出版社股份有限公司,2017.

[39] 何玉珊.桥梁隧道工程[M].北京:人民交通出版社股份有限公司,2016.